가족정책론

곽미정 황현주 박지윤 전대성 한신애 현영렬 공저

FAMILY POLICY THEORY

양성원

| 머리말 |

한 국가의 가족 관련 정책은 인권(human rights)의 개념을 근간으로 한다. 인권이란 '인간으로 가지는 기본적인 권리'를 국가적으로 실현하는 것이라 할 수 있다. 세계 인권선언(Universal Declaration of Human Rights, 1948)」은 모든 인간은 태어날 때부터 자유롭고 존엄성과 권리에 있어서 평등하다."라고 정의내리고 있다. 즉, 인류의 모든 구성원이 타고난 존엄성으로 기본 권리를 인정받는 것은 정의와 평화에 기반이 된다는 것이다. 우리나라 헌법 35조는 모든 국민이 건강하고 쾌적한 환경에서 생활할 권리가 있으며 국가는 국민들이 권리를 누릴 수 있도록 보호할 의무가 있다고 하고 있다. 또한 헌법 제 10조에서는 "모든 국민은 인간으로서 존엄과 가치를 지니며 행복을 추구할 권리를 가지고 국가는 개인이 가지는 불가침의 기본적 인권을 확인하고 이를 보장할 의무를 지닌다." 고 제시한 바 있다.

현대사회의 도시화 핵가족화에 따른 가족구조의 변화와 산업화에 따른 인간소외 현상에서 바라볼 때 가족의 건강성은 매우 중요하다. 가족이 건강함을 유지하지 못했을 경우에 각종 사회 문제가 발생하게 된다. 인간에게 있어서 가정은 성장 장소이자 인간 상호 기본적인 관계, 신뢰와 정서를 배우고 느끼고 학습하는 곳이다. 그러므로 이와 같이 인간의 인권 그리고 인간의 성장 환경의 근간이 되는 가정의 중요성은, 국가에서 가족과 관련한 정책이 가지는 함의와 연결이 되며 매우 크다고 할 수 있다.

특히 이로 인한 이상성격이나 중독 및 경제적 문제는 가족의 해체와 연결될 수 있으므로 사회적으로 세심한 정책 입안과 제도적 개입 및 점검이 필요하다. 우리나라는 급격한 산업화로 인하여 가부장적인 문화에서 여권신장의 문화로 이행됨에 있어 부부역할 등에 갈등이 발생할 가능성이 높다. 즉, 여성의 경제활동 참여 증가와 도시화 이후의 개인주의적 관점은 전통적 가족역할과 상충하는 부분이 있어 각종 가족문제에 대한 이해가 필요하다. 또한 이혼 등으로 인한 결손 가정의 증가는 또 다른 사회문제와 연결되어 있으며 따라서 가족 정책에 대한 올바른 이해가 필요하다.

가족은 사회의 기본 단위이며 사회의 재생산의 기본 단위이기도 하다. 가족을 통하여 사회 내에서 개인의 경제 및 심리적인 기본 기능의 토대가 이루어지며 사회에서 발생하는 각종 문제의 근원이 가족과 연관이 있기 때문이다. 그러므로 국가적 차원에서 가족과 관련한 다양한 제도적 구조 및 적용에 대한 이해는 무엇보다 중요한 과정이며, 가족을 통한 심리 및 정서 그리고 사회적 관계 형성과 문제의 예방에 대한 학습은 중요한 의미를 가지고 있다. 현대사회에서의 각종 가족 문제는 개인의 가족 내에서의 문제뿐 아니라 사회적인 차원에서도 중요하게 인식되어야 한다. 이와 같이 가족과 관련한 제도를 아우르며 포괄적으로 다루는 것이 바로 가족정책이라고 할 수 있다. 따라서 더욱 건강한 개인과 건강한 가족, 건강한 사회가 되기 위해 가족 정책에 대한 이해는 아무리 강조해도 지나침이 없으리라 생각한다. 더구나 다문화사회로의 진입과 그에 대한 성공적 안착을 위해 가족정책에 대한 깊은 관심이 요구되는 것이 현실이다. 이에 본 교재가 조금이나마 가족의 중요성에 대한 이해와 성찰에 도움이 되었으면 한다.

2021년 2월

저자 곽미정

| 차 례 |

| PART 2 | 가족의 소득보장제도 및 노인돌봄제도

| PART 3 | 가족의 특성별 가족 치료적 개입

가 족 정 책 론

PART

1

가족정책의 개관

01. 가족과 건강가정에 대한 이해
02. 정책과 가족정책의 개념, 영역
03. 우리나라 사회와 가족의 변화에 따른 가족건강
04. 우리나라의 가족지원 행정체계
05. 가족복지정책의 개관
06. 우리나라 사회적 돌봄을 위한 가족지원정책의 종류

Chapter 1

가족과 건강가정에 대한 이해

1. 인권과 가족정책
2. 건강가정을 위한 가족복지서비스

1. 인권과 가족정책

가정의 정책은 인권과 무관하지 않다. 인권의 개념은 삶의 질의 바탕이기도 하다. 인권(human rights)의 정의는 '인간으로서 갖는 기본적인 권리'를 의미하는데, 인권에 관한 규정은 국제인권규범에 잘 구현되어 있다. 세계인권선언(Universal Declaration of Human Rights, 1948)」 제1조에 "모든 인간은 태어날 때부터 자유롭고 존엄성과 권리에 있어서 평등하다."라고 정의하고 있다. 즉, 세계인권선언(1948)에서는 "인류의 모든 구성원의 타고난 존엄성으로 평등하며 양도할 수 없는 기본 권리를 인정하는 것이 전 세계의 자유와 정의와 그리고 평화의 기반이다"라고 하였다.

인권이란 인간의 존엄성을 바탕으로 인간으로 누리는 삶의 기본 권리의 개념이며 이에 대하여 우리나라 헌법 제35조에서는 인권으로 모든 국민이 건강하고 쾌적한 환경에서 생활할 권리가 있으며 국가는 국민들이 권리를 누릴 수 있도록 보호할 의무가 있다고 하고 있다. 또한 헌법의 제10조는 "모든 국민은 인간으로 존엄과 가치를 지니며 행복을 추구할 권리를 가지고 국가는 개인이 가지는 불가침의 기본적 인권을 확인하고 이를 보장할 의무를 지닌다."고 명시하고 있다. 이러한 인권의 개념은 한 국가의 가정정책에서의 기본 근간이 될 수 있다.

1) 사회구조의 변화와 인간의 성장

인간에게 있어서 가정은 성장의 장소이자 인간과의 기본적인 관계, 애정, 신뢰와 정서를 배우고 느끼고 학습하는 곳이며, 가족 구성원 간의 관계 및 의사소통방식은 사회에서의 소통과도 밀접한 관계가 있다. 이것은 가족 간의 상호작용의 중요성과 함의를 가지고 있으며 현대사회에서 개인을 통한 구조적인 역할과 기능에 국한하여 가족을 설명하던 고전적인 가족의 개념을 확장하여, 사회 속에서의 상호작용의 관계를 통하여 가족의 기능을 설명하고자 하는 움직임을 통해 가족이라는 전체성은 단순 개인의 합보다 크다는 것을 보여 주고 있다.

이러한 차원에서 볼 때 가족 구성원 간의 갈등이나 사회적 관계, 경제관계, 심리적 상황은 다른 구성원에게도 매우 밀접한 영향을 미치게 되며 역기능 발생 시에 대처와 회복탄력 및 기능회복능력을 키워주며 중요한 사회문제와 대처방안으로의 예방과 상담의 영역이 되기도 하였다. 가족이 역기능적일수록 가족의 구성원은 그에 따른 정서 및 심리적 영향을 많이 받게 되며, 그에 따른 역기능적인 영향이 마치 하나의 모빌이나 부메랑과 같이 다른 구성원에게 다시 영향을 주게 되기 때문이다.

결론적으로 가족 역동적 관점에서 본다면 모든 인간의 성장과정에서 가족이 주는 영향은 매우 크며 상호 긴밀한 관계성의 특징을 지닌다. 따라서 한 사회와 국가에서 가족과 관련한 정책이 가지는 함의는 매우 크며 가족에 대한 올바른 가치관과 가족 구성원간의 건강한 관계 및 이를 통한 신뢰감이 사회를 통해 파급되는 집단적 목표와 연대적 책임은 무엇인가 하는 것을 논의하여야 할 것이다.

가족은 구성원 간의 역동성을 전제로 하며 가정 외에도 경제, 환경, 원가족과의 관계 및 양육에 따른 심리요인 등을 포함하여 다양한 사회와의 역동적 체계들이 함께 하는 것으로 성장하고 재생산하는 공간이기도 하다. 그러므로 가족은 개인적 인연을 바탕으로 하지만 나아가 인간관계를 통하여 만나고 헤어지는 것에 대한 책임을 전제로 하며 권리와 의무가 공존할 뿐 아니라 사회 환경의 공유와 같은 특수성을 동시에 지닌다.

2) 다양한 인간에 대한 이해

현대사회에서 도시화, 핵가족화에 따른 가족구조의 변화와 산업화에 따른 인간소외현상에서 바라볼 때 가족의 건강성은 매우 중요한 개념이다. 가족이 건강함을 유지하지 못했을 경우에 문제가 발생하게 된다.

첫째, 인구사회학적인 구조적 문제로 결손가족이나 가족 구성원상의 문제가 발생하는 경우에는 구조적인 가족의 문제가 발생할 수 있다. 둘째, 기능적인 시각에서 볼 때 부부체계, 부모자녀관계, 형제관계 등의 역할과 관계로 인하여 가족의 문제가 발생할 수 있다. 셋째, 환경요인의 가족의 문제로 신빈곤이나 워킹푸어(working poor)의 문제가 일어날 수 있으며, 가족과 연결이 되어 갈등이 발생될 수도 있다.

특히, 이로 인한 이상성격이나 중독 및 경제적 문제는 가족의 해체와 연결될 수 있으므로 사회적으로 세심한 정책과 제도적 개입이 필요하다. 우리나라는 급격한 산업화로 인하여 가부장적인 문화에서 여권신장의 문화로 이행됨에 있어 부부역할 등에 갈등이 발생할 가능성이 높다. 즉, 여성의 경제활동 참여의 증가와 도시화 이후의 개인주의적 관점은 전통적 가족역할과 상충하는 부분이 있어 각종 가족문제에 대한 이해가 필요하다. 이혼 등으로 인한 결손가정의 증가는 또 다른 사회문제와 연결되어 있으며 따라서 가족정책에 대한 올바른 이해가 필요하다.

3) 사회에서의 가족의 역할

가족은 사회의 기본 단위이며 사회의 재생산의 기본 단위이기도 하다. 가족을 통하여 사회 내에서 경제 및 심리적인 기본 기능을 담당하기도 하므로 사회에서 발생하는 각종 문제의 근원이 되기도 하는 사회의 중요한 기능을 가족이 담당하게 된다. 가족을 통한 심리 및 정서 그리고 사회적 관계 형성은 중요하다.

그 만큼 가족을 통한 인간의 경험의 중요성을 의미하는 것이며 사회의 구성과도 밀접한 연관을 갖는다. 따라서 가정은 가족의 구성원들에게 안정감과 성장을 위한 터전이 되어야 하며 신뢰감을 배우고 기초적인 소속감과 애착, 그리고 자율성과 균형을 배우는 곳이어야 하며 이것은 사회적인 그것과도 연관이 깊다.

현대사회에서의 각종 가족문제는 개인의 가족 내에서의 문제뿐 아니라 사회적인 차원에서도 중요하게 인식되어야 한다. 〈표 1-1〉은 현대가족의 기본적인 기능으로 현대사회에서 가족이 유지되기 위한 기본적인 기능이 설명되고 있다.

〈표 1-1〉 가족의 기본적인 기능

기능 구분	기능 내용
인구의 재생산적 기능	사회인구학적으로 가족의 기본적인 기능으로는 가족은 인구를 생산할 수 있는 사회의 기본 단위로 가족의 개념을 정의할 수 있다.
사회화 및 교육의 기능	• 사회의 인력 제공의 개념에서 가족은 인간의 교육의 1차적 기능과 책임이 가족에 있으며 인간의 교육의 기능을 담당하는 기본 단위로 보고 있다. • 사회의 구성원으로 개인의 사회화의 기능을 가족이 담당하며 가족은 사회의 가장 작은 단위로 1차적 사회화가 일어나는 기본단위이다.
심리적 안정과 보호의 기능	가족관계는 인간이 기본 정서를 학습하고 내면화하는 곳이며 성장과정과 일생을 통하여 심리적 희노애락을 공유하게 되므로 인간의 심리 및 정서에 성장과정 중 가장 큰 영향을 미치게 된다.

4) 가족과 문화의 이해

배우자의 결합에 따른 혼인형태는 통상적으로 성인 남녀의 일대일 결혼인 경우가 많으나 사회에 따라 일대 다수의 형태로 가족이 구성되는 문화권도 존재한다. 이때 전통적으로 각각 성별로 1인씩의 결혼형태는 단혼제에 속하며 이는 일부일처제(monogamy)라 칭하고, 배우자 중 한 사람이 동시에 1인 이상의 배우자와 결혼하는 경우는 복혼제(polygamy)라고 칭한다.

복혼제는 다시 일부다처제(polygyny)와 일처다부제(polyandry)로 구분된다. 일부다처제의 사회는 주로 아랍, 북아시아, 아프리카, 중앙아시아, 미국 원주민사회의 문화에서 찾아볼 수 있으며 고대 동양사회의 축첩(蓄妾, concubinage)의 풍습에서는 정실과 부실로 아내의 지위를 구별하기도 한다. 그 밖에 일처다부제는 티벳의 하층, 태평양의 마키저스도민, 인도의 일부 소수에서 발견되기도 한다. 또한 가계의 형태에 따라 우리나라나 중국, 일본 등의 친족의 부계혈통에 의한 계승이 이루어질 경우는 부계제(patrilineal system), 인도나 일부 아프리카의 예에서와 같이 모계의 혈통에 의할 때는 모계제(matrilineal system)라 칭한다. 또한 상황에 따른 선택이 가능한 경우에는 양계제(bilineal system)라고 한다.

그 밖에 현대사회에서는 독신가족의 비율도 증가하고 있는데, 독신을 선택하게 되는 이유는 경제적 사유도 있으나 부양가족의 부담이 없이 자유로운 여가생활과 직업에 대한 소신 있는 결정, 친구 및 취미생활 유지에 있어서의 장점으로 자발적으로 독신을 선택하는 경우도 증가하는 추세이며 다양한 가족이 존재하게 된다. 다문화가 중시되는 현대사회에서는 시대와 사회와 문화를 이해하는 것도 중요하다 할 것이다.

2. 건강가정을 위한 가족복지서비스

1) 가족복지서비스의 필요성

국가와 사회의 미래와 결부되어 있는 가족복지서비스는 산업화 이후 전통적인 가부장제도의 변화와 이에 따른 여성의 노동시장 참여로 인한 사회진출, 평균수명의 연장에 따른 사회구조의 변화, 다양한 가족형태의 양산으로 인하여 산업사회의 자본주의 사회에서 초래될 수 있는 물질화 등의 가치관의 영향을 받기도 하며 따라서 이러한 배경에서 가정정책의 중요성이 강조되고 있다.

2) 가족정책의 목적

가족과 가족 구성원들을 지원하고 교육하는 것은 한 국가에서 건강한 시민이 양성된다는 것이고 이것은 국가 경쟁력과 매우 밀접한 연계를 갖는다. 사회 내 구성원이 건강하게 성장한다는 것의 의미는 국민이 사회적으로 건강할 때 각종 사회비용을 더 생산적인 영역에 투자할 수 있다는 것을 의미하기도 한다.

따라서 가족의 기능을 회복하고 지속적인 자원의 연결은 향후 사회에서 건강한 역할을 개인이 수행하게 되는 사회와 개인의 선순환을 가져오게 된다. 복지선진국인 스웨덴의 경우에는 아동수당제나 보육서비스 그리고 가족 친화 가족복지서비스를 통하여 가족복지를 실천하고 있다.

이를 위한 정책으로는 인간의 삶에서 겪을 수 있는 사회적 위험에 대처하는 5대 보험의 실시를 기본으로 하여 공공부조와 각종 한부모가족, 저소득층 가족 및 알코올 및 중독가족에 대한 서비스 제공이 마련되어야 하며 다각적 방법에서 사회적 안전을 위한 예방 및 대처적인 접근의 형태로 제공되어야 한다.

가족정책은 소극적으로는 직접적이며 사후 치료적인 관점으로 접근될 수도 있겠으나 보다 거시적으로 가족복지정책 등을 통하여 가족문제의 예방과 보호적 차원으로 접근될 수도 있는 것이다. 건강한 가족지원정책은 가족 구성원의 건강한 성장과 발달을 도울 뿐 아니라 궁극적으로 건강하고 경쟁력 있는 사회를 구현하는 바탕이 될 것이다.

Chapter

2

정책과 가족정책의 개념, 영역

1. 가족정책의 개념

가족정책이란 family policy로 지칭되며 사회 내에서 어젠다 형성을 통하여 가족 관련한 제도 및 정책을 사회 및 국가 차원에서 담당하는 것을 의미한다. 국가가 담당하는 돌봄의 사회화는 점차 현대사회에서 가족의 역할과 기능의 중요한 부분을 담당해가고 있다.

다문화사회를 표방하고 있는 우리나라는 인구의 감소와 여성 돌봄의 사회화로 인하여 노인 돌봄의 장기요양보험제도와 아이 돌봄에 따른 영유아 돌봄의 일환으로 주야간 돌봄, 주말 유치원의 운영과 유치원의 교육비 일부를 지원하는 제도 등을 적극적으로 펼쳐나가고 있다. 이렇게 국가 차원의 가족 돌봄 기능을 수행함에 있어서 국가는 개개인 가족구성원의 인격의 성장 및 발달을 원조하고 변화하는 사회에 대응하는 적응능력을 통해서 가족의 순기능 확립을 돕게 된다.

이러한 기능은 사회가 건강한 가족을 지원하지 못할 때 발생하는 사회적 비용이 더 클 수 있음을 국가와 사회 차원에서 인식하고 각종 인구 감소구조와 과다한 경쟁을 통한 교육비의 증대 등에 있어서, 국가가 가정의 부담을 연대 책임하에 사회와 가정이 상호 발전할 수 있도록 기여하는 것이 필요하다는 의미이다.

건강한 가족복지기능은 가족이 건강하게 기능할 수 있도록 원조하는 역할을 담당하게 되며 나아가 한 나라의 미래와도 연결이 된다. 따라서 국가의 가족복지정책은 한 가족이 직면한 다양한 문제상황 속에서 국가가 가족의 구성원이 사회를 통하여 건강하고 행복한 생활을 영위할 수 있도록 서비스를 제공하기 위한 국가의 조직적 활동이라고 할 수 있다.

따라서 가족정책은 가족 전체는 물론 각 구성원의 사회적인 기능 수행을 효과적으로 증진하여 환경의 적응적 적합성을 함양하고 구성원 모두에게 행복을 도모할 수 있도록 하는 국가적 차원의 분야라고 할 수 있다. 또한 가정에 관련한 정책의 역할은 국가 내에서 가족 구성원의 사회적 적응기능을 강화하고 각종 가족 관련 문제를 예방할 뿐 아니라 위기에 처한 가족의 문제에 대응하는 것이라 할 수 있다. 이와 같이 가정정책은 국가가 사회적 차원에서 가족의 문제를 다루며 가족의 잠재력을 개발하여 가족문제를 예방 및 해결하고 가족원의 사회적 기능 수행의 활성화를 통해 국민생활의 질적 향상을 도모하고 제도와 정책을 통하여 국민 개개인의 삶의 질을 보장하고자 하는 영역이라고 정의할 수 있을 것이다.

2. 가족정책의 대상

가족정책의 목표는 국가 내에 다양한 가족의 안녕을 도모하며 가족원 간의 기본적 삶의 질과 행복을 지향하고 있으며 궁극적으로는 건강한 가족으로, 사회 구성원으로서의 역할을 지원하는 것이다. 따라서 가족정책의 대상은 다양하며, 다양한 가족 특성에 따른 대상으로는 노인부양가족, 미취학아동가족, 취학청소년가족, 맞벌이 가족, 이혼 및 재혼가족, 미혼모가족, 독거노인가족, 소년소녀가족 등으로 다양하다.

기능상의 문제에 따른 사회복지제도의 대상으로는 약물중독가족, 알코올가족, 비행청소년가족, 저소득가족 등 다양하다. 그 밖에도 가족의 주기에 따라 발생하는 가족의 다양한 욕구에 대한 국가와 제도의 역할은 중요한데, 신혼부부기, 자녀 출산기, 자녀 양육기, 미취학 및 아동기, 청소년기, 자녀 독립기, 중년기, 노년기 등으로 분류될 수 있다.

3. 가족정책의 내용

가족정책과 관련하여 Kamerman & Kahn(1978)은 '국가가 가족을 위해서 행하는 모든 활동'으로 가족정책을 제시하고 있다. 가족정책이란 사회적 합의에 의한 사회정책에 포함되며, 사회적인 목표 달성을 위한 수단이라는 것이다. 사회적 목표 수행을 위한 수단(family policy as an instrument)으로 가족정책을 사회적인 목표를 달성하기 위한 과제로 본 것이다. 이와 같이 가족정책은(family policy as perspective or a criterion) 정책 관련자들이 사회적으로 가장 바람직하게 생각하는 제도인 것이다. 따라서 가족정책을 살펴보면 각 국가의 정책적 목표에서 명확하게 지향하고 있는 사회적 관점을 다루고 있다. 이것은 가족에 부여된 가치와 가족에게 요구되는 사회적 관점의 가치가 구현되고 있는 것이기도 하다.

현대사회에서는 여성의 사회화에 따라 '가족제도와 가족문제를 사회적 돌봄의 가치로 국가와 사회가 개입하는 정책'으로 접근하는 정책이 국가적 복지 차원에서 보다 설득력을 얻고 있는 추세이다. 이것은 사회적 담론으로부터 출발하여 정치적 제도에 이르기까지 점차 가족을 중심으로 한 제도나 정책이 중요해지고 있는 시점이라는 것을 의미하는 것이다.

이와 같이 국가 차원에서 새로운 복지체제를 구성하고자 하는 노력은 나라별로 가족정책의 독특성을 보여 주면서, 이러한 것이 국가 전체의 안녕 및 생산성을 창출하는 데 보다 적합한 구조라고 보는 것이 일반적이다. 세계의 많은 나라들이 노령화와 인구감소현상으로 인한 문제를 더 이상 개인의 문제로만 인식하고 있지 않으며 사회적인 차원에서 이를 해결하려는 시도를 보이고 있는 것이다.

즉, 과거에는 유럽을 중심으로 하여 복지정책이 먼저 발달한 사회민주주의 국가들을 중심으로 하여 가족에 관한 정책을 분석하기 위한 분석 개념으로 '탈 가족화

(defamiliarization)'와 '탈 성별화(degendering)'의 예를 들 수 있는데, 탈 가족화와 가족화에 관한 개념은 탈 상품화와 상품화의 사회 순환과정을 통해 이해할 수 있다. 이것은 결국 후기 산업사회에서 복지국가에게 요구되는 역할로 노동력의 선순환과정을 도식화한 것이라 볼 수 있다.

1) 탈 가족화와 가족화

'탈 가족화'는 돌봄에 대한 책임이 사회화된 상태라고 할 수 있으며 노동력이 노동시장에 참여할 수 있게 하기 위해 필요한 조건으로 적극적 노동시장정책을 통하여, 고용에 필요한 교육이나 훈련의 제공으로 '탈 가족화'된 노동력이 노동시장에 참여할 수 있도록 지원하는 것을 포함하고 있다. 즉, 육아휴직이나 산전후휴가 등과 같은 '가족화' 정책은 노동력이 '탈 상품화'되어 가족에 대한 책임을 수행할 수 있도록 지원함으로써 사회에서 수행할 수밖에 없는 인력 투입과 소모적인 순환을 줄일 수 있는 것이다.

'가족화' 정책은 가족수당과 육아휴가·휴직정책으로 구분될 수 있다. 가족수당의 경우에는 가정에서 이루어지는 아동 양육에 대한 현금 보상이며 아동수당은 아동의 돌봄에 대한 포괄적인 차원에서 접근하게 되는데, 특히 가족수당의 경우에는 노동력을 가족에 머물게 하도록 지원하는 정책이라고 할 수 있다. 반면, 휴가 및 휴직제도는 노동시장에 참여한 부모의 노동력이 돌봄과 양육을 이유로 노동시장에서 일시적 이탈을 보장하는 정책으로 노동자의 부모권을 보장하고, 다시 노동시장으로의 노동력으로 진입할 수 있도록 지원하는 정책이라고 할 수 있을 것이다. 따라서 두 정책 모두 노동력의 가족화를 지원하는 정책이라는 것은 같으나, 노동력의 (재)상품화의 가능성 존재 여부에 따라서는 구별될 수 있다.

정리하자면 '탈 가족화' 정책은 '가족화'된 노동력이 노동시장에 재진입할 수 있도록 지원하여 사회적인 노동력 선순환이 가능하도록 한다는 개념으로, 노동력의 순환과정을 지원한다. 그렇다면 상품화는 무엇일까? 상품화는 노동력이 상품으로 간주된다는 차원이라고 할 수 있는데, 이것은 사회적 사건이나 거시적 사건에 의해 쉽게 약화될 수도 있으며 미시체계에 있어서는 생존에 필수적인 동시에 개인 복지와 안정의 전제조건이 되기도 한다. 결론적으로 탈 가족화는 가족 밖에서 이루어지는 돌봄의 필요를 사회화함으로써 가족의 돌봄 부담을 줄이는 정책이라고 할 수 있다.

이에 반해 가족화(familialization)란 반대로 부모의 노동력을 통하여 가정을 통하여 제공되는 돌봄이라고 할 수 있을 것이다. 그 밖에도 탈 성별화라는 개념이 있는데, 이것은 가족 간의 관계에서 평등하지 않은 성별 분업구조를 보다 평등하게 하는 구조라고 볼 수 있다. 예를 들면, 돌봄의 탈 성별화라는 개념은 남성들로 하여금 사회적으로 자녀의 돌봄 참여가 가능하도록 육아휴직 등의 근무조건을 탄력적으로 조정하는 것이다. 우리나라의 매주 수요일을 가족의 날로 하여 저녁시간은 일찍 퇴근하여 가족과 함께 할 수 있는 근무여건을 만든다든지 하는 것을 제공하는 것을 그 예로 들 수 있을 것이다.

이를 정책적으로 도입한 예로는 '가족(아동)수당', '휴가 · 휴직제도', '아버지할당제 도입 여부' 등의 예를 들 수 있다. 이를 살펴보고자 할 때에는 성별에 따른 고용률', '성과 혼인상태 여부에 따른 정규직 및 비정규직 비율', '월 평균 임금 및 사회적 지위' 등을 통해 평등의 정도를 가늠할 수 있다.

이러한 개념을 토대로 하여 볼 때 탈 가족화의 개념이 가족화된 노동력이 노동시장에 재진입할 수 있도록 지원하는 노동력의 선순환이라 본다면 가족의 출산양육 부담을 완화할 뿐 아니라 가족 구성원이 가족관계나 역할과 상관없이 사회적으로 적절한 수준의 생활을 영위할 수 있도록 사회적 차원에서 노력하는 국가의 제도적 뒷받침이 중요하다고 할 수 있을 것이다.

2) 돌봄의 사회화에 대한 논의

돌봄의 사회화를 위한 첫 번째 과정으로 젠더 통합적 관점으로 가족정책을 접근하고자 하는 복지국가의 가족지원정책을 살펴보면 부양과 돌봄(care)의 집합적 공유 및 분담이라는 측면에서 '탈 가족적'인 사회적인 성격을 띠고 있는데, 이것은 돌봄이라는 의미가 여성 개인의 의무가 아니라 성을 초월한 사회적 관점에서의 책무라고 보는 개념이다. 사회가 사회의 구성원 한 명을 잘 양육할 수 있는 제도적 지원이 그 만큼 중요하다는 의미라고 할 수 있다. 돌봄의 사회화를 위한 '탈 가족화'의 방향이나 정책의 기본에는 젠더 평등(equality)이 중요하다는 개념이다.

여기에서 중요한 개념으로 젠더 '레짐'이라는 개념의 이해가 중요한데, 이것은 젠더 관계를 고려하는 정부나 사회의 활동을 지배하는 공식적이거나 비공식적 조건으로 문화, 이념, 제도, 정책을 포괄하는 개념이며 가족정책에 관한 초점이 지배적 가치체계의 차원으로부터 새로운 체제에 대한 개념으로 확대되고 있음을 알 수 있어, '돌봄의 사회화'라는 개념이 자리하고 있음을 알 수 있다. 이를 위해서는 국가나 사회적 인식이 정책에 반영될 필요가 있으며 젠더를 초월하여 남성의 돌봄 및 노동참여를 위한 지원정책의 정착이 요구된다.

이러한 정책 패러다임의 변화는 사회적 어젠더의 형성과 함께 가족정책의 변화를 가져왔고 적극적인 사회적 돌봄의 정책 수단의 도입을 활성화하게 되었다. 즉, OECD 15개국의 이와 같은 젠더 레짐에서는 국가·시장·가족영역에서 가족정책, 노동시장 여성친화성의 변화가 중요하게 자리 잡고 있으며 이것은 복지국가에서 가족을 다루는 사회·경제적인 환경 변화가 반영되어 국가별로 다양한 돌봄의 사회화 정책을 펴고 있음을 알 수 있다.

■ **정리**

'가족화(familialization)'는 가족 내에서의 돌봄의 요구에 대하여 부모가 직접 아동을 돌볼 수 있도록 사회적으로 지원하는 정책이며 '탈 성별화(degendering)'는 '가족관계에서 성별로 불평등한 분업구조를 해소하기 위한 정책적인 개입'이라는 점에서 공통점이 있다고 할 수 있을 것이다.

이에 대표적인 '탈 가족화'와 '가족화'에 관한 논의로는 Esping-Andersen(1990)은 '탈 상품화'를 '노동시장의 참여 여부에 무관하게 한 가족이 사회적으로 적절한 수준의 생활을 영위할 수 있는 정도'로 보았다. 이러한 개념에서 볼 때에는 한 국가 안에서 개인의 탈 상품화 정도가 높다면 그 사회의 복지제도의 지원 정도가 높은 것이라 할 수 있다(Esping- Anderen, 1990).

그러나 이러한 탈 상품화의 개념은 페미니스트의 입장에서 본다면 돌봄 노동을 무급이라고 보고 있다는 지적을 받고 있기도 하다. 즉, 페미니스트들은 Esping-Andersen의 탈 상품화 개념은 몰젠더적(gender blind)인 맹점이 있으므로 탈 상품화 개념을 젠더적 관점에서 보완해야 한다는 것이다. 그러나 중요한 것은 탈 가족화는 소득의 보장이라는 지원을 통해서 여성의 독립에 초점을 맞추면서 가족이 맡는 돌봄의 책임을 국가가 분담하자는 것으로 이해할 수 있는데, 돌봄은 가족, 시장, 사회, 국가의 관계 속에서 만들어져야 한다는 것이다.

Chapter

3

우리나라 사회와 가족의 변화에 따른 가족건강

현대의 가족의 양상은 도시화 및 산업화 그리고 최근 급속해지는 핵가족화로 인하여 현대의 가족과 관련한 문제들은 더욱 복잡한 양상을 가지며 급변화하고 있다. 전통적인 가족의 일반적인 개념은 성인의 합법적인 결혼제도를 통하여 어버이와 자식, 부부 등의 합법적 및 혈연관계로 맺어진 공동주거생활의 사회 기본 단위를 의미하는 사적 차원의 개념이었다. 그러나 점차 가족의 문제는 사회의 문제와 밀접한 관련이 있다는 관점에서 가족의 기본 단위는 사회의 기본 단위를 이루며 국가의 사회적 돌봄정책과도 긴밀한 관계를 가지며 가족친화정책이 기업문화의 일부를 이루고 있다.

가정이란 결국 한 개인이 성장과정을 보내는 곳이며 일생을 통하여 가족이라는 관계를 맺게 되는 생활의 장과 토대를 이루고 있으며 인간성장을 통하여 심리 및 정서적 영향을 받는 곳으로 자리 매김되고 있다. 그런데 한국사회는 전통적으로 가부장 중심의 위계적인 구조를 가지고 구조 및 전통적인 역할이 엄격하고 연장자나 성역할 등이 비교적 분명하다. 그러나 오늘날 가족이란 개인과 구성원의 행복을 지향하는 기본 조직으로서 가정이 건강할 때 사회가 건강할 수 있다는 의미로 재해석되고 있다.

1. 「건강가정기본법」의 의의와 목적

「건강가정기본법」 제4조에 의하면 모든 국민은 가정의 구성원으로 안정되고 인간다운 삶을 유지하며 가정생활을 영위할 권리가 있기 때문에 모든 국민은 가정의 중요성을 인식하고 복지의 향상을 위하여 노력하여야 한다고 제시하고 있다. 또한 동법 제5조에서는 국가 및 지방자치단체가 건강가정을 위하여 필요한 제도와 여건을 조성하고 이를 위한 시책을 추진하여야 하고 가족 구성원의 특성과 가정 유형을 고려하여, 민주적 가정 형성, 가정 친화적 환경 조성, 양성 평등한 가족가치 실현과 가사노동의 정당한 가치평가를 위하여 노력하여야 한다고 하고 있다.

우리나라의 「건강가정기본법」의 입법 기본 취지는 가족복지 구성원의 복지증진이다. 「건강가정기본법」은 2004년 2월에 제정되어 2005년 1월 시행된 이래 2010년 3월 19일 개정되었다. 입법목적은 동법 제1조에 다음과 같이 제시하고 있다. 그에 따르면 건강한 가정생활의 영위와 가족의 유지 및 발전을 위한 국민의 권리 및 의무와 국가·지방자치단체 등의 책임을 명백히 하고 가정문제의 적절한 해결방안을 강구하며 가족 구성원의 복지증진에 이바지할 수 있는 지원정책을 강화함으로써 건강한 가정구현에 기여하고자 한다(동법 제1조).

「건강가정기본법」은 기존의 보건복지부로부터 전문적이며 종합적 가족정책의 기능을 수행하기 위하여 여성가족부에서 업무를 담당하도록 하였다. 그러나 가족에 대한 기본 정의에 있어서 가족, 가정, 건강가정에 대한 논의를 통하여 가족을 규정함으로써 많은 다양성을 인정하고자 하는 조직이나 단체를 통한 논란도 많았다.

특히, 「건강가정기본법」에서 정의하는 가족이 혼인 및 혈연, 입양으로 이루어진 사회의 기본 단위를 의미하므로 전통적 가족의 정의의 테두리에 한정되어 가족을 정의함으로써 다양한 가족을 포용하지 못한다는 점이 지적되었다. 또한 건강가정의 의미로 가족구성원의 욕구가 충족된 인간다운 삶이 보장되는 상태로 규정한 것에 대한 논란도 있었다.

가족은 희로애락과 다양한 위기를 함께 겪어내며 경험하는 결속체이다. 따라서 이러한 관점에서 건강한 상태의 가정만을 한정하고 규정하는 것은 다양한 과정의 위기를 겪어내는 가정에 대한 낙인감과 가족이라는 특성상 발생할 수 있는 다양한 영역을 포괄하지 못한 채, 단면만을 지향할 수 있다는 것이다. 그럼에도 건강가정이라는 기본 이념은 현재까지 하나의 이상적 기준이 되어 존립하고 있다.

2. 여성가족부의 활동[1)]

우리나라는 저출산 고령화 사회로 접어들면서 전통적 가족구조와 역할이 변화하여 가족해체문제 등이 발생함에 따라, 이를 예방하고 다양한 형태의 가족이 가족공동체로서 역할을 할 수 있도록 지원하기 위해 「정부조직법」을 개정(2005. 3. 24)하여 여성가족부가 수행하는 기능 이외에도 통합적인 가족정책을 수립하고 각 부처의 가족정책을 수립과 조정 및 지원하는 기능을 수행할 수 있도록 여성가족부로 개편되기에 이르렀다.

여성가족부의 업무는 기존의 여성특별위원회 업무와 보건복지부의 가정폭력, 성폭력 피해자 보호, 윤락행위의 방지업무 및 일제하 일본군 위안부에 관한 생활안정지원 사무를 이관받았고, 노동부에서 일하는 여성의 집 사무를 이관받아 수행하고 있다. 또한 2004년 6월 12일 보건복지부로부터 영유아 보육업무도 이관받아 수행하게 됨으로써 여성가족부는 여성정책의 기획에서부터 성차별 금지 등 여성의 지위와 권익뿐 아니라 여성의 성장을 통한 국가경쟁력 제고 및 양성 평등사회의 구현이라는 역할을 담당하고 있는 국가기구로 성장하고 있다.

이에 보다 창의적으로 일하는 정부를 구축하기 위해 정부기능을 효율적으로 재배치하는 내용을 근간으로 「정부조직법」을 개정(2008. 2. 29)하여 여성가족부가 기존에 수행했던 가족 및 보육정책기능은 보건복지가족부로 이관되었고 여성가족부는 현재 여성정책의 조정·종합, 여성의 권익증진 등 지위향상기능을 수행할 수 있도록 개편되었다.

한편, 가족 해체와 다문화가족 등의 새로운 현안에 적극 대응하기 위하여 보건복

1) 여성가족부(2016) 참조

지부의 청소년 및 다문화가족을 포함한 가족기능을 여성가족부로 이관하는 내용으로 「정부조직법」이 개정(2010. 1. 18)됨에 따라 "여성가족부로 개편되었고, 여성·종합 및 여성의 권익증진 등 지위향상뿐만 아니라 가족정책, 건강가정사업을 위한 아동 업무 및 청소년의 육성·복지 및 보호기능을 수행하게 되었다(여성가족부, 2016).

여성가족부의 주요 업무는 다음과 같다(여성가족부, 2016).

■ **여성가족부의 주요 업무**

첫째, 여성정책의 기획·종합 및 여성의 사회참여를 확대한다.
둘째, 정책의 성별영향을 분석 및 평가한다.
셋째, 여성인력을 개발하고 활용한다.
넷째, 청소년정책을 협의 및 조정한다.
다섯째, 청소년 활동 진흥 및 역량을 개발한다.
여섯째, 유해환경으로부터 청소년을 보호한다.
일곱째, 위기청소년 등을 보호하고 지원한다.
여덟째, 가족 및 다문화가족정책을 기획하고 종합한다.
아홉째, 양육·부양 등의 가족기능을 지원한다.
열째, 다문화가족의 사회통합을 지향한다.
열한째, 성폭력·가정폭력, 성매매 예방 및 피해자를 보호한다.
열두째, 결혼이주여성 및 여성장애인 등의 권익을 보호한다.

1) 여성가족부의 비전

비전 모든 가족이 함께 행복한 사회 구현

정책목표 다양한 가족의 삶의 질 향상 남녀 모두 일 · 가정 양립 실현

정책과제

정책과제	세부 내용
가족관계 증진을 위한 서비스 기반 조성	• 맞춤형 가족교육 지원 • 가족상담 활성화 • 가족여가활동 확대
가족 유형별 맞춤형 서비스 지원 강화	• 맞벌이 가족 지원 • 한부모가족 지원 • 다문화가족 지원 • 취약 · 위기 가족 지원
정부-가족-지역사회 연계를 통한 돌봄 지원 강화	• 아이 키우기 좋은 여건 조성 • 돌봄 부담 해소를 위한 지역사회 조성 • 가족돌봄 여건 조성
남성과 여성, 기업이 함께 하는 일 · 가정 양립 실천	• 일 · 가정 양립제도 정착 • 남성의 일 · 가정 양립 지원 강화 • 기업의 일 · 가정 양립 실천 촉진
생애주기별 출산친화적 사회문화 조성	• 고비용 결혼문화 개선 • 임산부 배려문화 조성 • 작은 육아문화 확산 • 양성평등 가족문화 조성
가족환경 변화에 대응한 정책 추진체계 강화	• 가족정책 법 · 제도 정비 • 가족정책 전달체계 강화 • 새로운 가족환경 변화에 선제적 대응

출처 : 여성가족부(2016)

2) 여성가족부 소관 법률 현황(여성가족부, 2020)

가족 관련 정책	개정 및 제정
여성(양성평등)정책(3)	• 남녀고용평등법(2015. 1. 20. 일부 개정) • 양성평등기본법(2014. 5. 28. 전부 개정) • 성별영향분석평가법(2011. 9. 15. 제정) • 경력단절여성 등의 경제활동 촉진법(2008.6. 5. 제정)
청소년정책(7)	• 청소년 기본법(1991. 12. 31. 제정) • 청소년활동 진흥법(2004. 2. 9. 제정) • 한국청소년연맹 육성에 관한 법률(1981. 4. 13. 제정) • 스카우트활동 육성에 관한 법률(1969. 7. 28. 제정) • 청소년 보호법(1997. 3. 7. 제정) • 청소년복지 지원법(2004. 2. 9. 제정) • 학교 밖 청소년 지원에 관한 법률(2014. 5. 28. 제정)
가족정책(8)	• 건전가정의례의 정착 및 지원에 관한 법률(1999. 2. 8. 제정) • 건강가정기본법(2004. 2. 9. 제정) • 가족친화 사회환경의 조성 촉진에 관한 법률(2007. 12. 14. 제정) • 한부모가족지원법(1989. 4. 1. 제정) • 양육비 이행확보 및 지원에 관한 법률(2014. 3. 24. 제정) • 결혼중개업의 관리에 관한 법률(2007. 12. 14. 제정) • 다문화가족지원법(2008. 3. 21. 제정) • 아이돌봄지원법(2012. 2. 1. 제정)
권익증진정책(5)	• 성매매방지 및 피해자보호 등에 관한 법률(2004. 3. 22. 제정) • 성폭력방지 및 피해자보호 등에 관한 법률(2010. 4. 15. 제정, 2020. 1. 29., 일부 개정) • 아동·청소년의 성보호에 관한 법률(2000. 2. 3. 제정) • 가정폭력방지 및 피해자보호 등에 관한 법률(1997. 12. 31. 제정) • 일제하 일본군위안부 피해자에 대한 생활안정지원 및 기념사업 등에 관한 법률(1993. 6. 11. 제정)

3) 여성가족부의 서비스 전달체계

여성가족부는 건강가정지원센터, 다문화가족지원센터 기능의 다양화뿐 아니라 각 센터에서 상호 원활한 기능을 수행하여 다양한 수요에 선제적으로 대응하며 서비스 접근성을 제고하고 있다. 이에 관한 조직도는 다음과 같다.

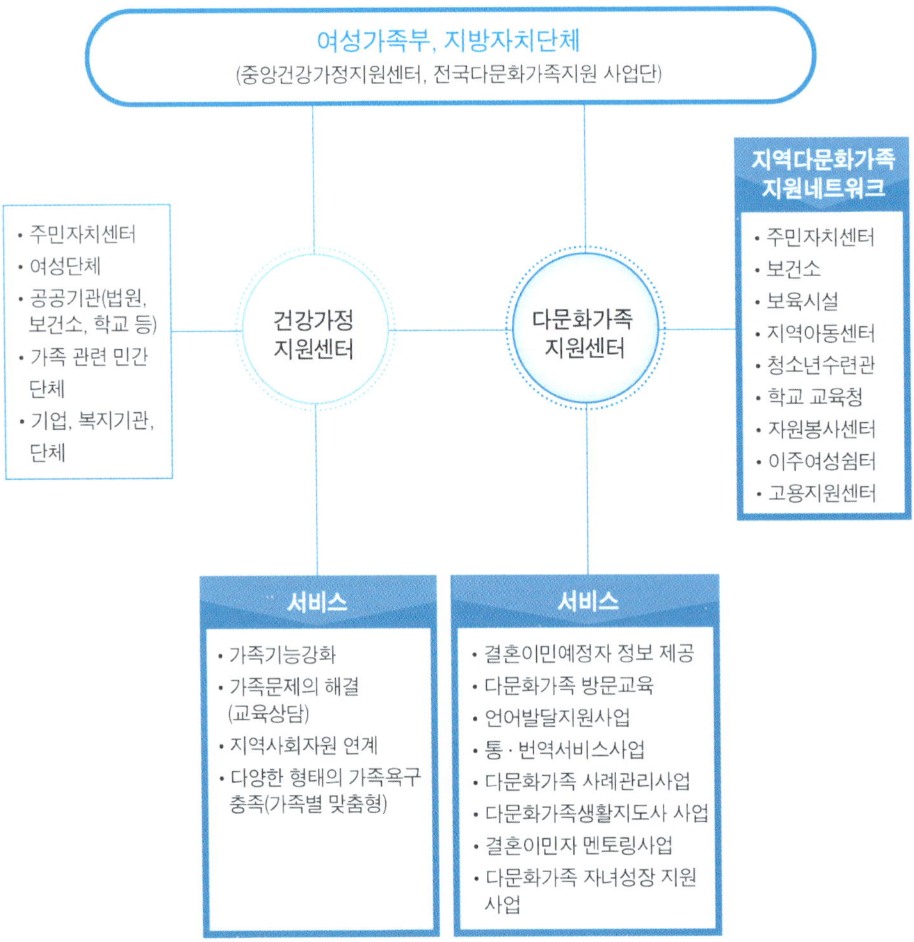

출처 : 여성가족부(2016)

우리나라의 여성가족부에서 정책적으로 담당하고 있는 가족정책의 기본 방향 및 추진과제는 다음과 같다(여성가족부, 2016).

첫째, 생애주기별 · 가족 유형별 수요에 따른 맞춤형 가족정책을 강화하여 보편적 가족서비스로서 가족교육 · 상담, 여가활동 등을 지원하고 있다.

둘째, 가족규모의 축소, 맞벌이 가족, 한부모가족 증가 등의 가족형태의 다양화에 따라 유형별 가족에 맞춘 정책 및 서비스 지원을 강화한다.

셋째, 정부와 가족 그리고 지역사회 연계를 통한 돌봄지원서비스를 강화하여 자녀 돌봄과 노인 돌봄에 대한 사회적 책임을 강조하는 동시에 가족 및 지역사회의 돌봄의 책임 분담과 연계를 강조하여 다양한 돌봄의 수요에 따른 지원방식의 다양화를 추구한다. 특히, 지역사회를 기반으로 하는 돌봄 공동체 및 돌봄 인프라를 확충하여 이웃 간 돌봄을 활성화하고 지역사회 중심의 자녀양육 친화환경을 조성한다.

넷째, 남성과 기업의 참여를 기반으로 일 · 가정양립 실천 강화, 배우자 출산휴가, 남성 육아휴직 활성화, 남성 대상 맞춤형 교육 등을 지원하여 남성의 일 · 가정 양립을 지원 및 강화한다.

다섯째, 가족친화인증제도 내실화 및 일 · 가정 양립 홍보 등을 통하여 기업에서 자발적으로 일 · 가정 양립문화를 실천하도록 유도하도록 한다.

여섯째, 가족정책 환경 변화에 대응한 추진체계의 강화로 가족구조 및 정책환경의 변화를 반영하고, 미래가족의 변화를 예측하여 가족정책의 패러다임의 전환 및 중장기 발전과제를 발굴 및 추진한다.

일곱째, 가족지원 서비스 전달체계의 접근성을 높이고 기능 재정비 등으로 보편적인 가족정책 전달체계로서의 위상 강화와 효율적 가족정책의 서비스를 추진한다.

여덟째, 아이돌봄서비스를 통한 가족양육 지원부모의 야근 · 출장 · 질병 등으로 양육공백이 발생하는 취업부모 가정에 직접 아이돌보미가 찾아가 돌봄서비스를 제공하고, 소득수준에 따라 이용요금을 차등 지원하도록 한다.[2)]

아홉째, 가족에 대한 상담, 교육, 문화사업을 확대하며 가족에 대해 상담한다. 즉, 실직 등으로 가족기능의 약화 등 위기가족에 대한 맞춤형 가족상담 등을 실시하여 가족보호지원시스템을 구축하고 운영한다. 이를 통해 가족상담 매뉴얼 개발 및 지역센터별 가족상담 연계망을 구축하는 등 가족을 보호하고 역량을 강화한다.

열 번째, 가족생활 교육 및 가족친화 문화조성의 기능이 있다.

① 생애주기별 가족생활교육을 실시한다. 이를 위하여 청소년기 자녀를 둔 가족생활교육, 중년기 가족생활교육, 노년기 생활교육, 아버지교육 등을 실시하며, 예비부부 및 신혼기 부부교육과 가정경영아카데미를 실시하고 있다.

② 가족친화문화 조성으로 가족문화캠페인, 가족여가 및 체험 프로그램의 운영 그리고 가족봉사단 축제, 지역 내 이웃 간 나누기, 문화 프로그램, 가족생활문화개선 캠페인, 지역축제 등을 실시하고 있다.

③ 삶의 질을 높이는 건강한 가족의 가치를 확산하고 민 · 관 협력으로 가족의 의미와 역할에 관한 긍정적 인식 확산 유도의 활동으로 매주 수요일에는 '가족사랑의 날'의 일환으로 정시퇴근 실천운동을 활성화한다. 또한 양성 평등한 가정생활 참여를 위한 '부모교육'을 확대하고 가족단위의 여가활동의 확대로 가족 유대감을 강화하며 일과 가정이 조화로운 사회환경의 조성을 통하여 가족친화적 직장문화를 조성하여 가족친화기업의 인증을 활성화한다.

그 밖에 가족친화포럼 운영 등 민간의 자율적인 가족친화경영 확산을 지원하고 가족친화 사회환경조성의 실태조사를 통한 중장기 정책기반을 마련한다.

---

2) 돌봄서비스는 아이돌봄 홈페이지를 통하여 만 12세 이하 아동을 필요한 시간 만큼 돌보는 시간제 서비스와 영아를 하루 종일 돌보는 영아종일제 아이돌봄서비스로 구분하여 2007년 시간제 시범서비스를 38개 지역에서 운영한 이래 2009년 전국 시 · 군 · 구로 확대하고 2010년에는 영아 종일제 돌봄서비스를 도입하였다. 이후 2012년에는 「아이돌봄 지원법」을 제정하고 2013년에는 「아이돌봄 지원법」에 '아이돌봄서비스 우선 제공'의 근거를 신설하였으며 2014년에는 영아종일제 돌봄 지원의 연령을 확대하고 서비스의 다양화를 추진하여 2015년에는 영아종일제 대기시스템 및 자격요건에 따른 가점제를 개편 · 운영하고 있다.

4) 지역사회 관련 기관 가족돌봄 지원의 연대 구축

지역사회 관련 기관 가족돌봄 지원의 연대 구축을 위하여 첫째, 나눔과 통합의 가족친화 마을을 조성하고 활성화한다. 이를 위한 1단계로는 이웃사촌 한 가족 관계 맺기 및 가족 역량 강화를 실시한다. 2단계로는 지역사회 내 한마음 가족친화마을을 조성하고 활성화하는 것을 목표로 하고 있다.

둘째, 지역공동체의 활성화와 지원의 구심점으로 건강가정지원센터 및 다문화가족지원센터의 역량을 강화한다.

셋째, 가족과 지역사회의 소통과 연대 강화를 위하여 마을 내 품앗이 등 상부상조 공동체 문화를 조성하여 다양한 가족에 대한 문화적 수용을 강화한다.

넷째, 포괄적 가족지원서비스를 실시하기 위하여, 기본 방향으로 가족의 유형별로 이원화되어 있던 가족지원서비스를 가족의 유형과 상관없이 한 곳에서 원스톱으로 다양한 가족에게 보편적이고 포괄적인 서비스를 제공할 수 있도록 한다. 또한 사업목적 소득수준과 가족 유형에 상관없이 지역사회에 거주하는 가족이면 이용 가능한 보편적인 서비스와 가족 내 문제상황이나 가족 유형별 특성과 여건 등을 고려한 맞춤형 서비스를 제공하도록 한다.

그 주요 내용으로는 2016년 전국 78개소의 건강가정 및 다문화가족지원센터에서 서비스를 실시하며 통합서비스 지원 대상을 확대하여 다문화가족의 지원을 일반, 다문화가족, 맞벌이가정, 취약위기 가족 등 다양한 모든 가족으로 확대하였다.

그 밖에도 한부모, 조손가족 등 취약계층에 대한 지원을 강화하여 가족역량(family empowerment) 강화를 도모할 뿐 아니라 결혼이민자 중심의 지원을 모든 다문화가족의 구성원과 자녀지원으로 확대하였다. 또한 지원시간을 확대하여 가족지원서비스 접근성 제고를 위하여 주간·주중의 중심에서 야간·주말 운영까지 확대하였으며 서비스에 있어서도 지역여건 및 정책 수요자 특성에 맞는 맞춤형 서비스를 강화하였다.

(1) 맞벌이 가족의 지원

한편, 워킹 맘의 직장 내 고충해소와 워킹 대디(working daddy)의 육아참여 활성화 지원 등 맞벌이 가정의 일·가정 양립 지원을 강화하였으며 결혼이민자, 다문화 자녀에 대한 지원확대 등 다문화가족에 대한 생애주기별 맞춤형 서비스를 강화하였다. 이에 대한 아이돌보미 서비스의 지원 목적은 만 12세 이하 아동을 둔 맞벌이 가정 등에 아이돌보미가 직접 방문하여 아동을 안전하게 돌봐주는 서비스를 실시하여 가정의 아이돌봄을 지원한다. 또한 아동의 복지증진과 보호자의 일·가정 양립을 통한 가족구성원의 삶의 질 향상과 양육 친화적인 사회환경을 조성한다.

지원내용은 시간제 돌봄서비스는 맞벌이가정, 다자녀가정 등의 만 12세 이하 아동에게 아이돌보미가 집으로 찾아가 임시보육, 놀이활동과 등·하원 동행 등의 돌봄서비스를 제공하는데, 지원비용은 기준 중위소득 120% 이하 가정의 소득수준에 따라 1,625~4,875원을 차등 지원한다.[3)]

(2) 돌봄의 사회화 서비스

영아종일제 돌봄서비스의 내용으로는 생후 3~24개월 영아를 대상으로 하여 이유식 먹이기, 젖병 소독하기, 기저귀 갈기, 목욕 등 종일 돌봄서비스를 제공한다. 지원비용은 기준 중위소득 120% 이하 가정의 소득수준에 따라 월 200시간을 기준으로 39만~91만 원을 차등 지원한다. 지원시간은 월 120~200시간 이내로 1일 최소 4시간 이상 사용을 원칙으로 한다.[4)]

이에 대한 지원 대상으로는 소득활동 및 다자녀 양육 등으로 양육공백이 발생하

---

3) 시간당 6,500원으로 2008년 12월 31일 이전 출생 아동은 '가'형만 지원하며 지원시간은 연 480시간 이하로 1회 최소 2시간 이상 사용을 원칙으로 하고 있다. 그러나 정부지원시간을 초과하는 경우 전액 본인부담으로 서비스 이용이 가능하며 서비스 이용시간 및 적용기간은 예산상황에 따라 조정될 수 있다. 그 밖에 종합형/가사추가형은 시간제 돌봄에 아동과 관련한 가사를 추가하여 돌봄을 제공하고 있다.

4) 정부지원시간을 초과하는 경우는 전액 본인부담으로 서비스 이용이 가능하며 서비스 이용시간 및 적용기간은 예산상황에 따라 조정될 수 있으며, 보육교사형으로 영아종일제 돌봄 시 보육교사 자격 아이돌보미가 돌봄을 제공한다.

는 가정으로 취업한 부모, 장애부모, 맞벌이 가정, 다자녀가정, 기타 양육부담 가정에 대해서 지원한다. 정부지원 대상에 해당하지 않는 가정은 전액을 본인부담으로 서비스 이용이 가능하다. 정부지원이 가능한 양육공백 가정은 취업한 부모로 맞벌이 가정, 장애부모가정(가정에서 아동을 양육하는 부 또는 모가 「장애인복지법」 제2조의 규정에 의한 장애인인 경우), 다자녀가정으로 만 12세 이하 아동이 3명 이상인 가정이나 만 36개월 이하 아동 2명 이상인 가정이다. 그 밖에는 중증(1~3급) 장애아 자녀를 포함하여 아동 2명 이상을 양육(비장애아에게 돌봄 제공)하는 경우가 해당한다.

(3) 비취업 가족지원 및 신청방법

부모 모두 비 취업으로 가정에서 아동을 양육하는 경우는 정부지원 대상에서 제외한다. 기타 양육부담 가정으로는 부 또는 모의 입증 가능한 장기 입원 등의 질병 및 상해에 의한 양육공백과 부 또는 모가 학교에 재학 중이거나 취업준비(학원수강 등 입증할 수 있는 경우에 한함) 중인 경우, 혹은 모의 출산으로 출생 아동의 형제·자매에 돌봄 공백이 발생한 경우에 지원이 가능하다.

신청방법은 정부지원 신청 가정의 읍·면·동 주민센터나 '복지로'에 정부지원을 신청하면 정부지원 유형을 결정 후 통지를 받게 된다. 이후 아이돌봄 홈페이지에 회원 가입을 한 후 서비스 신청과 본인부담금 선입금 후 서비스 이용이 가능하다. 정부미지원 가정은 아이돌봄 홈페이지에 회원 가입을 한 후 서비스 신청 및 본인부담금 선입금 후 서비스 이용이 가능하다. 맞벌이부부 및 「한부모가족지원법」에 의해서 등록된 한부모가구 중 직장건강보험 가입자인 경우에는 '복지로(www.bokjiro.go.kr)'에서 공인인증서를 통해 온라인 신청이 가능하다.

그리고 정부지원 대상이 아닌 가정은 읍·면·동 주민센터를 거치지 않고 곧바로 아이돌봄 홈페이지 회원 가입 후 서비스 제공기관에서 정회원 승인을 받아 전액 본인부담으로 서비스 이용이 가능하다.

5) 부모학교의 운영

부모학교의 취지는 "좋은 부모, 행복한 아이! 대한민국이 부모교육을 시작한다"는 취지 아래 부모교육 활성화를 통하여 아동학대 예방 및 건강한 가정을 위한 가족가치를 확산하기 위해 부모학교를 운영한다. 부모학교는 생애주기별 맞춤형 부모교육 강화로 일회성이 아닌 지속적 교육을 받을 수 있는 시스템을 구축하는 것을 목표로 하고 있다. 이를 통하여 교육 사각지대에 놓여 있는 취약가정 부모를 중점 지원하여 자녀양육의 역량을 강화하며 부모교육 필요성 및 효과성을 지속적으로 홍보하고 자발적인 부모교육의 참여를 유도하도록 한다.

주요 내용으로는 생애주기별 및 가족 유형별로 다양한 부모교육 표준 프로그램 및 콘텐츠를 개발하여 활용한다. 한편, 부모교육 전문가 관리를 위하여 부처별·기관별 관리되고 있던 부모교육 강사 자료를 통합하여 수요기관에 제공하고 찾아가는 부모교육으로 교육 접근성 및 부모교육 참여도의 제고를 위해 생활 속에서 쉽게 접근할 수 있는 직장, 어린이집, 유치원, 공동 육아 나눔터, 군부대 등 생활 속으로 '찾아가는 부모교육'을 실시한다.

또한 부모교육의 사회적 공감대의 확산을 위하여 부모교육의 필요성 및 효과성에 대한 긍정적 인식 및 사회적 공감대 확산에 주력하여 자발적인 교육 참여 분위기를 조성한다. 부모교육을 받을 수 있는 곳은 건강가정지원센터와 육아종합지원센터, 학부모지원센터 등이 있다.

6) 건강가정지원센터의 운영

건강가정지원센터의 운영의 기본 방향은 가족문제 예방 및 해결을 위해 가족돌봄 사업, 가족교육, 가족상담, 가족문화활동 등 예방적·선제적 가족지원서비스를 제공하여 가족의 건강성을 증진할 뿐 아니라, 다양한 가족에게 맞춤형 서비스 지원 강화에 기본 방향을 두고 다음의 사업의 목적을 갖는다.

사업목적으로 건강가정지원센터를 통해 수요자 중심의 서비스 전달체계를 갖추고 지역 주민의 특성을 고려한 맞춤형 가족지원서비스를 제공함으로써 가족의 안정성 강화 및 가족관계를 증진한다. 주요 내용으로는 중앙건강가정지원센터를 통하여 가족서비스 전달체계의 중추기관으로서 지방건강가정지원센터 운영을 지원하고 강화하는 역할을 수행하여 다음과 같은 기능을 담당한다. 건강가정지원센터의 운영목적은 다음과 같다.

첫째, 다양한 가족지원 프로그램 개발 및 보급을 활성화한다. 둘째, 가족 관련 정보의 구축 및 보급, 전국단위의 대국민 홍보 및 센터 종사인력 등에 대한 교육을 실시하며 지방건강가정지원센터 사업을 운영 지원하고 평가를 실시한다. 그리고 지방건강가정지원센터의 운영을 통하여 지역주민의 가족생활과 관련한 문제를 종합적으로 상담하고 관련 서비스를 직접 제공하는 창구역할을 수행한다.

이를 통하여 다양한 가족형태에 맞는 가족교육 및 가족상담을 제공한다.[5] 그 밖에도 지역 주민 대상의 가족문화 개선·홍보 사업을 추진한다.[6] 그리고 지역주민의 가족서비스 욕구조사, 지역사회 가족 관련 정보를 제공하며 가족돌봄 기능지원 및 한부모와 조손가족 등에게 다양한 가족지원 서비스를 실시한다.[7]

7) 다문화가족 지원

다문화가족을 위하여 가족교육·상담·문화 프로그램 등의 서비스 제공을 통해 결혼이민자의 한국사회 조기적응 및 다문화가족의 안정적인 가족생활 지원을 기본 방향으로 한다. 이를 위하여 1단계로는 입국 전 결혼준비기에 필요한 국제결혼과정의 인권보호와 교육 프로그램을 실시한다.[8]

5) 결혼준비교육, 부부교육, 부모교육, 가족갈등 및 이혼 전·후 상담을 실시한다.
6) 가족사랑의 날, 전통문화체험교실 운영, 가족사랑 걷기 대회 등을 실시한다.
7) 가족봉사단, 모두가족품앗이, 토요 돌봄, 초등취학적응 돌봄서비스, 방학 돌봄서비스 등
8) 「결혼중개업의 관리에 관한 법률」을 제·개정하여 시행하였는데, 이를 살펴보면 국제결혼중개업 등록제 시행('08

2단계로는 입국 초 가족관계 형성시기로 결혼이민자의 조기적응 및 안정적 생활지원을 위하여 한국어교육[9], 다문화가족통합교육, 다문화가족 취업연계 및 교육지원, 개인 · 가족상담 등 종합 서비스를 제공한다. 그리고 다국어 판 생활 및 정책 정보 매거진(Rainbow+, 연 4회), 한국생활 가이드북을 제공할 뿐 아니라 다문화가족지원 포털 '다누리' 운영 등으로 한국생활의 다양한 정보를 제공하며 다문화에 대한 실태조사[10]를 실시한다.

다문화가족의 지원센터의 기본 방향은 다음과 같다. 먼저 사업의 목적은 지역사회 다문화가족을 대상으로 한국어교육 · 가족통합교육, 자조모임 육성 등 종합서비스를 제공하여 다문화가족의 조기 적응 및 사회 · 경제적 자립지원을 도모할 수 있는 서비스 전달체계를 운영 지원한다. 다문화센터 기본 프로그램은 다음과 같다. 먼저 방문교육사업으로 지리적 여건 등으로 센터 이용이 어려운 다문화가족 대상 '한국어교육' 및 '부모교육 · 자녀생활 서비스'를 제공하고 있다. 또한 결혼이민자에 대한 통역 및 번역 서비스 사업으로 결혼이민자를 통역 및 번역 전문인력으로 채용하여 의사소통이 어려운 결혼이민자에게 통 · 번역 서비스를 제공하고 있다.

년), 결혼중개계약서 작성 및 중개업자의 신상정보 사전제공 의무화('10년), 18세 미만 및 집단맞선 소개 금지, 국제결혼중개업 등록 시 자본금 요건(1억 원 이상) 상향('12년) 국제결혼 중개행위 관련 외국 현지형사법령 등 위반 시 결혼중개업 운영 3년간 금지('13년) 등의 내용이 있다 그 밖에 국제결혼 실태조사 3년 단위 실시('14년) 및 결혼중개업체에 표준약관(계약서 포함) 권장, 국제결혼중개업자의 자본금 상시 보유요건 명시('15년), 국제결혼중개 손해배상 입증책임을 국제결혼중개업자에게 부과('16년), 결혼중개업자 전문지식 및 윤리의식 향상교육 실시, 결혼중개업제도, 인권보호, 소비자보호, 상담실무 등을 교육, 결혼이민(예정)자 현지사전교육 운영의 내실화로 베트남, 몽골, 필리핀, 캄보디아 현지에서 표준교재(한국문화, 한국어 등)를 활용한 한국입국 전 정보 제공(4개국 6개소 실시) 등의 내용이 있다.

9) 다양한 매체를 통한 한국어교육을 위하여 전국 시 · 군 · 구에서 집합 한국어교육을 실시한다(다문화가족지원센터 등에서 운영 실시). 이를 통하여 정규과정(1~4단계), 중도 입국 자녀반, 특별반(한국어 심화과정 등)을 운영하며 다문화가족지원센터에서 한국어 방문교육을 실시한다. 2015년 기준 한국어교육지도사(937명)가 다문화가족 6,648명을 지원한 바 있다.

10) 다문화가족 실태조사 실시(다문화가족지원법 제4조)를 통하여 전국규모의 다문화가족 실태를 조사 · 분석해 정책수립에 필요한 기초통계자료 확보 및 맞춤형 서비스를 개발한다. 조사항목(「다문화가족지원법 시행규칙」 제2조 제3항)으로는 성별, 연령, 학력, 취업상태 등 가족구성원의 일반 특성에 관한 사항과 소득, 지출, 자산 등 가족의 경제 상태에 관한 사항 및 자녀양육, 가족부양 등 가족행태 및 가족관계에 관한 사항, 그리고 가족갈등, 가족문제에 관한 사항 및 다문화가족 지원 관련 교육 · 상담 등 서비스 수요에 관한 사항을 조사한다. 그 밖에 다문화가족의 현황 및 실태파악에 필요한 사항을 조사한다.

기본 사업내용으로는 가족생활 및 국가 간 문화 차이 등에 관하여 입국 초기 상담을 실시하고 결혼이민자 정착지원 및 국적과 체류 관련 정보 제공 및 사업을 안내하고 있다. 기본 내용으로는 임신, 출산, 양육 등의 생활정보 안내와 상담 및 교육과정 통역뿐 아니라 가족 간 의사소통의 통역과 행정·사법기관, 병원, 학교 등 기관 이용 시 통·번역을 제공하고 있다. 그 밖에도 위기상황 시 긴급지원, 전화 및 이메일 통·번역의 업무 처리를 실시한다. 서비스 이용방법으로는 해당 다문화가족 지원센터에 방문 및 전화 혹은 이메일로 신청이 가능하다.[11)]

이와 같은 것은 다문화가족의 이중언어 가족환경 조성사업의 실시일환으로 다문화 가정 내에서 영유아기부터 자연스럽게 이중언어로 소통할 수 있는 환경을 조성하고 다문화가족 자녀(영·유아기)의 정체성 확립 및 글로벌 인재로의 성장을 지원하기 위한 것이다. 사업내용으로는 부모-자녀 간의 이중언어의 상호작용 교육, 부모교육 및 사례관리, 자조모임 지원 등을 내용으로 하고 있다. 이에 대한 서비스의 내용은 다음과 같다.

〈표 3-1〉 다문화가족의 이중언어 가족환경 조성사업의 서비스 내용

서비스	대상	서비스 내용
한국어 교육	입국 5년 이하 결혼이민자, 중도입국자녀 (만 24세 이하, 1992. 1. 1. 이후 출생자)	• 한국어교육 1~4단계 • 어휘, 문법, 화용, 문화
부모교육 서비스	생애주기별 각 1회 지원 (최대 15개월, 총 3회 지원) ① 임신·신생아기(임신 중~생후 12개월 이하) ② 유아기(12개월 초과~48개월 이하) ③ 아동기(48개월 초과~만 12세 이하)	• 자녀양육지원을 위한 부모교육 (부모성장, 부모-자녀관계형성, 영양·건강관리, 학교·가정 생활 지도) • 가족상담 및 정서지원서비스 • 기타 한국생활에 필요한 정보 제공

11) 2016년 현재 통·번역 전담인력은 282명이 활동하고 있으며 이를 통하여 다문화가족 자녀의 언어발달지원사업을 실시하고 있다. 이를 통하여 다문화가족의 자녀에 대한 체계적이고 전문적인 언어발달지원을 통해 이들이 건강한 사회 구성원, 나아가 글로벌 인재로 성장할 수 있도록 지원한다. 사업내용으로는 다문화가족의 만 12세 이하 자녀에 대한 언어발달 진단 및 교육을 실시하고 센터에 언어발달지도사를 배치, 센터 내 자체 프로그램 운영 및 인근 보육시설(어린이집, 유치원 등)에 파견해 건강한 성장을 지원하는 데 2016년 언어발달지도사 300명이 활동하고 있다.

자녀생활 서비스	만 3 ~ 12세 이하 다문화가족자녀, 중도입국 자녀	• 인지영역 : 독서코칭, 숙제지도, 발표토론지도 • 자아·정서·사회영역 : 자아·정서·사회성발달을 위한 지도 • 문화역량강화 영역 : 문화인식, 정체성 확립, 공동체 인식 지도 • 시민교육영역 : 기본 생활습관, 건강 및 안전, 가정생활, 진로지도

출처 : 여성가족부(2016)

다음은 여성가족부의 가족, 성평등, 인권, 사회통합, 상담 프로그램과 그 내용의 예시이다.

〈표 3-2〉 여성가족부의 다양한 프로그램

사업영역	내용	
가족	• 다문화가족 이중언어 환경조성 프로그램 – 다문화가족 이중언어 환경조성 프로그램 • 가족의사소통 프로그램 • 가족관계향상 프로그램 • 결혼과 가족의 이해 • 가족의 의미와 역할	• 아버지교육 • 부모–자녀관계 및 자긍심 향상 프로그램 • 자녀교육 프로그램 • 부모역할교육, 자녀건강지도 • 자녀생활지도 • 자녀성장지원사업 등
성평등 인권	• 가족 내 성평등 교육 • 다문화이해교육 • 인권감수성 향상교육 • 이주여성과 한국인 배우자·부모 대상 프로그램(多함께 프로그램) 등(2시간) • 폭력피해 대처 및 예방교육	• 이주여성 대상 프로그램 • 다문화가족 관련법과 제도 • 이주민과 인권 • 찾아가는 폭력예방교육
사회 통합	• 취업기초소양교육 • 구직자 발굴시 e새일시스템과 연계된 워크넷 등록 및 새일센터로 적극 연계 • 새일센터의 결혼이민자 대상 직업교육훈련 개설 시 적극 협조(교육과정 설계·모	• 한국사회적응교육 • 소비자·경제교육 • 학업지원반 운영 및 연계 • 다문화가족 자조모임 • 다문화인식개선

	집 등) • 다문화가족 나눔봉사단 소양교육(4시간 이상) • 다문화가족 나눔봉사단 활동	• 결혼이민자 멘토링프로그램 • 결혼이민자 정착단계별 지원 패키지프로그램(=결혼이민자자립지원 패키지 프로그램) 등 – (미래찾기, 길찾기 등 미래설계 프로그램 중 선택) * 건가·다가 통합서비스 운영기관은 공통 필수 사업으로 실시 • 재난안전교육 • 다문화가족 교류·소통 공간 • 선거교육
상담	• 가족상담	• 개인상담 • 집단상담 • 사례관리 • 위기가족 긴급지원 • 외부상담기관 연계 등

출처 : 여성가족부(2016)

8) 사회 취약가족의 지원

사회 취약가족의 지원의 추진배경으로는 이혼율의 증가와 가족가치관의 변화 등으로 저소득 한부모가족이 지속적으로 증가함에 따라, 이들의 자립기반 조성을 위한 지원 필요성이 증대되었다.

〈표 3-3〉 전체 가구 및 한부모가족 가구 수 (단위 : 천가구, %)

		2015	2016	2017	2018
한부모가구 현황	전체가구	19,561	19,838	20,168	20,500
	한부모가구	1,608	1,540	1,533	1,539
	한부모가구 비율	8.2	7.8	7.6	7.5

출처 : 통계청(2017). 장래가구추계 : 2015~2045

이에 따라 사회 취약가족의 지원으로 저소득 한부모가족, 미혼모가족, 조손가족 등 사회취약가족이 가족의 기능을 유지하고 건강한 생활을 영위할 수 있도록 다양한 지원사업을 수행함으로써 한부모가족의 생활안정과 자립기반 조성 및 복지증진에 기여하도록 하였다.

주요 사업으로는 저소득 한부모가족 자녀 양육비 등 복지급여지원, 청소년 한부모가족 자립지원, 저소득 한부모가족 주거지원서비스 지원, 권역별 미혼모·부자 지원기관 운영, 가족 역량강화지원사업, 한부모가족 법률 구조지원, 이혼위기가족 회복지원사업 등이 있다.

이에 대한 근거법령은 「한부모가족지원법」, 「한부모가족지원법 시행령」, 「한부모가족지원법 시행규칙」 등이 있다.

9) 위기개입 및 가족통합교육의 실시

위기개입 및 가족통합교육의 실시를 위하여 가정폭력 피해 상담 및 보호를 위해 다누리 콜센터 및 전용쉼터, 법률구조기관 등 관련 기관 간 연계를 강화하여 다문화가족의 생활 적응과정에서 발생하는 각종 고충상담 및 생활정보 제공을 위해 다누리 콜센터를 2011년 6월부터 운영하였으며 다문화가족과 이주여성에게 각종 한국생활정보 안내 및 폭력피해 접수·상담지원을 위해 이주여성 긴급지원센터를 2014년부터 다누리콜센터로 통합운영하여 원스톱 서비스를 실시하는데, 다누리콜센터는 13개 언어로 365일, 24시간 지원하고 있다. 이주여성쉼터는 2016년 기준으로 24개소 운영되고 있으며 다문화가족(이혼가족 포함)의 개인 및 가족상담을 위하여 다문화가족구성원 간 가족 내 역할 및 가족문화에 대한 이해 향상을 위하여 가족통합교육을 추진하고 있다.

정착기에는 자녀양육 및 정착의 시기로 보아 다문화가족 자녀의 양육 및 교육을 지원하게 된다. 주요 내용으로는 부모의 자녀 양육능력 향상을 위하여 부모교육서비스를 실시하여 학업성취가 낮고 자아·정서·사회성 발달에 어려움을 겪고 있는 다문화가족 자녀에게 자녀생활서비스를 제공하고 있다. 이는 다문화가족 자녀 언어 발달을 지원하는 것으로 언어발달 진단, 교육 프로그램 제공(언어발달 지도사 300여 명)을 통하여 센터 내 다문화 언어교실 개설 및 보육시설 파견서비스를 제공하고 이중언어 가족환경조성사업을 지원하게 되는데, 다문화가족 자녀가 한국어와 함께 결혼이민자 부모의 언어를 자연스럽게 쓸 수 있도록 지원한다.

또한 '다문화가족 이중 언어 가족조성사업'을 실시한다. 이는 다문화가족 학령기 자녀 및 부모 대상 자녀 성장지원 프로그램 "多재多능" 실시('16년~, 81개소)를 통하여 다문화가족 자녀의 정체성 회복, 사회성·리더십 개발을 위한 프로그램을 제공하게 된다.

한편, 제4단계의 역량 강화기를 통해서는 다문화가족의 경제 및 사회적 자립지원을 실시하여 다문화가족 취업연계 및 취업 기초소양교육을 실시하고 결혼이민자 적합 직종개발 및 직업교육훈련을 실시한다.

통·번역사, 진료 코디네이터 등 결혼이민자 적합 직종을 개발하여 결혼이민여성 특성·선호 및 인력수요 등을 고려한 직업훈련 및 직장에 적응할 수 있는 인턴기회를 제공하며 각종 자조모임 및 봉사단 등 운영을 지원하고 국가별 자조모임 및 일반가족과 함께하는 나눔 봉사단 등을 운영 지원한다.[12)]

10) 가족친화사업

가족친화사업으로 '가족친화 인증제'란, 가족친화제도를 모범적으로 운영하고 있는 기업, 공공기관에 대하여 심사를 통해 인증을 부여하는 제도로 법적 근거는 「가족친화 사회환경의 조성 촉진에 관한 법률」 제15조(제정년도 : 2007. 12. 14)이다. 가족친

12) 다문화가족지원 포털사이트 '다누리' 운영을 지원하여 다문화 인식개선을 위한 콘텐츠를 개발 및 보급한다.

화사업은 자녀출산 및 양육지원, 유연근무제도, 가족친화직장문화의 조성 등을 목적으로 하고 있다.

인증주체 및 대상으로 인증주체는 여성가족부장관이며 인증대상은 기업, 공공기관, 중앙행정기관, 지방자치단체, 대학 등이 있다. 이에 대한 가족친화인증의 추진 체계는 [그림 3-1]과 같다.

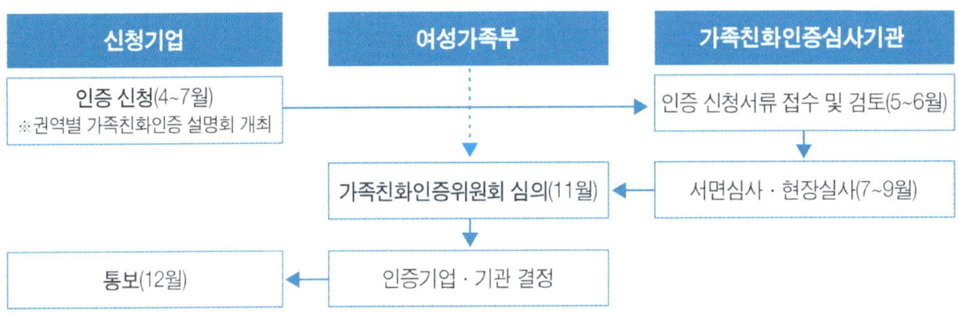

[그림 3-1] **가족친화인증 추진체계**

출처 : 여성가족부(2016)

신청기업의 인증신청은 5~6월로 매년 초 권역별 가족친화인증 설명회를 개최한다. 그리고 가족친화인증심사기관을 통하여 인증 신청서류 접수 및 검토(5~6월)를 실시하며, 서면 심사와 현장실사(7~9월)를 통하여 여성가족부가 가족친화인증위원회 심의(10월)를 거쳐서 인증기업 및 기관을 결정하고 신청기업에 통보(11월)하게 된다.

인증의 기준은 최고경영층의 리더십, 가족친화실행제도, 가족친화경영 만족도 등을 평가하여 70점 이상을(중소기업은 60점 이상) 획득한 경우 인증을 부여하게 된다. 점수의 배점기준은 최고경영층의 리더십으로 최고경영층의 관심 및 의지(20), 가족친화 실행제도(60)로 자녀출산 및 양육지원, 유연근무제, 정시퇴근제 등이 점수에 반영되며 그 밖에도 가족친화경영 만족도(20)의 점수로 가족친화실행제도에 대한 근로자의 만족도가 참조된다. 이러한 가족친화기업 등의 인증기준은 여성가족부 고시

제2015-18호에 명시되어 있다.

인증의 효력(3년, 2년 연장 가능)으로 인증마크를 상품 광고와 홍보 등에 활용하여 기업 이미지를 제고하고 인증을 통한 가족친화경영 도입 촉진으로 근로자와 가족 구성원의 삶의 질 향상, 이직률 감소 등을 통하여 기업의 경쟁력 강화에 기여하게 된다.[13)]

기업

공공기관

(가족친화 사회환경의 조성촉진에 관한 법률 시행규칙 제7조 관련)

기본적으로 서로를 배려하며 사랑을 품고 있는 사람들이 정겹게 어울리는 모습을 형상화한 것으로서, 그러한 배려와 사랑으로 서로 조화를 이룰 때, 비로소 하나의 완성된 꽃 '가족친화경영'을 피울 수 있다는 의미

- 밝은 다홍색은 가족의 사랑
- 노란색은 기업의 배려와 열정
- 초록색은 사회적 관심과 안정된 제도 상징

[그림 3-2] 가족친화인증의 표시

출처 : 여성가족부(2016)

13) 기업 및 공공기관에 대한 적용은 「가족친화 사회환경의 조성 촉진에 관한 법률 시행규칙」 제7조와 관련하여 기본적으로 서로를 배려하며 사랑을 품고 있는 사람들이 정겹게 어울리는 모습을 형상화한 것으로, 그러한 배려와 사랑으로 서로 조화를 이룰 때, 비로소 하나의 완성된 꽃 '가족친화경영'을 피울 수 있다는 의미이며 밝은 다홍색은 가족의 사랑을 상징하고 노란색은 기업의 배려와 열정, 초록색은 사회적 관심과 안정된 제도를 상징하고 있다. 가족친화 인증기업에 대한 인센티브 지원으로 정부사업 참여 시 가점·우선권을 부여한다. 은행 금리우대등(32개 기관, 104개 인센티브, '15년 12월 기준) 가족친화 우수기업 정부포상('11년~), 가족친화경영 대상('12년~) 등의 권장이 있다.

〈표 3-4〉 가족친화 인증기업 · 기관 현황(총 1,363개, 2015년 말 기준) ('15년 말 기준)

연도/구분	계	대기업	중소기업	공공기관
계	1,363	258	702	403
2008	9	3	0	6
2009	14	5	3	6
2010	20	6	4	10
2011	86	24	22	40
2012	84	24	13	47
2013	279	84	111	84
2014	444	77	257	110
2015	427	35	292	100

출처 : 여성가족부(2016)* '15년 말 기준 인증이 유효한 기업 · 기관임

11) 가족사랑의 날

'가족사랑의 날'은 매주 수요일은 가족과 함께 하자는 날로, 바쁜 주중에 수요일 하루라도 가족과 함께 시간을 보내는 작은 실천이 가족 사랑의 첫걸음이 된다는 의미에서 시작되었다.

여성가족부는 기존의 '**매월 셋째 주 수요일을** Family day'로 지정 · 운영하던 캠페인을 2010년부터 한글이름 공모전을 통해 대상을 수상한 명칭 '가족사랑의 날'로 변경, 매주 수요일로 확산 전개 추진중

수요일은 가족사랑의날

[그림 3-3] **가족사랑의 말 지정**

출처 : 여성가족부(2016)

권장사항으로 직장에서는 '알찬 일과, 정시퇴근 일터 만들기'를 위하여 매주 수요일에 정시 퇴근하여 가족과 함께 하고 '가족사랑 약속을 실천'하여 가족 사랑을 키

우며, 가족의 사랑이 이웃까지 확산되도록 하고 있다. 이에 대한 가족 사랑의 날 캠페인 내용은 다음과 같다.

■ 가족의 실천사항 : '나부터 시작하는' 우리 가족 실천약속

하나. 대화, 놀이 등 매일 30분 이상 가족과 함께 시간을 갖는다.
하나. 매주 2회 이상 가족과 저녁식사를 함께 한다.
하나. 매월 1일 이상 가족과 함께 데이트한다.
하나. 매년 4회 이상 가족과 함께 지역사회에 봉사활동을 한다.

■ 일터의 실천사항 : '알찬 일과, 정시퇴근 일터 만들기' 실천 약속

하나. 알찬 일과로 정시퇴근을 실천한다.
하나. 매주 수요일에는 '가족사랑의 날'로 하여 정시퇴근 후 가족과 함께 하는 직장 분위기를 조성한다.
하나. 직장탐방, 가족친화교육 등 가족까지 배려하는 활동을 마련한다.
하나. 사회공헌활동을 실시하여 나눔 문화를 확산한다.

12) 가정폭력 방지

가정폭력의 방지를 위하여 여성 긴급전화로는 1366을 운영하고 있으며 이를 통하여 가정폭력 피해자의 보호와 지원 사무에 대한 정책정보를 제공하고 있다. 이를 통하여 긴급피난처의 제공, 의료복지서비스, 긴급피난처, 법률구조서비스, 피해자보호시설의 제공, 검찰·경찰서비스의 제공, 상담소의 운영 및 각종 사회복지서비스를 제공하고 있다. 이에 대한 근거법률로는 「가정폭력방지 및 피해자 보호 등에 관한 법률」이 있다.

[그림 3-4] **가정폭력 방지 및 피해자 보호사업 추진체계**

출처 : 여성가족부(2016)

Chapter 4

우리나라의 가족지원 행정체계

1. 보건복지부의 활동[1]-생애주기별 맞춤형 보육정책

1) 영유아보육의 지원

보육정책으로 보건복지부(2016)는 영유아보육료 지원사업을 다음과 같이 실시하고 있다(2016 .3월 기준).

첫째, 만 0~2세 보육료로 양육수당, 종일제 아이돌봄서비스를 지원받지 않고 어린이집을 이용하는 만 0~2세 영유아에 대해 보육료를 지원하고 있다. 연령별 보육료 지원 단가는 0세는 41만 8,000원, 1세는 36만 8,000원, 2세는 30만 4,000원이다.

둘째, 만 3~5세 보육료(누리공통과정)

양육수당, 유아학비를 지원받지 않고 어린이집을 이용하는 만 3~5세 아동에 대해 보육료를 지원하고 있다(보육료 지원단가 : 만 3~5세 : 22만 원).

셋째, 다문화 보육료는 다음과 같이 지원하고 있다. 어린이집을 이용하는 만 0~5세 영유아 중「다문화가족지원법」제2조1 제호에 따른 다문화 가구를 대상으로 소득·재산 수준과 무관하게 보육료를 지원하고 있다.

「다문화가족지원법」제2조 제1호에 따른 다문화가족의 결혼이민자(인지신고 또는 귀화허가를 받은 자 포함)와 국적법 제2조부터 제4조까지의 규정에 따라 대한민국 국적을 취득한 자 사이에서 출생한 자녀 및「다문화가족지원법」제2조 제1호에 따른 다문화가족과 동일세대원으로 생계를 같이 하는 전처 또는 전남편의 사이에서 출생한 자

1) 보건복지부(2016)

녀(대한민국 국적인 아동에 한하여)에게 지원한다.

장애아 보육료로는 어린이집을 이용하는 만 12세 이하의 장애아동에 대해 보육료를 지원하고 있다. 그리고 가구의 소득·재산 수준과 무관하며 장애인복지카드 또는 특수교육 대상자 진단·평가 결과 통지서를 미소지한 만 5세 이하 영유아도 장애소견이 있는 의사 진단서를 제출한 경우에는 지원이 가능하다. 장애아 보육료 지원 단가는 2016년 기준 0~5세 43만 8,000원으로 지원되고 있다.

〈표 4-1〉 보육료 지원 대상 및 지원수준 현황 (단위 : 원)

자격구분	지원대상	지원비율	연령	지원단가			
				종일반	맞춤반	야간	24시
영유아	어린이집 이용 만0~5세	100%	만0세반	470,000	367,000	470,000	705,000
			만1세반	414,000	322,000	414,000	621,000
			만2세반	343,000	268,000	343,000	514,500
			만3세반	220,000	–	220,000	330,000
			만4세반	220,000	–	220,000	330,000
			만5세반	220,000	–	220,000	330,000

※ 적용시기: '20년 1월 1일부터 2월 29일까지 적용함
※ 맞춤반 아동은 긴급한 사유로 맞춤반 보육시간외 어린이집을 이용할 수 있도록 '긴급보육바우처' 월 15시간 지원
※ 다만, Ⅱ. 어린이집운영-1.어린이집 운영일반원칙-반편성 기준일의 예외에 따라 상위반 또는 하위반에 편성된 아동에 대해서는 편성된 반 지원단가 기준으로 보육료지원
※ 만3~5세 보육료(누리과정)는 유아교육지원특별회계에서 전액 부담하며, 유아교육법령에 따라 3년을 초과하여 지원받을 수 없음
  * (주의) '17년 1월 및 2월생이 상위반(누리과정 운영반)으로 편성되어 누리과정 보육료를 지원받는 경우, 누리과정 보육료는 3년을 초과하여 지원받을 수 없으므로 지원기간 이후에는 보육료를 부모가 부담할 수 있으므로 어린이집에서는 부모에게 동 내용을 반드시 안내해야 함

보육료의 지원 신청방법은 아동 주소지의 읍·면·동 주민센터를 직접 방문 또는 복지로에서 온라인 신청이 가능하다. 보육료, 양육수당 등 서비스는 신청일 기준으로 지원하므로, 지원신청을 하지 않을 경우 지원되지 않으며 읍·면·동 주민센터

또는 '복지로'를 통해 서비스 신청이 필요하다.

그 밖에 가정양육수당 지원사업으로 어린이집·유치원·종일제 돌봄서비스를 이용하지 않는 취학 전 만 84개월 미만 가정양육 아동에게 양육수당을 지원하여 부모의 양육부담을 경감하고 보육료 지원아동과의 형평성을 제고한다.

지원 대상은 취학 전 만 84개월 미만 전 계층 아동이며 소득재산 수준과 무관하게 지원하고 장애아동 양육수당으로 취학 전 만 84개월 미만의 등록 장애아동과 농어촌 양육수당(농·식품부사업 이관)으로 취학 전 만 84개월 미만 아동으로 농어촌 지역에 거주하는 농어업인가구의 가정양육 아동에게 농어촌 양육수당이 지원되며 그에 대한 지원 금액은 〈표 4-2〉와 같다.

〈표 4-2〉 지원금액 (단위 : 원)

자격구분	지원대상	지원비율	연령	지원단가		
				기본보육	야간	24시
영유아	어린이집 이용 만0~5세	100%	만0세반	470,000	470,000	705,000
			만1세반	414,000	414,000	621,000
			만2세반	343,000	343,000	514,500
			만3세반	240,000	240,000	360,000
			만4세반	240,000	240,000	360,000
			만5세반	240,000	240,000	360,000

※ 적용시기: '20년 3월 1일부터 적용함.
※ 다만, Ⅱ. 어린이집운영-1.어린이집 운영일반원칙-반편성 기준일의 예외에 따라 상위반 또는 하위반에 편성된 아동에 대해서는 편성된 반 지원단가 기준으로 보육료지원
※ 만3~5세 보육료(누리과정)는 유아교육지원특별회계에서 전액 부담하며, 유아교육법령에 따라 3년을 초과하여 지원받을 수 없음
* (주의) '17년 1월 및 2월생이 상위반(누리과정 운영반)으로 편성되어 누리과정 보육료를 지원받는 경우, 누리과정 보육료는 3년을 초과하여 지원받을 수 없으므로 지원기간 이후에는 보육료를 부모가 부담할 수 있으므로 어린이집에서는 부모에게 동 내용을 반드시 안내해야 함

이와 같은 지원은 수요자 욕구에 맞는 보육서비스를 제공하기 위한 것으로 다문화가정 영유아 보육서비스를 강화하여 다문화 특성화 보육시설 지정 및 한국어교육 프로그램을 지원하고 보육교사를 대상으로 다문화 관련 교육을 강화하며 장애아동에 대한 보육환경 개선 및 법적·제도적 지원을 강화하게 된다.

지역별로는 균형 있는 장애아 보육시설 확충, 편의시설·장비비 등을 지원하며 장애아 어린이집의 특수교사 배치기준을 강화하고 다양한 시간 유형의 보육서비스를 제공하게 된다.

2) 어린이집의 관리

어린이집 건강·영양·안전관리 강화사업으로 어린이집 건강관리 효율화를 위하여 영유아의 예방접종 및 건강검진 정보를 보육통합정보시스템과 연계하여 어린이집에서의 아동의 체계적인 건강관리를 지원하게 된다. 이를 위하여 어린이집 CCTV 설치를 의무화하고 「영유아보육법」 개정을 통해 모든 어린이집 CCTV를 설치('15. 12. 18)하도록 하였다. 한편, 어린이집 통학차량 안전관리의 강화를 위하여 통학차량을 운행할 경우 「도로교통법」에 의한 어린이통학버스 신고를 의무화('14년)하였으며 통학차량 운행 간 안전관리 강화를 위해 보육교직원 동승의무 위반에 대한 행정처분을 강화('15년)하였다.

또한 보육 교직원 동승 없이 어린이통학버스 운행 중 발생한 교통사고로 영유아 중상해 이상 시 시설폐쇄가 가능하도록 하였다. 그 밖에도 어린이집 보육교직원에 대한 아동학대 및 안전교육의 강화 일환으로 보육교직원의 보수교육과 연계하여 육아종합지원센터와 어린이집안전공제회가 주관하는 아동학대 예방 및 안전교육을 실시하도록 하였다.

3) 아이행복카드

아이행복카드(구, 아이사랑카드)는 2009년 9월부터 정부가 지원하는 보육료를 바우처 형태로 전자카드(아이행복카드)에 담아 부모가 직접 결제할 수 있도록 하여 정부지원금에 대한 수요자 체감도를 제고하고 부모가 직접 보육료를 결제함으로써 어린이집에 대한 관심, 신뢰도를 제고할 수 있도록 하였으며 어린이집 및 지방자치단체의 보육료 지원 관련 행정업무 전산화 및 절차의 간소화로 행정 부담을 경감할 수 있도록 하였다.

또한 임신육아종합포털 아이사랑 홈페이지를 구축하여 임신, 출산, 육아, 어린이집·유치원 관련 종합정보 제공과 복지서비스 검색·신청, 온라인 전문가 상담 등을 One-Stop으로 제공하는 종합포털 사이트를 구축('15. 8)하고 국공립어린이집 확충 등을 통하여 저소득 밀집지역, (국공립)어린이집 미설치 지역 등 취약지역에 국공립어린이집을 확충하도록 하였다.[2)]

4) 저소득층 영유아

저소득층 영아(0 ~ 12개월)에게는 기저귀·조제분유를 지원('15. 10 ~) 관할 시·군·구 보건소를 통하여 전달하도록 하여 부모의 양육 부담을 덜었다. 한편, 만 0~5세 보육료 또는 양육수당을 전 계층으로 확대('13. 3 ~)하여 어린이집이나 유치원을 이용하는 경우에는 보육료 또는 유아학비를 지원하고, 가정에서 양육하는 경우에는 양육수당을 소득과 관계없이 지원함으로써 영유아보육·양육에 대한 국가 책임을 강화하였다.

---

2) 평가인증을 유지하고 있는 어린이집에는 교재 및 교구비를 지원할 수 있도록 하였으며 농어촌 소재 사회복지법인 어린이집에 급간식비, 교직원 인건비 등의 운영비 일부를 지원하도록 하고 있다. 그리고 농어촌 소재 어린이집, 정부지원 장애전담 어린이집에 차량운영비를 지원하고 공공형 어린이집 확충을 통하여 우수한 민간, 가정어린이집을 선정하여 운영비를 지원하고 지속적인 품질관리를 실시하도록 하였다.

신청처는 관할 읍·면·동 주민센터(해당 영유아 주민등록소재지)이다. 그 밖에 보건복지부는 만 0~12세 어린이 국가예방접종(14종)을 무료로 지원하도록 하여 거주지에 관계없이 총 14종의 국가예방접종비 전액을 지원받을 수 있게 되어 아이의 건강을 체계적으로 관리할 수 있게 되었다. 신청은 관할 보건소나 국가예방접종 지정 의료기관이다.

5) 초등돌봄교실의 운영

초등돌봄교실의 운영은 방과 후 돌봄이 필요한 맞벌이, 저소득층, 한부모가정의 초등학생에게 질 높은 프로그램을 제공해 부모와 아이 모두 안심하고 즐겁게 지낼 수 있도록 지원하고 교육부에서는 전국 229개 시·군·구 드림스타트에서 0~12세 취약계층 아동에게 맞춤형 통합서비스를 지원하여 아이가 꿈과 희망을 갖고 행복한 사회구성원으로 성장할 수 있도록 건강관리, 학습지원, 양육 부담 완화 등 아동발달영역별 맞춤형 통합 서비스를 연계하고 있다.

이에 대한 신청은 시·군·구 드림스타트팀에 신청할 수 있다. 한편, 보건복지부에서는 초·중·고등학생들에게 교육 급여를 확대 지원('15. 7~)하여 우리나라의 아이들이 열심히 공부할 수 있도록, 공정한 교육기회를 제공하고자 입학금, 수업료, 학용품비, 부교재비, 교과서대 등을 지원하고 있는데, 이에 대한 신청은 읍·면·동 주민센터, 교육급여 콜센터로 할 수 있다.

또한 교육부에서는 저소득층 아동에게 방과후학교 자유수강권을 제공하여 저소득층 자녀가 자기계발과 학업성취도를 높이기 위해 방과후 학교 프로그램을 수강할 경우 수강료를 지원해 주는 제도를 실시하고 있는데, 이에 대한 신청은 시·도교육청으로 할 수 있다.

6) 초·중·고 학생의 지원

교육부와 문화체육관광부에서는 초·중·고 예술·스포츠 강사파견으로 전인적 성장을 위해 체육, 예술교육을 강화할 수 있도록 초·중·고등학교에 예술강사, 스포츠 강사를 파견하여 예술·스포츠에 접할 수 있는 기회를 제공하고 있다. 그 밖에도 농어촌학교 ICT 활용 확대를 위하여 총 4,000개 학교('15년)에 스마트 기기 보급, 스마트러닝을 도·농 간 교육격차 해소를 위하여 실시하고 있는데, 이를 위하여 농어촌 초·중학교 전체에 ICT 인프라를 구축하여 다양한 교육활동에 활용할 수 있도록 지원하도록 하고 있다.

또한 교육부는 위기학생의 학업중단 예방을 위한 학업중단 숙려제를 실시하여 학업중단위기 학생에게 2주 이상의 기간 동안 학업중단에 대해 신중하게 고민하는 기회를 제공하고 있으며, 이때 상담, 진로체험, 예체능 등 맞춤형 프로그램에 참여할 수 있도록 지원하고 있다. 신청처는 일선 초·중·고교이며 지역사회 청소년 통합지원체계 구축을 통해서는 학교 밖 청소년 지원센터 '꿈드림'을 통해 학력 취득, 직업체험, 자립, 건강관리, 상담, 멘토링 지원 등을 제공함으로써 성공적으로 사회에 진입하거나 학업에 복귀할 수 있도록 하고 있는데, 신청은 꿈드림 홈페이지를 참조할 수 있다.

7) 대학생 및 사회 초년생에 대한 지원

대학생 및 사회 초년생을 대상으로는 맞춤형 장학금을 지원하여 등록금 부담을 줄이고 경제적 여건과 관계없이 누구나 의지와 능력에 따라 고등교육 기회를 가질 수 있도록 국가장학금 등을 한국장학재단에서 지원하고 있다. 그리고 행복공공기숙사, 행복연합기숙사 등의 운영은 열악한 대학생 정주여건 개선을 위해 정부에서 공공기금을 활용한 공공기숙사를 건립하여 기숙사를 확대하고 기숙사비를 인하하여

기숙사비(2인실 1인당 기준)으로 월평균 24만 원 이하를 유지하도록 하고 있는데, 신청은 한국사학 진흥재단에서 받고 있다. 뿐만 아니라 행복주택은 젊은층(대학생, 신혼부부, 사회초년생 등)의 주거안정을 위해 교통편리, 접근 쉬운 지역에 6년까지 거주 가능한 행복주택을 공급하는데, LH공사 홈페이지 등에서 신청이 가능하도록 하였다.

8) 신혼부부 지원서비스

만 44세 이하 난임부부 지원서비스로(전국가구 월평균소득 150% 이하) 아이를 원하는 난임부부에게 체외수정·인공수정 등 큰 비용이 소요되는 시술비 중 일부를 지원해 경제적 부담을 덜 수 있도록 하였으며 이는 관할 보건소에서 신청이 가능하고 3대 고위험 임산부의 의료비지원(전국가구 월평균소득 150% 이하)제도는 고위험 임신질환(조기진통, 분만 관련 출혈 및 중증 임신중독증)으로 진단받고 입원치료받은 자에 대해 비급여 본인부담금 90%(300만 원까지)를 지원하고 있다. 한편, 직장인과 주부를 위해 주거급여를 확대 개편하여 주거비 부담능력이 취약한 저소득층에게 소득, 거주형태, 임대료 부담수준 등을 종합적으로 고려하여, 맞춤형 급여체계로 전환해 주거비를 지원하는 제도를 실시하고 있는데, 이는 읍·면·동 주민센터, 주거급여콜센터를 통해서 신청할 수 있다.

국토교통부에서는 공공임대주택 공급의 확대를 무주택 서민들이 안심하고 거주할 수 있는 공공임대주택을 공급하는 사업을 실시하고 있는데 임대주택포털에서 내집마련 디딤돌 대출(금리 연 2.3~3.1%(최저 2.0), '15. 4. 27 기준)을 실시하여 보다 많은 이에게 저리로 대출을 지원하기 위하여 주택금융공사의 우대형 보금자리론 및 국민주택기금(현 주택도시기금)의 최초주택구입자금과 근로자서민구입자금 상품 3개를 하나로 통합한 상품을 운영하고 있는데, 현재 6개 은행(우리, 국민, 신한, 하나, 농협, 기업)과 주택금융공사 홈페이지, 국토교통부 콜센터를 통하여 실시하고 있으며 임차보증금 버팀목 대출제도를 통하여 주택도시기금이 소득수준이 낮을수록, 보증금 규모가 작을수록 저리로 전세와 월세 임차보증금을 지원하고 있다(금리 연 2.5~3.1%(최저 1.5), '15. 4. 27 기준). 이를 위한 상품은 국민주택기금(현 주택도시기금)의 저소득가구 전세자금대출 및 근로자서민전세자금 대출 상품 2개를 하나로 통합한 상품이 있다.

기타 4대 중증질환 3대 비급여 보장성 강화를 위하여(4대 중증질환) 암, 심장질환, 뇌혈관질환, 희귀·난치성질환 등 4대 중증질환치료에 필요한 첨단검사 및 수술, 고가 항암제 등에 대한 건강보험 적용범위를 확대해 실질적인 의료비 부담을 줄이기 위한 노력을 하고 있으며(3대 비급여) 선택진료비, 상급병실료, 간병서비스에 건강보험을 적용하도록 하였다.

9) 두루누리 사회보험

두루누리 사회보험에서는 영세사업장의 저임금근로자를 위해 국민연금·고용보험의 보험료를 50% 지원하는데, 국민연금공단 각 지사, 근로복지공단 각 지사(1355)에 문의가 가능하다. 한편, 여성가족부에서는 일·가정 양립제도를 활용하여 만 8세 이하 또는 초등학교 2학년 이하의 자녀가 있는 부모는 누구나 육아휴직이나 육아기 근로시간 단축을 합하여 부모가 각각 최대 1년을 사용할 수 있도록 전국 고용센터(1350)에서 이를 실시하고 있다.

그 밖에도 노인을 위해서는 기초연금제도가 실시되어 그동안 국가의 발전과 자녀양육에 힘쓴 노인들의 노후생활을 안정적으로 지원하고자 만 65세 이상, 소득 하위 70%에 해당하는 노인에게 매월 최대 20만 2,600원을 주소지 읍·면사무소 및 동주민센터, 국민연금공단지사에서 지급하도록 하였다.[3)]

3) 보건복지부에서는 틀니 임플란트 건강보험 확대로 노인 구강건강을 위해 75세 이상 건강보험이 적용되던 레진상 완전틀니, 금속상 부분틀니, 치과임플란트의 연령이 70세로 확대(15년7월)되고, 금속상 완전틀니도 건강보험이 적용된다. 2016년 7월부터는 65세로 적용 연령이 확대되는데, 진료받을 치과, 국민건강보험공단 지사, 국민건강보험공단(1577-1000)에서 가능하며 보건복지부에서는 치매노인에게 장기요양서비스를 제공하여 치매로 인해 일상생활에 어려움을 겪고 있는 노인들에게 인지기능 악화방지 및 잔존능력 유지를 위한 인지활동형 프로그램 등 장기요양서비스를 제공하고 있다.

10) 노인 일자리 지원사업

노인 일자리 지원사업으로는 만 65세 이상의 노인에게 다양한 사회활동 기회와 능력과 적성에 맞은 일자리를 제공해 노인의 생활안정과 사회활동 참여를 돕는 데 읍·면사무소 및 동 주민센터, 노인사회활동 수행기관(노인복지관, 시니어클럽, 대한노인회 지회 등) 및 한국노인인력개발원에서 이를 담당한다.

한편, 복지서비스 접근성이 떨어지는 도서벽지 등에 의료봉사, 문화 예술공연 및 장수사진 등의 서비스를 원스톱으로 제공하는 제도의 운영은 사단법인 농촌사랑범국민운동본부에서 실시한다. 그리고 장애인연금 확대는 만 18세 이상의 등록한 중증장애인 중 본인과 배우자의 소득과 재산을 합산한 금액(소득 인정액)이 선정 기준액 이하인 소득 하위 70%에게 지원하는 제도로 읍·면사무소 및 동 주민센터에서 실시한다. 에너지 바우처 지급의 제도는 동절기 적정 난방이 필요한 노인, 영유아, 장애인을 포함하는 저소득 가구를 대상으로 가구원 수에 따라 전기, 도시가스, 지역난방, 연탄 등을 선택적으로 구입할 수 있는 에너지 바우처를 신규로 지원하는 제도이다. 에너지 바우처 콜센터나 읍·면사무소 및 동주민센터에 신청할 수 있으며 장애인 문화체육관광지원으로 장애인들의 문화예술 및 체육·관광활동 지원 등을 통해 누구나 참여할 수 있는 전 생애적 문화 향유 환경을 구축하고자 하는 제도가 실시되고 있는데, 이는 찾아가는 장애인생활체육서비스를 통해서 실시되고 있다. 신청처는 한국문화예술위원회, 장애인체육회나 문화체육관광부의 한국관광공사이다.

11) 복지전달체계 개편

복지전달체계 개편으로는 다문화가족 정착 및 자녀양육지원서비스로 다문화가족의 안정적인 정착과 가족생활을 지원하기 위해 가족통합교육·상담, 자녀양육 지원, 통·번역, 자조모임 운영 등 종합적인 서비스를 제공하는 다문화가족지원센터

(전국 217개소)를 운영하는데, 다문화가족지원센터나 다누리콜센터에서 이를 담당한다. 기타 다문화 예비학교에서는 중도입국, 외국인 학생 등에게 한국어와 한국문화 교육을 집중적으로 제공하여 다문화학생의 공교육 진입 및 조기적응을 지원하는데, 이는 시 · 도 교육청 또는 중앙다문화교육센터에서 실시하며 교육부에서는 한부모가정 자녀양육비 이행지원으로는 1회 신청으로 자녀가 성인이 될 때까지 상담, 소송, 추심 지원 등 한부모가정의 양육비 이행확보를 위한 단계별 원스톱 종합서비스를 제공하고 있으며 이는 양육비이행관리원에서 가능하다.

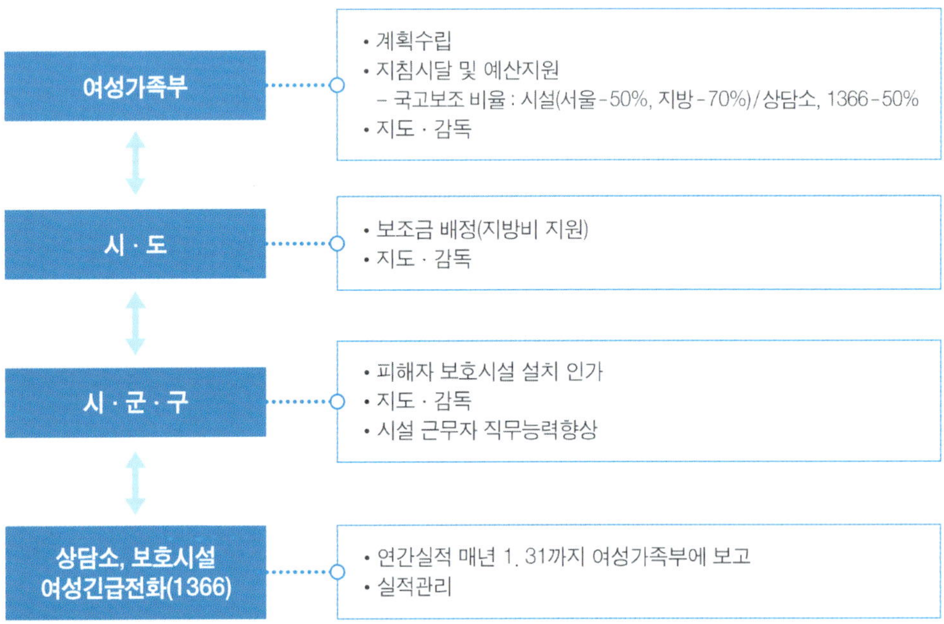

출처 : 보건복지부(2016)

그 밖에도 문화누리 카드 지급을 통하여 저소득층에게 문화예술 · 국내여행 · 프로스포츠 관람 지원, 개인별 5만 원 범위에서 문화누리카드를 발급하도록 하고 있는데, 그 담당은 문화누리콜센터에서 가능하며 주민센터 또는 문화누리 홈페이지에서 가능하다.

한편, 문화체육관광부에서는 스포츠 강좌 이용권 카드를 발급하여 저소득층 유·청소년에게 매월 7만 원(1강좌) 범위 내 스포츠강좌 수강료를 지원하고 있다. 신청은 스포츠 강좌 이용권 홈페이지에서 가능하다. 그 밖에도 문화체육관광부에서는 문화가 있는 날을 선정하여 우리나라 국민이 일상에서 보다 쉽게 문화생활을 향유할 수 있도록 매달 마지막 수요일에 공연·전시회 등의 무료 또는 할인 혜택을 제공하는 사업을 실시하고 있다.

12) 위기가족의 긴급복지제도 운영

긴급복지 확대서비스로는 갑작스런 위기상황으로 생계유지조차 힘든 저소득 위기가구에 생계비, 의료비, 주거비, 시설비, 교육비, 전기료, 해산·장제비, 연료비 등을 신속히 제공할 수 있도록 하고 있는데, 신청은 보건복지콜센터 129에서 가능하며 신청처는 읍·면 사무소 및 동 주민센터이다.

한편, 찾아가는 서비스를 위한 복지공무원 확충을 위하여 2014~2017년간 단계적으로 복지공무원 6,000명을 확대 배치해 취약계층에 대한 찾아가는 서비스를 활성화하고 위기가구에 대한 맞춤형 복지서비스를 강화하고자 하고 있으며 정보연계를 통한 복지 사각지대를 선제적으로 발굴하고자 하고 있다. 이는 주민 협력을 통한 복지 사각지대 발굴망 구축을 통하여 마을의 통(리)장, 부녀회장 등 지역주민으로 구성된 읍·면·동 지역사회보장협의체를 통해 취약가구 등을 발굴하고, 민간에 있는 자원을 확보하여 필요한 사람에게 연계하는 제도이다.

기타 복지전달체계 개편의 주요 골자는 보건복지부에 의하여 주요 국정과제 이행계획에 따라, 국민 모두가 개인의 상황에 '꼭 맞는 복지서비스를 원스탑으로 간편하게' 제공받을 수 있는 『맞춤형 복지전달체계 구축』 방안을 마련하고 있는데, 복지전달체계 개편의 가장 큰 특징 중 하나는 도시와 농촌의 지역상황을 고려하여 설계되었다는 것으로 주민센터 이용이 용이한 도시에서는 센터의 복지행정기능을 강화하는 한편, 농촌에서는 희망복지지원단 등을 통해 서비스 접근성을 높이는 데 중점을 두었다. 아울러 복지 인프라를 강화하고, 맞춤형 서비스를 확대하기 위한 계획도 함께 마련되었다. 이러한 계획은 2014년 주민센터 기능 개편을 시작으로 다양한 시범사업을 거쳐 단계적으로 확대될 예정이다. 복지전달체계 개편은 17개 부처 170개 복지사업의 핵심적 복지전달체계의 역할을 담당하고 있는 지방자치단체의 복지깔때기 문제를 해소하고 복지 관련 서비스의 분절적 운영체계 개선을 통한 국민 불편을 최소화하며 농촌특성(넓은 면적, 적은 인구, 자원부족, 보건서비스에 대한 높은 수요 등)을 고려한 농촌형 복지전달체계 구축을 위해 실시하게 되었다.

13) 지역적 특색에 따른 가족지원방안

지역적 특색에 따른 가족지원방안으로 도시와 농촌의 특성을 고려해 TWO-TRACK을 추진하게 되는데, 도시형으로는 접근성 · 편의성이 높은 동 주민센터의 복지행정기능을 강화하여 맞춤형 복지허브기관으로 개편하였으며, 농촌형으로는 희망복지지원단의 강화를 통해 접근성 및 서비스 제공 기능을 향상하고 보건소, 학교, 농협, 우체국 등 기관 간 연계 · 협력을 강화하게 된다.

희망복지지원단이란, 군청 내 다양한 문제를 가진 지역주민에게 통합서비스를 제공하는 조직으로 복지전달체계 개편이 되면 상담 · 신청의 내실화 및 종합적 서비스 안내를 통한 원스톱(One-Stop) 통합서비스가 구현되어 이동의 제약이 있는 계층의 방문상담 · 신청 체계화 및 방문형 서비스 연계협력 강화를 통한 찾아가는 서비스가 활성화된다.

또한 저소득 가구에 대한 보건 · 복지 · 고용 · 교육 · 주거 등 맞춤서비스 제공 및 희망복지지원단의 맞춤형 사례관리가 활성화되며 지역의 인적 · 물적 자원 동원 등

민관연계협력 활성화를 통한 주민 주도의 지역 내 문제가 해결되어 맞춤형 복지전달체계 구축을 통한 체감도 높은 복지가 구현되는데, 그에 따른 복지전달체계 개편[4] 일정은 〈표 4-3〉과 같다.

〈표 4-3〉 복지전달체계 개편 일정

2014. 6월까지	2014. 4월~	2014. 4~12월	2015년~
기능보강형 개편	시범사업(통합형, 거점형, 부분거점형) 개시	시범사업 모니터링 및 결과분석	원스톱서비스 단계적 확대

출처 : 보건복지부(2016)

2. 건강가정지원센터의 구축[5]

건강가정지원센터의 주요 사업 및 중점사업의 추진사항에 따른 전달체계는 [그림 4-1]과 같이 구축되어있으며, 건강가정지원센터의 전략과제별 주요 사업은 다음과 같다.

4) 기능보강형으로는 현 주민센터에 복지인력을 추가 배치하여 복지기능 강화를 위하여 실시된다. 통합형은 동 주민센터 2~3개소를 통합하고 복지인력을 추가 배치하게 된다. 거점형은 동 주민센터 2~3개소의 복지업무를 별도기관에서 운영하고 복지 인력을 추가 배치하게 된다. 부분거점형은 시·구에 4개 내외의 권역센터를 설치하여 통합사례관리와 지역복지지원 업무를 전담하게 된다.

5) 서울시 건강가정지원센터(2016)기준임

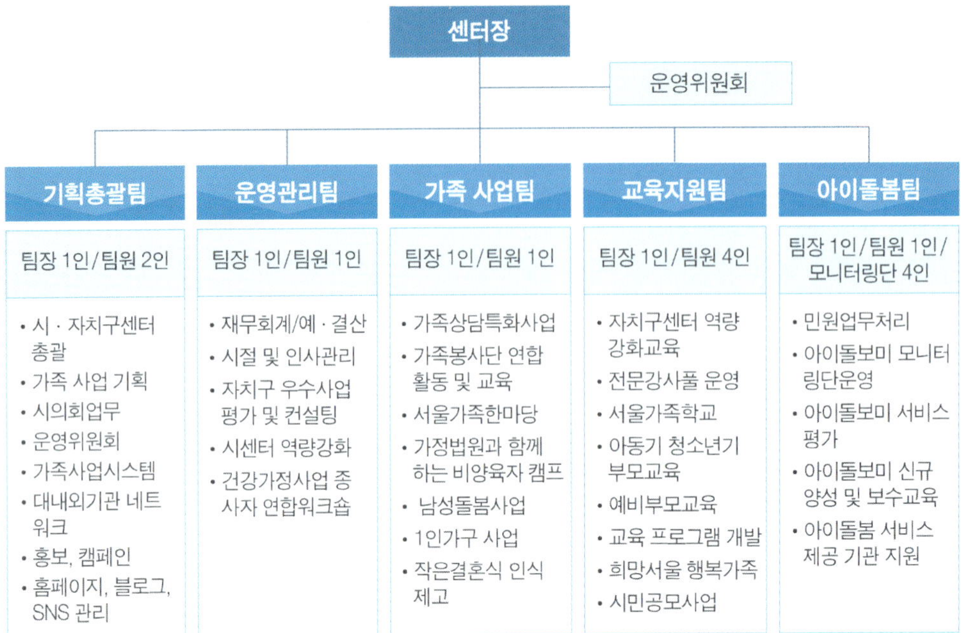

[그림 4-1] 건강가정지원센터의 전달체계

출처 : 건강가정지원센터(2016)

1) 자치구 특성화사업

자치구 특성화사업으로는 가족지원 나눔으로 행복가족 프로젝트와 가족상담 특화사업이 실시되고 있다. 행복가족 프로젝트를 통해서는 한부모가족 지원사업으로 가족관계 향상을 위한 맞춤형 관계 증진 프로그램과 역량강화교육 등을 지원하며 또한 한부모가족의 심리적·정서적 지지체계 구축을 위한 한부모 자조모임(리더 및 실무자 간담회)을 운영하고 있다. 한편, 가족상담 특화사업은 현대사회 가족갈등이 심화되어 가족과 부부갈등의 해결을 위한 가족상담에 대한 필요성이 증가됨에 따라 가족의 건강성 향상을 위한 지속적인 가족상담 실시로 가족문제를 사전에 예방하고 가족갈등을 감소시키고자 건강가정지원센터의 가족상담의 전문성 향상을 위한 가족상담사업의 특성을 보다 체계화한 가족상담시스템 구축을 지향하고 있다.

2) 가족역량강화사업

가족역량강화사업으로는 가족동작놀이 지도사 양성과정을 실시하고 있는데, 가족동작놀이 지도자 양성과정은 가족동작놀이를 통하여 부모와 자녀 간 스킨십, 신체적 교감 등을 통해서 자녀를 이해하고 가족 간의 친밀감 증진 및 가족 건강성을 도모할 수 있도록 돕는 효율적인 가족 프로그램이다. 그 밖에 가족봉사단 한마당(가정의 달, 연합활동)을 통하여 매년 5월, 가정의 달 기념행사 및 유공자 포상 등 시민이 참여하고 함께 하는 가족 한마당 행사를 진행한다. 또한 서울시내 25개 자치구센터에서 활동하고 있는 가족봉사단 연합봉사활동(전체 가족봉사단 참여 캠페인)과 가족봉사단 실무자 간담회 및 교육, 리더 교육 및 네트워크 활동을 지원하고 있다.

그 밖에도 이혼가정의 비양육자 부모-자녀관계 개선을 위한 숙박형 캠프를 제공하여 이혼으로 인한 생활의 변화에 대한 자녀의 이해를 돕고 부모와 자녀의 관계에 긍정적인 변화를 주어 관계가 유지되고 강화될 수 있도록 지원하고 있는데, 비양육자 캠프는 비양육자 부모-자녀 친밀감 형성을 위한 신체 및 가족활동, 가족관계 이해를 위한 부모 및 자녀 집단활동, 자치구센터 연계 사후상담 관리체계 구축으로 구성되어 있다. 한편, 예비부부교실에서는 미혼남녀를 대상으로 결혼준비교육을 통해 진정한 결혼의 의미를 일깨우고 건강하고 행복한 결혼생활을 돕도록 DISC를 이용한 기질 이해, 의사소통 및 대화법, 결혼의 의미, 결혼을 위한 재무계획과 결혼 체크리스트를 가지고 『서울시 예비부부교실 "우리, 결혼할까요?"』의 교육을 제공하고 있다.

3) 자치구센터 전문성향상을 위한 건강가정지원센터 종사자교육

자치구센터 전문성향상에서는 건강가정지원센터 종사자교육을 위하여 건강가정지원센터에 대한 관심과 수요가 증가하면서 서비스에 대한 요구도가 다양화됨에 따라서 건강가정지원센터에서는 자치구 건강가정지원센터 종사자들을 대상으로 사업을 보다 효과적으로 수행할 수 있도록 차별적인 프로그램을 개발하고 새로운 지식과 기술 등을 습득할 수 있는 기회를 제공하며 종사자 개인과 센터의 조화 및 균형을 이룰 수 있도록 체계적인 교육을 실시하도록 힘쓰고 있다.

자치구센터 우수사업 평가로 자치구센터 사업의 효율성과 효과성을 점검하고 지원하는 사업은, 자치구센터에서 시행하고 있는 시 지원사업에 대한 분석과 평가를 통해 센터의 전문성을 강화하고 활성화 방안을 모색한다. 이를 위하여 평가단 구성, 평가기준 및 지표 마련, 사업 수행 지원, 사업평가, 평가 우수사업 시상 등을 진행하며 자치구센터 가족사업 서비스 질적 향상을 위한 평가인증 개발도 진행 중에 있다.

4) 광역센터 역량강화사업

광역센터 역량강화사업으로는 요구도 조사[6]를 진행하여, 서울시 각 지역의 가족실태 및 시민과 건강가정지원센터 종사자들의 욕구 파악 및 향후 가족정책사업의 연계와 기초자료로 활용하고 건강가정사업 홍보를 위하여 자치구센터의 다양한 사업을 소개하는 E-뉴스레터를 제작·배포하고 있으며, 홈페이지 및 블로그, SNS 등 온라인 공간 운영과 기관방문의 날, 캠페인 진행 등 다양한 홍보방법을 통해 시민과 소통하고 있다. 또한 협의체계 구축 및 네트워크를 통하여 건강한 가정 구현에

6) 가족지원통합시스템 운영을 통하여 자치구센터의 사업영역 및 이용자 실적 등을 효과적으로 관리한다. 또한 월·분기·반기·연간별 데이터 자료를 효율적으로 수집하여 자치구 특성과 현황을 분석 및 파악하고 향후 서울시 가족정책사업의 객관적 자료 및 근거에 활용하고 있다.

기여하기 위해 지역사회 자원 개발 활용(「건강가정기본법」 제10조)에 근거하여 건강가정사업의 관계자원 연계 및 진흥원, 자치구센터와 협력사업을 수행하고, 인적·물적 자원의 인프라를 구축하고 협력방안을 조성하며, 정보 및 의견 교환을 위한 정기적 소통의 장을 마련하고 있다. 그 밖에 건강가정세미나를 통하여 건강가정지원센터의 기능 및 역량을 강화하며 신혼기부부 교육 프로그램 개발 등의 활동을 실시하고 있다.

5) 수탁사업

수탁사업으로는 서울시의 경우 찾아가는 아버지 교실을 실시하여 기업·공공기관 등 직장으로 찾아가 기관의 구성원 특성과 인원수에 따라 맞춤형 아버지교육을 실시하고 있다. 이를 통하여 야근, 승진, 인간관계 등 직장에서 받은 스트레스 때문에 자칫 소홀해질 수 있는 가족의 행복을 유지하고 향상시켜 균형 있는 일과 가족생활을 실현하고 가족 친화적 직장문화를 조성하고자 하였다. 그리고 '아이돌봄서비스'가 원활하게 제공될 수 있도록 지역 관할 내 아이돌봄서비스 수요를 파악하고 돌봄 활동 상황을 분석·조정하여 아이돌보미 양성 및 보수교육을 진행하고 있다. 또한 서비스 이용자 전화모니터링 및 아이돌보미 활동 현장 모니터링, 서비스제공기관 운영현황 파악을 통해 아이돌봄서비스를 사후관리하고 있다.

6) 가족학교의 운영

가족학교의 운영으로는 가족 Talk Talk 학교를 운영하여 가족생애주기별·유형별 교육 프로그램으로 예비부부교실과 신혼부부교실, 베이비부머(중·노년기)세대 가족교실, 찾아가는 아버지교실 등을 운영한다. 서울시의 기준으로 올해(2015년)부터

자치구 10개소를 시작으로 2018년에는 25개 모든 자치구에서 사업을 진행할 예정이다. 그 밖에도 부모자녀 하나되기 '패밀리 셰프'를 통하여 부모와 자녀가 함께 요리하고 식사하는 시간을 통해 부모-자녀 간 소통을 증진하고 성장기 자녀의 인성을 함양하기 위한 프로그램이며 기존 "밥상머리교육"의 강의 위주 교육을 보완하여 강의·실습·가정에서 실천방법까지 지도하는 찾아가는 코칭 프로그램을 마련하여 제공하고 있다.

7) 부모교육 프로그램 개발

그리고 부모교육 프로그램 개발을 통하여 임신기 부부를 대상으로 부모 됨의 소중함을 일깨우고 올바른 양육지식과 태도 형성을 위한 교육 및 아동청소년기 자녀를 둔 부모를 대상으로 부모-자녀관계를 향상하고 공감과 이해를 돕는 프로그램을 개발하여 2016년부터 실시하고 있다. 한편, 한부모 이해교육으로 한부모가족이 경험할 수 있는 다양한 분야의 심리적 문제를 부모-자녀 관계 증진 프로그램 및 부모 역할훈련 등을 통해 스스로 한부모가족이 강점과 자원을 관리할 수 있는 문제해결 능력 향상을 키울 수 있도록 지원하고 있다. 그 밖에도 건강한 가족생활 영위를 위해 필요한 종합 정보를 제공하는 가족보고서를 발간하고 있다.

[그림 4-2] 자치구 특성화 사업

출처 : 건강가정지원센터(2016)

3. 한국여성정책연구원

여성단체에 대한 여성문제 전담 기구 설립의 요구와 유엔의 권고에 의하여, 우리나라는 1963년 이후 여성을 대상으로 직업기술 훈련을 담당한 국립부녀직업보도소와 1961년 설립된 이래 여성 교양강좌와 기술교육 및 조사연구 등을 실시하며 여성단체와 여성활동의 장으로 운영되었던 국립여성복지원을 통합하여 전문적 · 종합적 여성기구의 설립을 추진하였다. 1982년 여성 국회의원의 주도로 「한국여성개발원법」이 제정되어, 1983년 보건사회부 산하 '국립 부녀 직업 보도소'와 '국립여성복지원'의 후속으로 한국여성개발원이 설립되었다. 설립 당시는 조사연구실 · 교육 연수실 · 자원개발실 · 정보자료실 · 사무국으로 조직되었으며 21세기 정보화 · 세계화 시대에 대비하는 여성 관련 지도 인력 양성 및 각급 사회교육기관의 여성교육의 효율적이고 종합적인 지원을 위해 기존의 사업본부 기능을 확대해 나가고 있다. 2007년 5월 한국여성정책연구원(Korean Women's Development Institute)으로 명칭이 변경되었다.

4. 국가복지시스템의 활용

1) 정보관리시스템의 정의

개인 및 가족을 아우르는 각종 사회복지조직의 '정보관리시스템'의 정의는 각종 조직활동과 성과에 관한 다양한 정보를 수집하고 관리하여 그 정보를 활용하여 기관 내부 및 외부의 다양한 의사결정을 지원하는 일련의 구조 및 과정을 의미한다. 이는 조직운영의 효과적이고 효율적인 조직관리를 위해서 전산화된 업무환경에서 정보처리기술을 적용하는 경우로 전산화를 사회복지조직의 목적과 조직의 성과에 초점을 두고 활용하는 방법에 관련한 것이다. 따라서 사회복지조직의 정보관리는 조직이 가지고 있는 목적과 프로그램의 목적을 효과적이며 효율적으로 달성하는 데 기여하며 사회복지 행정가의 전문성 확보 및 사회복지조직의 합리적인 평가를 위해 기여한다.

결국 정보관리시스템이란 조직의 활동과 성과에 관한 정보를 수집하고 관리하며 정보를 이용하여 기관 내부 및 외부의 다양한 의사결정을 지원하는 구조 및 과정을 뜻한다. 즉, 전산화가 자동적으로 자료를 수집하고 정리하는 것이라고 본다면 정보관리시스템은 전산화를 사회복지조직의 목적과 조직성과에 초점을 두어 활용하는 방법에 관한 것이라고 할 수 있다. 사회복지조직의 정보관리는 조직의 목적과 프로그램의 목표를 효과적이며 효율적으로 달성하는 데 기여할 뿐 아니라 사회복지 행정가의 전문성 확보를 위해 그리고 사회복지조직의 합리적인 평가를 위해 필수적인 과정이다.

국가복지시스템의 정의로는 사회복지의 정보화를 위하여 효율적이며 효과적인 업무의 처리를 위하여 전자 정부의 서비스 제공의 추진과제 일환으로 보건복지부에서 구축한 웹 기반의 사회복지시설의 통합관리시스템이라 할 수 있다. 이와 같은 시스템을 통하여 사회복지시설 정보화 기반을 조성하고, 사회복지시설 회계의 투명성을 제고하는 효과가 있으며, 사회복지시설 관리업무를 간소화 및 표준화하는 효과가 있다. 그 밖에도 사회복지정책의 기초 자료를 확보하는 것 등을 목적으로 하고 있다.

2) 사회복지 정보화 기능 적용의 필요성

포괄적인 사회복지 분야에서 정보기술의 활용범위는 매우 넓다. 즉, 조직관리 및 교육, 정보의 교환, 다양한 임상치료 등의 업무에서 활용될 수 있다. 네트워크 커뮤니케이션(network communication)은 내부적 사무자동화에서 네트워킹으로 광범위하게 사용된다. 이러한 기반은 사회복지서비스의 정보화를 바탕으로 하여 클라이언트의 욕구에 효과적으로 대응할 수 있게 한다. 또한 정보화의 기능은 서비스의 질을 높이며 각 기관이 개발한 프로그램과 전문지식을 공유할 수 있는 정보체계를 통하여 효과적인 클라이언트 및 사례관리가 가능하다. 그리고 정보화의 창구는 각종 복지서비스의 통합 네트워킹의 역할을 담당할 수 있으며 복지수요에 대한 서비스의 연결기능에 있어서 탁월한 역할로 기여할 수 있다. 최근 사회복지정보화에 따라 복지기관들 간의 네트워크 구축 및 연계는 많은 기능을 담당하고 있으며 향후 통합적인 사회복지서비스의 제공에 있어서 클라이언트에게 많은 도움을 줄 수 있을 것이라 사료된다.

3) 사회복지정보화의 목표

사회복지정보화의 기반은 보다 향상된 서비스를 제공하고 과학적인 정책결정의 체계를 확보하여 궁극적으로 복지사회의 실현에 기여하는 궁극적인 목표를 지니고 있다. 이에 사회복지정보화의 과제는 다음과 같다.

첫째, 정보화를 통한 업무의 효율성 확보는 일선의 행정가에게 매우 중요하다. 그 예로는 전산화, 표준화, 전자결재, 타 전산망과의 연계 등이 있으며 이는 효율적인 업무 수행에 매우 중요한 부분이다.

둘째, 국민들은 정보화를 통하여 향상된 행정서비스를 제공받을 수 있다. 포털서비스는 보다 합리적이고 통합적이며 신뢰할 수 있는 정보를 제공하도록 하는 기능을 가지고 있다.

셋째, 국민들의 전자정보화환경은 각종 전자서비스의 활용으로 정보접근을 용이하게 하고 불필요한 시간과 비용을 절감할 수 있도록 한다.

넷째, 사회복지기관이나 공공복지서비스 공급자의 입장에서 볼 때에는 개선된 정보체계를 통하여 클라이언트에 관한 신속한 정보의 제공과 종합적인 서비스의 구축 및 사례관리, 서비스 의뢰 등이 보다 원활하게 이루어질 수 있는 정보환경을 제공한다.

이러한 환경은 서비스의 공급자 간 정보연계와 통합으로 서비스를 효율화하여 제공자와 공급자 간의 원활한 접근을 돕는다. 또한 공급자 간의 소통을 통하여 원활한 인테이크 및 클라이언트의 사후관리를 원활하게 한다. 또한, 복지 분야 연구자나 정책결정자는 축적된 사회복지 분야의 각종 통계자료 등을 적절한 정보체계를 통하여 확보하게 되어 더욱 효율적인 의사결정이 가능하도록 할 수 있다.

4) 정보관리시스템의 유형

정보관리시스템은 사회복지조직의 업무를 지원하고 해결하기 위해 다양한 정보관리시스템이 제공되며 프로그램으로 활용되고 있다. 그에 관한 몇 가지 기능은 다음과 같다.

첫째, 사회복지시설정보시스템의 운영은 사회복지통합관리망의 구축과 함께 각종 온라인보고 등으로 사회복지시설의 업무를 전자방식으로 수행할 수 있도록 하고, 사회복지시설의 업무의 표준화 및 투명화를 위해서 업무처리 절차를 제시하고 있다. 한편, 사회복지시설담당 공무원이 사회복지시설의 신고나 변동관리 및 온라인 보고 정보의 시설 보조금 등 각종 복지급여 지급의 전자처리 등의 업무에 쉽게 적용할 수 있도록 체계화하였다.

적용 대상 시설로는 사회복지관, 노인 장애인 시설, 한부모 지역자활센터, 노숙인이나 아동 및 개인운영 신고시설 등으로 보건복지부 소관의 사회복지시설을 포괄한다.

둘째, 사회복지통합관리망의 제공으로 각종 사회복지 급여와 서비스 지원 대상자의 자격 및 이력에 관한 정보를 통합적으로 관리하고 지방자치단체의 복지업무 처리를 지원하기 위한 정보시스템이라고 할 수 있다. 공공전달체계에서의 정보시스템은 또한 민간전달체계도 영향력이 크다.

5) 국가 사회복지정보시스템의 현황

국가 사회복지정보시스템은 사회복지 정보화의 패러다임에 부응하여 사회복지서비스 전달체계의 혁신과 업무 효율성 및 투명성 제고를 위한 정보시스템의 필요성에 따라 2004년부터 국가 차원의 정보화사업으로 국가정보시스템으로 구축되었다.

대표적인 시스템 사례로는 사회복지시설정보시스템, 사회복지통합관리망, '행복e음' 사회보장정보시스템 등을 들 수 있다. 또한 사회복지시설정보시스템은 2004~2007년까지 국가복지정보시스템 구축에 따라 2008년에 통합관리시스템으로 자리를 잡고 사회복지시설 업무의 표준화를 도모하며 사회복지서비스의 질적 제고와 회계의 투명성, 복지정보화 기반 조성에 목적을 두고 운영되고 있는 시스템이다.

사회복지정보시스템 영역에서 가장 대표적인 사업으로 실시되었던 사업은 2010년에 개발된 중앙정부 차원의 사회복지통합관리망 '행복e음' 사업이며, 사회복지통합관리망은 보건복지부 차원에서 복지수급자 개인별, 가구별 통합 DB를 구축하고 운영함으로써 복지지원의 중복과 누락을 차단하고 수요자 중심의 맞춤형 복지서비스를 제공하는 것을 목적으로 한다. 대상은 종래의 장애인, 노인, 아동 등 복지서비스 대상자별로 구축 운영되던 사회복지시설정보시스템을 정부가 통합적으로 운영하는 것을 목적으로 하였다.

이후 2013년에는 맞춤형 복지기반 조성을 보다 확장하여 범정부 사회보장정보시스템을 개통하고 부처별로 분산되어 운영되던 복지정보를 연계하여 통합관리하기 위해 17개 부처의 사업을 연계하여 국가 차원의 복지정보시스템을 운영하고 있다. 국가 차원의 복지정보시스템의 운영목적은 다음과 같다.

(1) 유관기관의 공적 자료 연계 구축

유관기관의 공적 자료 연계 구축에서는 기존 시스템을 통해서는 지역이나 사업별 소득 재산 조사를 통하여 복지 대상자의 이력관리나 개인별 관리는 불가능했다. 또한 복지 대상자 선정을 위해서 필요한 소득 재산 등의 공적 자료를 시·군·구에서 확인하기가 어려워 부정수급 등이 발행하는 원인이 되기도 하였다. 따라서 이러한 문제점을 해결하기 위해서는 사회복지통합관리망의 관리가 필요하며 타 유관기관에서의 서비스 제공 이력정보 등을 연계하여 이를 각 지방자치단체에 제공하도록 하는 것이 중요하였다.

(2) 복지수급자의 개인별 및 가구별 통합 DB의 구축

사회복지통합관리망은 지방자치단체에서 집행하는 것으로 약 120여 개의 복지급여 및 서비스 이력을 개인별 및 가구별로 통합 관리하는 시스템이기도 하다. 또한 복지 업무의 표준화와 효율화를 위하여 기초생활, 보육, 기초노령 등 15개 복지사업별로 소득 및 재산 조사방법이 달라 서비스 대상자 한 명이 여러 개의 서비스를 신청하면 각 사업별로 별도의 소득 재산 조사를 실시해야 했었던 기존의 비효율적인 업무를 통합하여 1회 조사 이후 모든 사업에 공동으로 활용하도록 하고 있다. 또한 업무 절차의 효율화를 위하여 하나의 정보시스템에서 상담서비스를 신청하도록 하였으며 소득재산 조사서비스 수급결정 급여관리 변동관리의 사후관리를 일괄처리하도록 하여 업무절차를 효율적으로 하였다.

(3) 사례관리 기능의 강화

사례관리 기능의 강화를 위해서는 사회복지통합관리망의 구축을 계기로 시·군·구 차원에서 서비스 연계팀을 강화하여 복지 대상자의 복합적 욕구 해결을 위해서 공공서비스뿐 아니라 민간서비스를 연계 및 제공하는 사례관리체계를 강화하였다. 그 밖에 사회보장정보시스템으로 맞춤형 복지기반 조성을 위해서 부처별로 분산되어 운영되고 있었던 복지정보를 연계하여 통합관리하기 위하여 2013년에 개통된 국가 차원의 복지정보시스템은 이와 같이 개인별, 가구별 복지서비스 이력관리 중복 부정수급방지와 정부부처복지사업 정보 제공 복지사업 업무처리지원 등을 개통하였다.

6) 국가복지정보시스템의 추진 경과

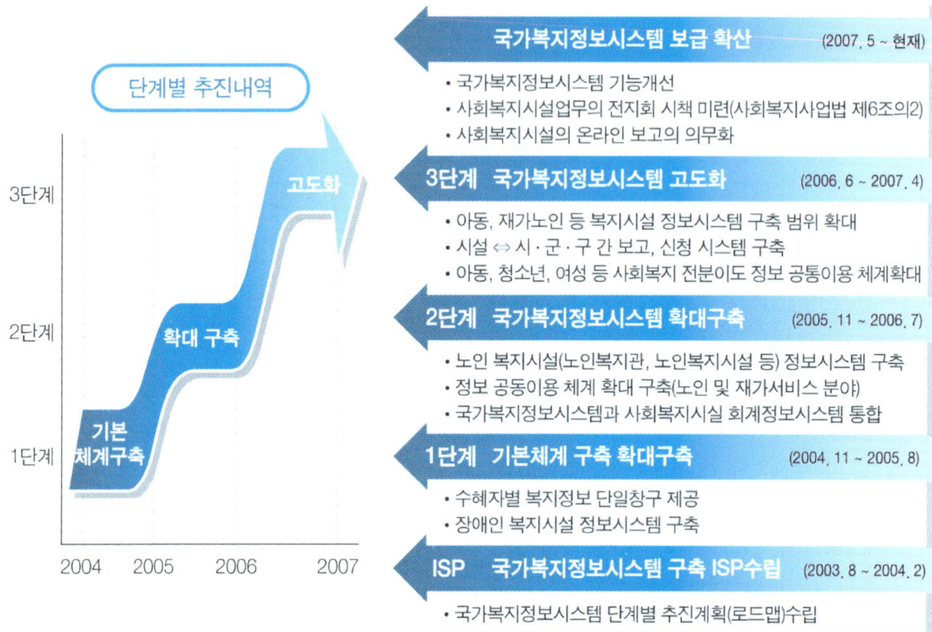

[그림 4-3] **국가복지정보시스템의 단계별 추진내용**

출처 : 국가복지정보시스템 홈페이지, 2016.

7) 국가복지정보시스템 주요 기능

국가복지정보시스템의 주요 기능은 다음과 같다.

첫째, 통합회계관리의 기능으로 회계관리, 인사관리, 급여관리, 예산관리, 세무관리, 자산(비품, 소모품)관리 등이 있다.

둘째, 시설의 유형별 사회복지서비스의 이력관리로 생활인 및 이용자관리, 사회복지서비스

관리, 사례관리, 일지관리 등이 있다.

셋째, 통합고객 관리로 고객(후원자, 봉사자, 방문자)관리, 후원금관리, 자원봉사 등의 관리가 있다.

넷째, 시·군·구의 보고로 보조금 신청 및 정산, 정기 및 수시보고로 결산보고 등이 있다.

다섯째, 통합복지 DB, 즉 표준연계모듈을 통해 기관별로 분산된 사회복지시설 정보를 통합하는 기능으로 요약할 수 있다.

사용 대상으로는 사회복지법인과 사회복지시설로 개인운영 신고시설 포함 등이 있고 무료이며 언제, 어디서나 자동으로 사용할 수 있고 무료교육 및 맞춤서비스의 정보접근이 용이하며 체계적인 정보의 관리와 보안 등이 유지될 수 있다는 장점이 있다. 따라서 사회복지시설 운영의 회계 투명성 확보와 사회복지시설 업무의 표준화 및 효율성 제고가 가능하다. 또한 보건복지부, 지방자치단체, 시설 간 정책 네트워크 구성이 용이하여 사회복지정책 수립을 위한 기반 조성과 각종 보고절차 간소화 등 행정비용 감소의 효과가 있다.

8) 사회복지시설정보시스템

사회보장정보원은 첫째, 정보시스템을 통한 복지 사각지대 발굴을 강화할 수 있도록 하여 더욱 촘촘한 대한민국의 사회보장망을 실현해 나가고, 둘째, 정부 부처와 지방자치단체, 사회서비스 제공기관, 어린이집, 사회복지시설, 보건기관 등에 정보 및 서비스를 제공하여 복지행정의 효율을 높이는 데 기여하고 있다. 셋째, 수요자 중심의 맞춤형 복지를 실현하여 정부의 사회보장정책을 차질 없이 집행한다. 넷째, '복지로', '공공보건포털', '임신육아종합포털' 등 대국민 포털을 통해 맞춤형 보건복지 서비스를 제공하여 국민들의 체감도를 향상시키고자 노력하는 사회보장 정보화 중추기관이다.

이러한 시스템의 활용은 효과적인 사회복지정책 수립 지원과 대국민 시설이용 편의성 증대가 목적이며 사회복지시설정보시스템의 홈페이지를 통하여 다양한 회계 및 세무, 고객관리, 이력관리 등이 가능하다. 뿐만 아니라 이용자 참여 및 정보 제공의 서비스로 시설 및 이용자의 서비스 맞춤 검색이 가능하고 사회복지시설정보시스템 기능개선 사항 결정, 재조정, 철회 등 시스템의 구축 및 운영 참여가 가능하다.

따라서 사회복지시설의 업무의 표준화 및 업무 감소가 가능하고 전산시스템 유지보수비용이 절감되며 복지시설 자원의 효과적, 체계적 관리가 가능하여 행정업무 간소화 및 효율성 증대가 가능하다. 그리고 보건복지부의 효과적인 정책 수립의 기반 확립과 시설 현황 파악 및 자동화 통계 지원의 기본정보를 제공하여 국민의 시설이용을 위한 편의성 증대와 투명성 확보를 통한 신뢰 구축이 가능하다.

따라서 정보화의 궁극적인 목표설정에 대한 고민으로 향후 정보의 불평등이 발생하지 않도록 체계성을 보강하고 국민이 누려야 할 권리는 누릴 수 있는 정보화의 기본 인프라의 정비가 필요하며 질적으로도 시스템 간의 호환성 강화, 관련 규정과 제도의 정비 및 표준화 과정의 정비 등이 중요하다. 이를 통하여 향후 사회복지 분야에서 책임 있는 정책결정단위의 구축이 필요하며 나아가 사회복지사와 기관, 시설 및 관련 기업 등의 연계성이 증진될 수 있도록 하여야 할 것이다.

Chapter 5

가족복지정책의 개관

1. 가족복지정책의 개념
2. 가족복지정책의 발달 3단계
3. 가족 내 양성 평등의 발달단계
4. 사회민주주의 가족정책에 있어서 자유선택의 의미
5. 사회민주주의 가족정책의 현황
6. 성평등-차이 전략에 따른 가족정책

1. 가족복지정책의 개념

1) 가족정책의 정의

가족정책의 의미는 '국가의 정부가 가족 및 가족의 구성원에게 가족을 단위로 행하는 모든 것'으로 포괄적인 정의를 내릴 수 있다.

2) 가족정책의 특성

이에 대하여 Zimmerman(1995)[1]은 가족 정책의 정의로 "한 사회 내에서 가족이 직면하는 여러 가지 문제들을 해결하기 위한 각각의 정책의 합(collection)이며 각각의 정책이 서로 상호작용하는 것"으로 정의내린 바 있다. Zimmerman(1995)이 제시한 가족정책의 3가지 특성으로 보면, 가족복지정책을 가족과 관련된 정책을 분별할 수 있는 하나의 틀로 간주하였다. 이를 간략하게 살펴보면 다음과 같다.

첫째, 가족복지정책은 국가의 합법성을 토대로 하는 행동과정이다. 따라서 단지 문제가 발생했다고 해서 가족정책이 되는 것이 아니며 그 문제들이 사회적으로 공론화되는 어젠다의 형성이 이루어지고 이후에 국가적 차원에서 법적으로 대응했을 때 그 국가의 가족정책이 된다.

둘째, 가족정책의 역동성에 대한 관점에서 보았을 때, 가족정책은 역동적 성향으로 인하여 일정기간 동안 지속적으로 이루어지는 의도적이며 합법적인 행동과정을 의미한다.

1) Zimmerman(1995), Results of the Multidisciplinary Critical Care Knowledge Assessment Program.

셋째, 가족정책은 가족 구성원에게 영향을 줄 수 있는 정부의 모든 활동을 의미한다.

3) 가족복지정책의 3가지 목적

가족복지정책의 3가지 목적은 다음과 같다. 초기 가족정책의 목표가 기존은 가족의 복지기능의 향상이었다면 이후부터는 저출산의 인구감소 및 돌봄의 문제에 초점이 맞추어지고 현재는 여성의 노동시장의 참여로 인해 양성평등을 목적으로 돌봄의 사회화의 기능 등에 입각하여 정책이 입안되고 있다. 이에 따라서 가족복지정책의 목적을 다음과 같이 제시할 수 있다.

(1) 가족복지정책을 통한 가족복지기능의 향상

가족복지정책을 통한 가족복지기능의 향상은 산업화 이후 사회의 변동은 가족의 기능이 핵가족화되어 전통적인 기존의 대가족체제에 있어서 기능이 수정됨에 따라 국가가 가족의 복지기능을 강화 및 보완하기 위한 제도적인 노력을 시작하게 되었는데, 이러한 노력이 복지국가를 성립시키는 배경이 되었다.

이후 복지국가의 발달과정은 가족 구성원 개인의 복지를 위해서 가족의 역할을 국가가 보완하는 역할을 사회적으로 수행하기 위한 사회정책을 수립하면서 시행하게 되었다. 특히, 제2차 세계대전 이후 가족상담학의 기능이 강화되면서 사회를 통한 가족복지의 개입기능이 더욱 중요하게 대두되었다.

(2) 저출산 고령화의 인구 변화

저출산 고령화에 따른 노동 인구의 고령화와 평균 수명의 연장이라는 세계적 추세에 따른 현상으로 노동인구가 감소하였으며 저출산현상은 경제성장에 영향을 미치게 되었는데, 인구의 고령화 현상과 과거에 비하여 감소하게 되는 노동인구는 사회적 차원에서 볼 때 절대노동에 따른 생산량을 감소시켜 사회적 파급 영향으로 인하여, 이에 관한 교육적 차원에서 여성의 결혼으로 인해 감소하거나 단절될 수 있는 노동력을 정책적으로 지원하는 지원책으로 돌봄의 사회화라는 기능을 국가가 담당하기에 이르렀다.

(3) 양성평등의 본격화

양성평등의 본격화는 경제적 부분에서 볼 때 노동시장의 유연화, 탈 자본주의화, 세계화 등의 현상을 통하여 본격화되었는데, 여성 인력이 노동시장으로 유입될 당위성을 강조하게 되었으며, 여기서 발생하는 양성 간의 평등문제는 점차 공론화되고 사회적으로 이슈화되었으며 여성의 경제권 및 지위의 상승은 사회적으로 많은 영향을 미치는 요인이 되었다.

이에 사회적 측면에서 여성의 교육수준의 향상, 가치관의 변화 등은 더 이상 여성에 대한 인식이 기존의 사회체계에 맞지 않으며 남녀 평등의 변화를 요구하는 배경이 되었다. 이러한 현상은 사회적인 현상으로 이혼율의 증가, 만혼, 저출산 고령화, 기존의 전통적 가족개념의 붕괴, 핵가족화에 따른 가치관의 변화와 노인부양 거부 등 가족을 중심으로 많은 변화를 야기시키게 되었고, 가족의 가치관과 형태를 함께 변화시키고 있다.

결국 이러한 요인들은 가족정책과 노동정책이 결부된 일·가족 양립정책, 가족친화정책으로 사회의 문제를 국가적으로 해결하려고 하고 있다.

2. 가족복지정책의 발달 3단계

상기와 같은 변화에 따라 가족복지정책의 발달단계는 크게 다음과 같이 요약할 수 있다.

첫째, 남성 생계부양자 형태의 변화로 핵가족의 초기 제도에서는 남성은 노동 시장의 참여를 통하여 임금을 벌고 여성은 가사노동을 통하여 가족을 재생산하는 역할을 하는 전통적인 기능을 담당해 왔다.

둘째, 노동시장의 불안정과 여성의 노동시장의 참여로 인하여 여성의 노동시장 참여가 꾸준하게 증가함으로써 가족정책의 변화가 요구되기 시작하였다. 즉, 직장에서 여성이 가족과 일이라는 두 가지 영역에서의 책임을 원만하게 수행할 수 있도록 하기 위하여 국가기관은 민간기관이나 공공기관을 통하여 가족을 지원하는 적절하고 합리적인 자녀의 돌봄서비스를 제공하고 경제적 지원 및 양질의 서비스 관리로 아동보육시설을 사회에 보급하며 모든 규정들을 국가기관에서 명시하도록 하였다.

셋째, 가족의 건강을 위한 가족친화정책이 확대되었으며 그 배경은 다음과 같다. 먼저 여성이 결혼이나 출산을 노동시장의 참여와 병행함으로써 여성들이 많은 자녀를 원하지 않게 되고 저출산현상은 심각한 사회문제로 대두되게 되었다. 여성이 노동시장으로부터 얻게 되는 경제적인 이익은 과다한 자녀양육비에 대한 소모적 인식으로 독신여성의 증가나, 이혼을 고려하는 여성의 자립에도 영향을 주기도 하였다. 한편, 가족 구성원에 대한 전통적인 돌봄의 부담은 더 이상 여성만의 몫이 아니라는 사회적 설득력을 얻게 되기도 하였다.

이와 같은 여성의 노동시장 참여는 상대적으로 가족에 대한 시간을 적게 투자하게 되는 배경이 되었으며, 그러한 문제는 국가적인 개입을 필요로 하게 되고 이에 따라 노동시장정책의 경우, 여성과 남성이 좀 더 평등한 양성평등의 개념으로 가사업무에 좀 더 많은 시간을 할애할 수 있도록, 직장에서의 노동시간 유연제, 노동 공유제 등이 공감대를 얻고 있으며 가족정책의 경우에는 아동서비스 케어 서비스의 확충으로 아이돌봄을 지원하는 주말유치원, 야간보육 등의 지원으로 맞벌이부부의 효율적인 시간, 비용, 서비스에 대한 발전을 기하게 되었다. 이에 따라 부성권 또한 그 중요성이 점차 중요하게 인식되고 있으며 가족돌봄을 위하여 아버지 할당제, 부성 휴가 등을 도입하고 있다.

3. 가족 내 양성 평등의 발달단계

가족 내 양성평등 발달단계를 살펴보면 가족 내에서 양성 평등을 실현하기 위해서는 먼저 여성 노동력을 가족화 및 사회화의 단계로 끌어올리고, 여성 노동력을 상품화하여 결론적으로 탈 젠더화된 양성 평등의 가족화가 이루어져야 한다는 방침이다.

이에 대하여 북유럽 국가의 사민주의 복지체제로 덴마크, 핀란드, 노르웨이, 스웨덴 등의 예를 들면 다음과 같은 동질적 특성과 가족정책의 형성배경이 있음을 알 수 있다. 이를 살펴보면 다음과 같다.

첫째, 동질적인 특성으로 사회적 연대의식을 통한 평등의 강화라는 사회민주주의의 목적의 실현에 특징을 두고 있다. 실제로 적극적인 국가의 역할로 완전 고용, 양성 평등, 보편주의 및 질 높은 공적 서비스, 일정수준 이상의 급여수준 향상 등의 공통점이 있음을 알 수 있다.

둘째, 가족정책의 형성배경을 살펴보면 다음과 같다. 먼저 국가적인 차원에서 출산력의 감소로 인한 인구학적 문제가 되었던 1930년대 유럽의 덴마크, 핀란드, 스웨덴을 중심으로 가족정책 형성이 사회적으로 중요한 역할을 담당하게 되었고, 1960년대 스웨덴과 덴마크에서는 노동력 부족이 사회발전에 심각한 장애요인으로 등장하였다. 핀란드의 경우는 과도한 노동 공급으로 인하여 실업문제가 사회 발전의 장애요인으로 등장하게 되었다.

그런데 스웨덴과 덴마크에서는 여성의 노동시장 참여가 중요한 국가적 차원의 과제가 된 반면, 핀란드의 경우는 여성노동력의 공급 조절을 통하여 노동력의 초과된 공급을 줄임으로써 실업률을 낮추는 것이 상대적으로 중요한 사회적인 과제였다. 한편, 노르웨이의 경우에는 1970년대에 출산력의 문제가 사회적인 쟁점으로 대두된 나라이다. 이후 1990년대의 경기침체는 북유럽국가들에게 영향을 주었고 스웨덴과 핀란드에서 가족정책과 관련된 사회보장 프로그램의 급여수준을 삭감하게 되는 배경이 되었다.

4. 사회민주주의 가족정책에 있어서 자유선택의 의미

1) (탈)가족화, (탈)상품화, 젠더통합의 개념에 대한 이해

(1) 에스핑 앤더슨의 탈 상품화의 개념

에스핑 앤더슨(Esping-Andersen)의 탈 상품화의 개념은 유럽의 사회복지제도를 이해하는 데 중요한 개념이다. 이 개념은 부모가 가족 내에서 자녀를 돌보거나, 가족책임 등을 다하기 위해서 임금노동을 중단하는 경우에도 가족의 적절한 수준의 생활이 보장되는 것을 의미한다. 이러한 탈 상품화의 개념은 복지선진국의 경우에는 일정수준 이상이 확보되는 반면 우리나라에서는 탈 상품화의 수준이 기본 생활을 보장할 만큼에 이르지 못하고 있는 것이 사실이다.

(2) 탈 가족화

탈 가족화의 개념은 부모가 임금노동, 재교육, 여가 등을 위해서 가족 내에서 돌봄 노동을 중단하더라도 가족 내에서 돌봄이 요구되는 영유아나 아동에게 적합한 돌봄을 제공할 수 있는 정도의 개념으로 이해할 수 있다. 그러므로 탈 가족화의 수준이 높은 것은 그 만큼 돌봄의 대체기능이 높다는 것을 의미한다.

(3) 상품화

가족과 관련하여 상품화의 사전적 의미는 부모가 자신의 노동력을 임금과 교환하는 것을 의미한다.

(4) 가족화

가족화의 개념은 부모가 자신의 노동력을 상품화하지 않고도 가족 내에서 자녀를 돌보는 것을 뜻한다.

(5) 가족화와 탈 상품화

스웨덴과 덴마크의 경우에는 가족의 부모에 대한 지원정책으로 부모의 노동력을 가족화·탈 상품화시키는 정책을 지원하고 있다. 핀란드와 노르웨이의 경우에는 노동권 지원정책으로 부모의 노동력을 탈 가족화 및 상품화시키는 정책을 지원하고 있다.

(6) 젠더의 통합

젠더의 통합은 남성의 가족화와 여성의 노동시장의 참여를 통하여 시장화를 동시에 추구하는 것을 뜻한다. (탈)상품화, (탈)가족화, 젠더통합의 관점을 실제 가족정책과 관련하여 살펴보면 가족화의 개념에서 젠더의 분리개념으로는 상품화로 아동가정양육수당, 탈 상품화는 모성, 부성, 아버지 할당제를 활용하며, 젠터통합의 개념으로 부모휴가를 들 수 있다. 그리고 탈 가족화의 개념으로 상품화로 아동 가정양육수당(가정 내 보모 고용)과 시설을 활용한 아동보육이 있으며 탈 상품화의 개념으로는 스웨덴과 핀란드의 부모휴가를 예로 들 수 있다. 이에 따른 상세특성은 다음과 같다.

① 부성, 모성, 부모휴가

부성, 모성, 부모휴가가 가족화와 탈 상품화로 설명되는 이유는 이들 정책이 부모가 임금 노동을 중단하고 가족 내에서 그들의 자녀를 돌볼 수 있도록 가족화하거나 임금의 소득을 보존(탈 상품화)해 주고 있기 때문이다.

② 아동가정양육수당제도(휴가)

아동가정양육수당제도(휴가)는 급여의 자격에 따라 상이한 특성을 갖는다. 예를 들면, 프랑스의 양육수당제도에서처럼 아동 양육수당의 수급 조건이 노동시장에 참여하지 않을 것을 전제로 본다면, 아동양육수당은 부모의 노동력을 가족화시키면서 (준)상품화시키는 특징을 갖는다고 할 수 있다. 즉, 아동가정양육수당은 국가가 고용주가 되는 것으로 생각할 수 있으며 부모(대부분 모)가 가족 내에서 그들의 자녀를 돌보는 것에 대하여 보상하는 것으로 이해할 수 있으므로, 부모의 노동력을 가족화·상품화시키는 것으로 규정할 수 있다.

실제로 아동양육수당은 아동양육에 대한 현금의 보상을 통하여 부모의 노동력을 가족화시킬 가능성을 높인다. 한편, 노르웨이의 경우 아동양육수당의 수급 조건이 임금 노동의 중단이 아닌 공적인 양육시설을 활용하지 않는 것일 경우에는 반드시 부모의 노동력을 가족화 혹은 상품화시킨다고 말할 수는 없다. 그 이유로 공적 보육시설을 이용하는 대신에 시장에서 서비스를 구매하며 임금노동을 수행할 수 있기 때문인데, 이 경우에 상품화와 탈 상품화, 그리고 가족화와 탈 가족화의 성격을 구분하는 것은 어려운 일이다.

③ 탈 가족화와 상품화의 적용

탈 가족화와 상품화의 적용으로는 아동보육은 아동보육시설이 부모가 가족 내에서 해야 하는 돌봄 노동의 일부를 사회화시켜서(탈 가족화) 이에 대하여 부모가 노동시장에서 임금노동을 할 수 있는 조건을 창출할 수 있는 것을 뜻한다.

④ 가족복지에서 젠더통합

가족복지에서 젠더통합의 문제는 매우 중요하다. 이는 아동양육과 관련된 휴가로 부모 노동력의 가족화와 깊은 관계가 있다. 그 이유는 부모의 입장에서 돌봄을 사회화시켰을 경우 부모 중 누가 아동을 돌보는가의 문제가 되지 않기 때문이다. 젠더통합은 가족화와 (탈)상품화를 통해 부모, 모성, 부성, 양육휴가를 누가 이용하는지와 연관이 있다. 부성과 모성의 휴가는 부와 모의 배타적 권리의 개념으로 주어지므로 젠더 분리적인 아동양육과 관련한 휴가정책이다. 반면에 부모휴가와 아동가정양육휴가는 차별없이 부모 중 누구나 이용할 수 있으므로 젠더 통합적인 개념이라고 할 수 있다.

2) 스웨덴과 덴마크의 경우

스웨덴과 덴마크의 경우에는 상대적으로 일과 가족의 이분법적 선택이 아닌 일과 가족생활을 함께 수행할 수 있는 사회적인 환경이 마련되고 있다. 이때 일하는 조건을 창출하는 것을 "자유선택"이라고 이해할 수 있는데, 보통 일과 가족생활을 동시에 수행할 수 있도록 하는 국가의 아동보육정책이 선택의 근간이 되고 이를 부모휴가를 통하여 양육에 참여하는 방식을 통해 가족정책을 제도화하였다.

사민주의 가족정책의 근간은 이와 같이 부모 노동력의 탈 가족화 및 상품화를 위해서 상대적으로 높은 수준의 정책적 지원을 하고 있다. 한편, 부모의 휴가기간 중에서는 일정기간을 부와 모에게 각각 할당함으로써 남성의 양육참여를 유도할 수 있도록 이를 제도화하고 있다.

3) 핀란드와 노르웨이의 경우

핀란드와 노르웨이의 경우를 살펴보면 부모가 자녀를 양육하는 다양한 대안들 중에 핀란드와 노르웨이의 경우에서 하나를 선택할 수 있도록 하는데, 그중에서 가족 내에서 자녀를 돌볼 권리를 강조하는 것으로 이해할 수 있을 것이다. 1980년과 1998년 핀란드와 노르웨이에서 도입한 아동가정양육수당의 주된 목적은 부모의 선호에 따라서 부모가 가정에서 그들의 자녀를 양육할 수 있는 권리를 증대시키는 것에 그 목적이 있었다. 즉, 아동양육정책의 중점을 부모 공동 노동력의 가족화에 중점을 두고 있는 것이다.

4) 노르웨이의 아동가정양육수당

노르웨이의 아동가정양육수당의 수급자격은 부모의 취업의 여부가 아니라 공적으로 보육시설을 이용하지 않는 것이라는 점에서 볼 때 공적 보육시설의 대체재의 성격을 갖는 특성이 있다. 그러나 아동양육과제에 있어서 부모의 자유선택을 주장하지만 아동 가정양육수당은 임금소득을 보존해 주지는 않는 특성으로 인하여 제도의 주 이용자가 '어머니'로 제한되는 특징이 있기는 하다.

5. 사회민주주의 가족정책의 현황

1) 모성, 부모, 아동양육휴가

(1) 모성휴가

모성휴가는 나라별로 개념의 적용에 있어 큰 차이는 없는 것으로 보인다. 다만 1980년 이전의 노르웨이와 스웨덴의 경우에는 성 분리적인 모성휴가가 성 중립적인 부모휴가로 통합되었다.

(2) 부모휴가의 도입 및 확대

부모휴가의 도입 및 확대를 통하여 명목상으로 성 중립적인 휴가제도가 보다 강화되었다.

(3) 아버지 할당제

아버지 할당제로 노르웨이와 스웨덴에서 명목상 성 중립적인 부모휴가를 국가적으로 제도화하였지만, 대부분의 이용자가 여성이라는 이유로 불평등을 완화하기 위하여 부의 부모휴가 이용을 구체적으로 명시화하여 제도화하는 방안을 강구하였다. 그러나 핀란드의 경우에 부모휴가의 남성 이용비율이 5% 미만에 불과한 것으로 보고되고 있으며 덴마크에서 부모휴가의 확대와 함께 젠더의 분리적 개념인 아버지 할당제는 폐지되었다.

(4) 아동가정양육휴가

아동가정양육휴가의 개념으로 아동가정에 관한 양육휴가를 제도화하였던 국가는 노르웨이와 핀란드이며, 스웨덴과 덴마크는 부모양육휴가를 폐지하고 대신 공적 보육시설과 부모휴가를 보다 확대하는 방향을 지향하고 있다.

2) 아동보육

아동보육의 개념을 다른 유럽 국가들과 비교하여 보면 노르딕 국가들의 아동보육정책은 젠더의 평등 관점을 지향하고 이를 근거로 아동양육을 사회화함으로써 부모, 특히 모의 노동력을 상품화시킬 수 있는 제도를 구축하고 있는 공통점이 있다.

그러나 덴마크와 스웨의 경우는 아동양육에 대한 사회적 책임을 강조한 반면 노르웨이와 핀란드의 경우에는 상대적으로 아동양육에 대하여 부모의 책임을 강조하고 있는 특색이 있다. 특히, 핀란드, 노르웨이에서는 아동가정양육수당이 보육시설 이용의 대체재적 성격으로 제도화되고 있는 특징이 있다.

6. 성평등-차이 전략에 따른 가족정책

첫째, 보편적 부양자 모델은 평등 전략에 따른 것으로 볼 수 있는데, 이는 남녀 모두가 평등하게 노동시장에 참여하며 보육과 같은 여성의 고용에 대해 지원한다는 국가정책이 핵심이라고 할 수 있다. 그러나 한계로는 보편적 부양자 모델에서, 여성이 남성과 완전히 동등한 노동자가 되는 것을 목표로 하여 여성이 수행해 온 무급 돌봄 노동을 완전히 국가와 시장을 통하여 해결하기는 어려우므로 여성은 노동과 돌봄이라는 이중 부담을 져야 한다는 한계가 있다. 한편, 양육수당은 급여수준이 낮으므로 임금수준이 상대적으로 낮은 여성을 대상으로 양육 유인을 제공하게 한다. 따라서 양육수당은 여성이 노동시장으로부터 퇴장하는 기간을 늘리고 노동시장에의 재복귀는 어렵게 하는 면이 있으며 전통적 역할로의 회귀를 강화할 가능성이 높게 된다. 이에 보편적 생계부양자 전략에 해당되는 정책으로는 자유주의 국가의 적극적 우대조치와 북유럽 국가들의 경력 단절자를 대상으로 하는 직업훈련제도 및 공보육정책을 실시하는 가족정책을 실시한다.

둘째, 돌봄 제공자 평등 모델에서 양육수당 등을 통해 여성의 비공식적인 돌봄노동에 대한 지원을 직접적으로 소득을 지원하여 성평등을 이루고자 하는 노력을 한다. 그러나 이에 대한 한계로는 무급 노동에 기반하여 시민권을 유급 노동 수준으로 상향시키기 어려운데, 이러한 이유는 결국 여성을 경제시장에서 주변화시키기 쉽게 한다. 돌봄 제공자 평등 전략에 해당되는 정책으로 양육수당과 연금제도의 양육가산제도 등이 있는데, 이는 여성의 노동시장에서의 연속성을 보장하는 육아휴직 정책이나 육아휴직 중 일부를 남성에게 공동양육의 차원에서 할당하는 정책을 통해 남녀 간의 성역할 분리를 완화할 수 있는 기제로 활용될 수 있다.

셋째, 이상적 형태의 '보편적 돌봄 제공자 모델'을 보면 남녀 모두가 노동자이면서 돌봄의 제공자임을 전제로 하므로 돌봄은 부분적으로는 유급 노동의 개념으로 보며, 부분적으로는 성별에 관계없이 가족과 친구 및 친지에 의해 제공되게 된다.

이상적 형태의 생계부양자를 통한 돌봄 제공자의 전략은 육아휴직을 개인적인 권리로 설정하는 한편, 남성 할당을 유도하는 정책 도입, 양육과 관련한 급여의 수준을 높이고 양육과 유급 노동과의 연계를 높여가는 정책을 제시하고 있다.

Chapter 6

우리나라 사회적 돌봄을 위한 가족지원정책의 종류

1. 아동복지사업
2. 보육사업을 통한 영유아 보호 및 양육
3. 지역아동센터, 공동생활가정(그룹홈)의 지원
4. 학교사회복지
5. 노인복지
6. 의료사회복지실천
7. 정신보건사회복지실천
8. 알코올 및 약물남용과 각종 중독
9. 장애인복지시설
10. 가족복지
11. 교정복지
12. 사회복지실천으로서의 읍ㆍ면ㆍ동 허브

1. 아동복지사업

아동복지실천사업은 인간의 발달을 토대로 하고 있으며 아동상담사업으로 부모와 아동 간의 바람직한 관계와 지지 및 강화로 설명될 수 있다. 이는 가족성원의 기능을 개선하여 가족 붕괴의 위험을 방지하며 도움을 주는 원조의 관계를 형성하는 것을 목적으로 한다.

따라서 일·가정 양립에 따른 여성의 사회 참여에 대한 문제에 사회복지서비스가 역할을 담당하고 각종 가족과 관련한 복지사업에 따른 개입이 아동복지사업과 매우 관련이 깊다고 할 수 있다.

그에 따라 상담의 제공이 건강가정지원센터 등을 통하여 요구되기도 하며 상담은 원리나 이론에 따라 접근방식이 달라질 수 있다. 연계상담으로 **놀이치료, 미술치료, 모래놀이치료, 심리연극** 등이 있으며 그 밖의 연계된 가족의 상담으로 **부모교육 및 치료, 개별상담, 가족상담, 부부상담, 집단상담** 등이 가능하다.

아동복지와 관련한 사업은 다음과 같은 것을 제시할 수 있다.

첫째, **가정위탁보호사업**[1]이다. 이는 아동이 친가정에서 정상적으로 양육될 수 없는 경우에 제공된다. 둘째, **친부모의 자녀양육**이 불가능하거나 의지가 없을 시에는 **입양사업**이 적용될 수 있으며 이는 2008년, 「**입양촉진 및 절차에 관한 특례법**」으로 시행되어 입양이 적법한 절차에 의하여 이루어지고 있다.

1) 가정위탁사업은 부모의 사망, 실직, 질병, 학대, 방임, 알코올중독, 약물중독, 수감 등으로 가정에서 정상적으로 양육될 수 없을 때, 일정기간 동안 다른 가정에서 아동들을 보호, 양육하는 대리보호사업으로 1990년에 시범적으로 실시된 이래 2003년 가정위탁지원센터가 전국에 설치되어 확대되었다. 이후 2005년 7월 「아동복지법」의 개정으로 가정위탁보호를 위한 법적 근거가 마련되어 실시되고 있다.

이는 아동에게 영구적인 대리 보호를 제공하며 국내입양과 해외입양으로 분류될 수 있는데, 해외입양의 비율이 상대적으로 높은 것에 대하여 2007년부터 보건복지부가 국내입양 우선 추진제를 도입하여 국내입양가정에 관한 경제적 지원 확대를 통해 국내입양이 가능하도록 양부모 자격의 확대 등으로 국내입양의 활성화에 노력하고 있다.

2. 보육사업을 통한 영유아 보호 및 양육

우리나라 정부는 보육사업의 일환으로 무상보육에 대한 서비스를 제공하고 있다. 무상이라는 개념은 정부가 사회적인 제도 안에서 보육을 담당하는 개념이라면 무상보육이라는 용어도 수정될 필요가 있을 것이다. 그러나 우리나라는 그 동안 보육에 관한 영역을 민간이 담당함에 따라 민간에서 정부의 협력으로 보육의 개념이 보다 확대되고 있는 실정이다.

이에 대한 사회적 노력으로 「영유아보육법」 제2조에 따르면 보육사업을 영유아를 건강하고 안전하게 보호 및 양육하고 영유아의 발달특성에 맞는 교육을 제공하는 보육시설 및 가정양육지원에 관한 사회서비스로 보육 사업을 정의하고 있다. 그 밖의 보육지원사업은 취학 전 유아가 하루 중의 일정한 시간 동안 타인에 의해 제공되는 보호서비스를 받도록 하는 것으로 정부가 새롭게 유치원을 대상으로 하여 주말유치원을 개설하거나 생계수준에 따라 가정으로 육아도우미의 파견을 지원하기도 하며, 정규시간 이외의 야간보육서비스 등으로 보다 사회적으로 보육에 대한 서비스가 확대되어 나갈 수 있도록 지원하고 있는 추세이다. 보육사업의 종류는 다음과 같다.

■ **보육사업의 종류**

① 보육장소에 따라서 기관시설보육, 직장보육 등으로 구분될 수 있다.
② 보육시간에 따라서 종일제 보육, 반일제 보육, 주간보육, 주말보육, 야간보육, 도우미 파견을 통한 보육 등 분류될 수 있다.
③ 아동의 연령에 따라서 영아보육, 유아보육 등으로 구분될 수 있다.
④ 설립 및 운영으로 주체에 따른 분류로는 국공립보육시설, 민간보육시설(사회복지법인, 개인, 단체, 각종 단체), 기타 비영리기관 등으로 분류될 수 있다.

3. 지역아동센터, 공동생활가정(그룹홈)의 지원

지역아동센터는 이용시설로 지역사회 아동의 보호와 교육, 건전한 놀이와 문화의 제공, 보호자 및 지역사회의 연계 등을 통하여 아동의 건전육성을 도모하기 위한 종합적인 복지서비스를 제공하는 것을 목적으로 하는 기관이다. 이는 방과 후에 아동들의 활동에 대하여 학습이나 취미활동의 지원을 사회적으로 지원하는 실천서비스이기도 하다. 그리고 공동생활가정(그룹 홈)은 경제적 여건이 취약한 아동에게 가정과 같은 주거여건과 보호를 제공하는 것을 목적으로 하는 기관이라 할 수 있다.

4. 학교사회복지

학교사회복지의 역할은 가정과 학교의 문제가 있는 학생들을 포함하여 학교 내에 학생들이 필요한 복지를 제공받는 역할을 한다. 즉, **상담, 각종 사회복지 관련 실천 프로그램, 워크숍** 등을 담당하며 학교 사회복지사는 학교뿐 아니라 지역사회와의 연계, 타 학교와의 연계사업을 진행하고 다양한 학교사회복지의 실천의 장을 넓혀가고 있다.

학교사회복지사의 역할로 **학교와 지역사회의 연계**를 통해 학생의 심리사회적 문제를 예방하고 해결하며 학생들의 역량을 고취하는 역할을 담당하게 된다. 그러므로 모든 학생이 자신의 잠재력과 능력을 학교와 지역사회를 통하여 최대한 발휘할 수 있도록 학생복지의 실현을 돕는 교육기능을 담당한다.

학교사회복지의 대상자는 학교상황에서의 문제의 소지자로 학습부진, 학교공포증, 공격적·반사회적 행동, 퇴행적 행동, 비행, 무단결석, 비사교성, 정서적 불안감 및 이상심리와 이상행동을 보이는 모든 학생이 대상이 될 수 있으며, 정상적인 학생이더라도 청소년들의 성장을 도모하는 교육복지 우선지원사업 등을 주관하여 청소년의 학교생활을 돕게 된다. 그 밖에도 저소득층 가정의 학생교육, 복지, 문화수준 등을 향상시키기 위해서 학교가 중심이 되어 지역사회와 함께 교육공동체를 구현해 나가는 사업의 일환이라고 할 수 있다.

5. 노인복지

노인복지[2]는 가족의 노인돌봄 인력을 사회로 활용할 수 있도록 정책적으로 돕는 활동이다. 또한 노인들이 인간다운 생활을 영위하면서 가족과 사회의 일원으로 통합하며 성공적 노화를 구현하기 위해 제공되는 노인을 위한 다양한 영역의 서비스라고 할 수 있다. 비단 노인에 대한 구호적인 역할뿐 아니라, 지역사회의 기관을 통한 노인복지관 등의 서비스, 의료적 차원에서 **노인장기요양서비스, 기초연금, 노인일자리 사업, 보건복지부 관리하의 시니어 직능클럽** 등의 다각적인 차원에서의 지원이 가족정책의 일환으로 제공되고 있다.

대상은 사회적 보호를 필요로 하는 일정 연령 이상의 모든 노인이며 목적은 최저수준 이상의 생활을 유지할 뿐 아니라, **사회적 욕구충족과 생활문제의 예방 및 해결, 그리고 사회적응과 통합**을 위하여 고령사회를 대비하여 가족정책의 일환으로 실시되고 있다.

■ 「노인복지법」의 기능에 의한 노인복지시설 분류

「노인복지법」에 의한 노인시설의 종류는 재가노인복지시설, 노인주거복지시설, 노인의료복지시설, 노인여가복지시설, 노인보호전문기관의 5가지로 구분될 수 있다. 크게는 재가와 시설로 구분할 수 있는데, 재가 노인복지서비스는 일반 가정에서 생활하고 있는 재가 노인들을 대상으로 한 사업으로 뇌졸중, 치매 등 신체적으로 일상적 생활의 독립적인 활동이 어려운 노인들의 1차적 보호책임이 있는 가족들의 부담을 경감시켜 주기 위한 요양보호사의 파견사

2) 2004년 「노인복지법」의 개정으로 노인보호전문기관이 설치 및 운영되고 있으며, 2008년 5월부터 노인장기요양보험제도가 실시되고 있다.

업, 주간보호사업, 단기보호사업 등을 제공하고 있다.
그 밖에 건강한 노인들의 여가활동과 사회 참여를 지원하기 위한 시설서비스로 노인복지회관, 경로당, 노인 교실의 운영이 있다. 시설보호서비스로는 노인들이 자신의 집에서 생활할 능력이 없거나 부양할 자녀가 없는 경우, 건강상태가 좋지 않은 경우에 치료와 주거목적으로 운영되는 시설로 입소자의 건강상태에 따라 노인장기요양보험제도[3]에 따른 노인시설을 활용할 수 있다.[4]

6. 의료사회복지실천

의료사회복지실천의 정의는 병원에서 제공하고 있는 의료적 치료를 보강하여 질병치료과정에 장애가 될 수 있는 사회경제 및 정서적 문제해결을 도움을 주기 위한 정책으로 퇴원 후 환자가 가정이나 지역사회에 복귀할 수 있도록 하며 개인이 사회적으로 적절한 사회화 기능을 발휘할 수 있도록 돕는 역할을 한다.

의료사회복지정책은 다음과 같다. 첫째, 지역사회 중심 보건의료사회복지사업으로는 지역사회 보건기관에서 지역사회자원을 효과적으로 활용할 수 있도록 돕는 의료 사회복지사업이 있다. 둘째, 호스피스 사업으로는 사회복지사가 의료팀의 일원으로 일생의 마지막 순간인 죽

3) 노인장기요양보험에 따르면 고령화 초기에 국민의 노후불안을 해소하고 노인요양가정의 부양부담을 경감하고자 사회보험제도로 노인장기요양보험이 2008년 7월에 출범되어 일상생활을 혼자서 수행하기 어려운 이들에게 신체활동, 가사지원 등의 서비스를 제공하고 있다.
4) 시·도지사가 노인보호전문기관을 지정·운영하여 노인학대 신고, 상담, 보호, 예방 및 보호, 24시간 신고·상담용 긴급전화(1389)를 운영하고자 설치하였다. 2007년 개정된 「노인복지법」에 의하면 노인학대 발견 시 누구든지 수사기관에 신고를 하도록 하고 있다.

음을 자연스러운 삶의 한 과정으로 이해하고 수용하는 제도가 있다. 그 밖에 재활과 병원사회복지사업으로 병원에서 환자의 질병치료와 회복 및 사회복귀기능을 돕는 사업이 제도적으로 제공되고 있다.

7. 정신보건사회복지실천

정신보건사회복지사업[5]의 정의는 정신장애를 가진 개인과 그의 가족은 물론 정신보건제도일체를 포함한다. 전문기술의 방법은 의료복지정책 등 다각적인 접근방법을 활용하고 있으며 환자 및 가족의 정신보건과 사회적 기능의 향상 및 예방과 치료 및 재활 등의 다양한 목적이 있다.

8. 알코올 및 약물남용과 각종 중독

중독은 강한 습관성으로 인하여 치료가 어려워 조기에 개입하는 것이 무엇보다 중요하며 본인의 의지도 매우 중요하다. 알코올 및 약물남용 치료와 가족의 심리치료를 위한 프로그램의 실시가 중요하며 중독에 대한 프로그램 등이 제도화되어 있다.

5) 1997년 1월 「정신보건법」 시행 이후 2000년도 연차적으로 정신장애인도 장애인에 포함되어 장애인 복지서비스 수혜가 가능해졌다.

1) 해독 프로그램

해독 프로그램은 약물 과다 사용이나 중독으로 인하여 신체 및 정신적 피해 등이 치료과정 중에 금단현상을 일으키는 경우에 약물교육, AA(Alcoholics Anonymous)와 같은 자조집단, 상담 등의 서비스를 제공하여 약물 중독자를 돕게 된다.

이러한 프로그램은 정부와 민간치료시설에서 운영하고 있으며 치료 프로그램이 끝난 후, 클라이언트들은 입원치료시설 등에 의뢰되거나, 기타 유지치료를 선택하게 된다. 일부 클라이언트는 입원치료를 마치고 난 후에 중간의 집에서 사회복귀를 돕는 치료활동을 병행하여 일반인으로의 복귀를 돕게 된다.

2) 중간의 집

중간의 집은 약물 사용을 끊으려는 의지가 있는 클라이언트들을 대상으로 하여 약물중독치료에 전문적인 지식을 갖추고 있는 사회복지사, 전문 상담가들이 치료와 재활을 담당하는 사회 정상복귀를 돕는 시설이라고 정의할 수 있다.

9. 장애인복지시설

장애인복지시설은 장애인을 대상으로 하여 장애 발생 예방 및 장애인의 의료, 훈련, 보호, 교육, 고용증진, 자립, 재활 등 장애인 자립 및 보호, 생활의 안정에 기여하기 위한 공적이며 사적인 차원의 활동을 의미하며 '장애인의 완전한 지역사회의 참여를 통한 사회통합'을 목적으로 하며 인권 등이 전제가 되어야 한다. 장애인복지시설은 다음과 같은 시설이 있다.

1) 장애인생활시설

장애인생활시설은 재활에 필요한 상담·치료·훈련 등의 서비스를 통해 사회복귀를 준비하거나 장애로 인하여 장기간 요양하는 장애인을 대상으로 하는 생활시설이라고 할 수 있다.

2) 장애인지역사회 재활시설

장애인 지역사회 재활시설은 장애인에게 사회복귀를 돕기 위하여 전문적 상담, 치료, 훈련 등을 제공하고 여가활동 및 사회참여활동 등에 필요한 편의를 제공하는 시설로 일종의 사회화를 돕는 시설이라고 할 수 있다.

3) 장애인직업재활시설

장애인직업재활시설은 일반 고용이 어려운 장애인이 특별히 준비된 작업환경에서 특수한 직업훈련을 받고, 직업 생활을 영위할 수 있도록 하는 시설로 다양한 작업 훈련을 제공한다.

4) 장애인 유료복지시설

장애인 유료복지시설은 장애인이 필요한 치료, 훈련 등 필요한 편의와 서비스를 제공받고 이에 소요되는 비용을 시설 운영자에게 납부하여 운영하도록 하는 시설이다.

10. 가족복지

가족복지사업은 가족복지정책 업무의 주관을 통해 다양한 형태의 가족에 따른 가족지원사업을 펼치고 있으며 건강가정지원센터를 통하여 다양한 여성과[6] 가족을 대상으로 한 맞춤형 서비스를 지원하고 **아이돌보미 지원사업, 다문화가족 지원사업, 한부모가족 지원사업** 등을 가족을 위해 다양하게 지원을 하고 있다.

11. 교정복지

교정복지는 범죄자나 비행 청소년의 재활과 사회복귀를 원조하는 사업으로 지역사회에서 발생하는 범죄와 비행을 예방하고 문제해결을 위한 전문적 사회복지이다. 주로 교도소, 구치소, 보호관찰소 등의 교정기관에서 이루어졌으나 최근 교정복지의 트렌드는 서비스 대상자를 소비자로 보고 교정복지에서 제공되는 서비스가 단순 교화가 아닌 특수한 클라이언트의 욕구에 부합하는 서비스의 일환으로 파악되어 제공하게 된다.

6) 여성복지사업으로 여성복지는 특수한 욕구를 가진 여성에 대한 사업을 중심으로 운영되며 성매매피해자보호사업, 가정폭력피해여성보호사업, 가정폭력·성폭력방지 및 피해자보호사업, 각종 특수 상담사업, 일본군위안부 피해자 지원사업, 여성장애인 역량강화사업 등이 이에 해당한다. 이는 지역사회에 거주하는 여성들의 능력개발, 기술과 기능 개발을 통한 자립 등 지역 내의 여성들을 대상으로 복지증진과 건전한 육성을 목표로 하는 시설로 사회복지실천 현장으로 볼 수 있다.

12. 사회복지실천으로서의 읍·면·동 허브

그 동안 찾아가는 사회복지서비스는 서울 송파구의 세 모녀 사건 등을 통하여 공론화된 바 있었다. 이에 읍·면·동 허브는 새로운 지역복지전달체계로, '읍·면·동 복지전달체계의 최일선인 동 주민센터를 중심으로 사회복지 전달체계의 개편방안으로 부상하고 있다. 이것은 전달체계의 일선인 읍·면·동을 지역사회의 민간사회복지기관 및 네트워크화하여 복지 수요자를 상호 연결하는 인적인 연결망인 허브로 구축하도록 하여 원스톱 통합서비스를 제공하며 국민의 복지 체감도를 높이고자 하는 것이다. 이것은 읍·면·동 주민센터의 업무체계 개편에 대한 활용에 관하여 많은 논의가 있어온 바를 토대로 주민센터가 단순히 서류를 떼거나 문화활동을 하는 공간을 넘어서 복지전달체계의 중요한 역할을 하는 소통의 장으로 거듭나게 하겠다는 것을 목적으로 하고 있다.

이에 따라 읍·면·동 복지허브화를 위하여 그에 대한 인력 충원이 이루어지고 있으며, 이에 읍·면·동 주민센터에 '맞춤형 복지전담팀'을 개설하여 해당 팀당, 민간 전문인력 3명과 팀장급의 복지공무원을 1명 이상을 추가로 배치하라는 것과 기존의 통리장을 사회복지사의 자격증을 소지하도록 권장하여 준 사례관리자로 활용하도록 하는 임용목표제를 제안하고 있다.

이러한 계획은 2017년까지 복지인력을 6,000명가량 증원하도록 하여 민간순환파견근무를 통해 지역사회의 밀착형 사회복지서비스 제공 모델을 마련하고자 하고 있다. 이러한 사업은 2014년 7월부터 2015년 12월까지 15개 읍·면·동을 통하여 시범사업을 거쳐 현재 지역별로 확대해나가고 있다. '찾아가는 동 주민센터'사업은 그동안의 지역사회의 읍·면·동의 기능을 강화하여 각종 사례관리를 강화하겠다는 측면에서 실시되고 있고 지방에서도 이와 흡사한 형식으로 사회복지정책이 지역사회를 중심으로 부상하고 있는 추세이다.

찾아가는 동 주민센터사업은 사회복지정책의 접근성을 높이고 마을 공동체를 통하여 지속 가능한 복지 생태체계를 구현해가고 있다. 이러한 사업을 통하여 거주지역 내에 존재할 수 있는 복지사각지대에 있는 취약계층을 정책적으로 지원하고 직접 발굴 및 방문하여 지역사회의 가족복지수요를 파악한다는 것은 중요한 시사점을 가진다.

이것은 지역사회가 주도적으로 복지 플래너의 위상을 가지고 지역사회 복지정책 서비스를 구성하고 실천하는 것으로 지역주민과 소통하고 기존의 마을이 가지고 있는 자원을 최대로 활용하여 정부의 지원은 전적인 지원이기보다 지역사회를 통한 마중물 역할을 하도록 하며 지역사회의 자원연계로 보다 풍성하고 의미깊은 사회복지의 정책이 되도록 하는 것에 의미가 있다. 이러한 정책적 서비스는 지역사회의 많은 자원들이 연계망을 가지고 네트워크화되어 같이 소통하고 동참하는 시너지 효과를 발휘하게 된다.

그 뿐 아니라 지역사회에 사회복지실천 상담 전문관을 배치하는 것은 방문하는 민원인이 이러한 상담서비스를 보다 쉽게 받을 수 있도록 하여 민원인의 복지욕구를 수렴할 수 있도록 하는 것이며 그에 대한 연계성을 높이는 방안이 된다. 이것은 지역마다 독특성을 반영하는 사례관리의 최근 트렌드라고 할 수 있으며 지역사회의 자원을 활용하여 최적의 해결방법과 수혜 누락방지 및 지원 대상의 확대라는 다양한 이점이 있다.

또한 이러한 읍·면·동 허브의 정책은 주민이 리더가 되어 주체가 될 수 있으므로 주민 리더의 발굴에도 용이하며 주민의 관계망 형성을 통하여 마을의 자생력과 역량을 극대화할 수 있다. 따라서 인력을 효과적으로 활용할 수 있으며 마을만의 계획이나 관리에 주민참여도를 높이는 등의 시너지 효과가 있다. 이러한 복지전달체계의 활성화를 통하여 기존의 희망복지지원단과 민간복지기관 등은 관과 민이 협업을 이루도록 하여 각 사례의 유형별로 배치되는 업무는 중복성을 피하고 자원 효율화를 도모하는 데 보다 효과적인 정책이다. 희망복지지원단은 따라서 현재 자체 임무의 수행과 함께 협업하여 읍·면·동 주민센터 지원업무를 함께 수행하고 있다. 이를 위한 인원의 충원은 2018년까지 복지 및 방문간호사 인력 2,450명가량이 충원될 예정이며 읍·면·동 허브사업에서는 전국적으로 6,000명의 증원이 계획 중에 있다. 한편 복지플래너의 역할도 기존 복지전달체계에서 서비스 대상자별 맞춤형 서비스를 제공하고자 하는 트렌드로 바뀌어 나가고 있으며 지역사회 내의 생애주기의 변화나 기타 당면한 해결과제를 안고 있는 모든 주민을 대상으로 찾아가 필요서비스를 제공하고 연계해주고자 하는 정책이다.

이와 같은 민관협력은 마을 공동체사업을 보다 효과적으로 하며 주민의 역량발휘와 기존의 통반장 활용 및 주민자치위원의 활동이 보다 활성화되는 데 도움이 된다. 이러한 사업은 찾아가는 동 주민센터사업으로 최일선 단위인 읍·면·동 중심으로 사회복지전달서비스의 기능을 보다 민과 밀착된 체계를 실현하며 마을공동체사업과 연계된 이러한 마을단위 커뮤니티 형성은 자치구별 운영의지 및 규모에 따라 다양한 역량발휘가 있을 것으로 예상되어 같은 정책수행의 방법이라도 그 효과는 상이한 차이를 보일 것으로 전망된다. 민관협력을 통한 지역단위의 원스톱 통합적 서비스 제공체계의 확보는 밀착된 맞춤형 서비스 제공과 지역주민의 다양한 복지수요에 민관협력의 능동적 대처로 통합사례관리, 자원관리, 지역보호체계 구성·운영, 읍·면·동 복지업무를 통해 통합사례관리와 자원관리를 확인할 수 있다(손지현, 2015).

이와 같은 정책은 기존의 사회복지서비스의 비연속성과 비접근성의 문제를 경감시키고 해당 지역에 대한 이해, 자원 발굴 역량 등에 따라 다양한 효과가 예상되고 있다. 이에 대하여 민소영(2015)은 사회복지공무원이 확충되었음에도 불구하고 그동안 전문적 개입이 요구되는 대상자에 대한 전문적 대응능력이 부족하다는 것을 한계로 지적한 바 있었다. 즉, 자원관리는 지역사회 자원 현황에 대한 총괄관리가 자원조사 및 자원개발을 통하여 이루어지며 이러한 것은 복지자원통합 DB 운영을 통하여 지역 자원을 효과적으로 관리하고 지속적인 자원현황 업데이트로 정보 공유와 수요 욕구자와의 긴밀한 연계를 원활하게 하는 효과가 있다.

이를 위하여 **지역사회보장협의체**가 활용될 수 있으며 지역사회보장협의회는 지역복지를 강화하기 위한 방안으로 사회복지서비스 제공에서 지방정부와 민간, 그리고 민간과 민간 간의 공동 협력을 위해 조직된 기구로(김범수, 2010), 우선적으로 주민센터의 기능과 조직의 인력 개편을 통하여 업무효율화 등을 재정비한다는 것에 의의가 있으므로 이에 대한 보다 탄력적이고 유연한 대응이 요구된다.

이에 대하여 김수영과 김이배(2014)의 연구에 따르면 사회복지통합관리망 이용에 있어 관료제의 분업의 원리가 철저히 적용된 방식으로 이루어지고 있으며 개별 일선 관료가 실질적으로 접근할 수 있는 정보는 철저하게 자신이 맡은 업무에만 한정되어 상담이나 장애인복지 등 특정 업무의 경우에 읍·면·동 소속 공무원이 전담하는 기능으로 시·군·구청 소속 공무원에게 접근권한이 없어 해당 업무에 대해 파악이 되지 않는 등, 같은 기관 내뿐 아니라 시·군·구청과 읍·면·동 사이의 분업이 철저하게 반영되는 것은 본인 업무가 아니면 조회나 대행할 수 없도록 되어 있었다고 하였다. 또한 그 동안 복지 대상자의 개인정보보호의 일환이었으나 복지 대상자 개인이 가지는 복합적인 욕구의 비연계의 불합리한 점이 있었다.

따라서 **담당공무원의 사례관리에 대한 전문성을 재고**해야 하며 효율적인 조직의 활용이 필요하다. 이를 위해서는 **지속적인 팀별 슈퍼비전**이 실시되어야 하며 **교육과 지역 간의 소통**과 **성공사례에 대한 정보교환**도 경우에 따라 필요할 것이다. 한편, 현재 구역제 전담사례관리는 주무관의 역량에 따라 서비스의 제공의 질이 다를 수 있으므로 이에 대한 자질 및 전문성, 인성 등의 점검도 필요할 뿐 아니라 학제간 협업에 있어서의 세부적인 점검도 필요하다.

PART

2

가족의 소득보장제도 및 노인돌봄제도

Chapter 7

국민연금제도와 기초연금

1. 국민연금제도
2. 기초연금제도
3. 노인장기요양보험제도

1. 국민연금제도

국민연금제도는 국민의 생활안정과 복지증진을 위해 1988년 10인 이상 사업장 근로자를 대상으로 실시되고 있는 사회보험이다. 국민연금제도는 1995년 농어촌지역과 1999년 도시지역 주민까지 적용범위를 확대하고 전 국민을 대상으로 국민연금제도를 실시하였다.

납부금액은 납부한 기간이 10년이 되거나 넘는다면 만 65세부터 월 일정액의 연금을 받을 수 있다. 그리고 납부한 기간이 10년이 되지 않는다면 만 65세가 되었을 때 이자를 포함한 기 납부금액을 일시불로 받을 수 있어 이를 가계소득 지원으로 활용할 수 있는 국가정책이다. 다음 국민연금제도의 특징을 살펴보아 가족정책의 지원 정도를 가늠해보기로 하겠다.

1) 국민연금제도의 의의 및 목적

국민연금제도는 사회보장의 형식으로 사회보험의 일종이며 국민연금의 제정은 가입자인 국민의 노령·폐질 또는 사망으로 소득능력이 상실되거나 감퇴된 경우 본인이나 그 유족들에게 경제적으로 안정된 생활을 보장할 수 있도록 국가가 주도적으로 연금급여를 실시하여 국민의 생활안정과 복지증진에 기여하도록 하는 것을 목적으로 하고 있다. 즉, 국민연금제도는 국민의 장기적 소득보장을 위한 사회보험제도이다.

(1) 국민의 복지증진을 위한 사회보험

국민연금은 국민의 생활안정과 복지증진을 도모하는 사회보장제도로 국가가 보험의 원리를 도입하여 만든 사회보험이며 가입자, 사용자 및 국가로부터 일정 보험료를 받고 이를 재원으로 운영하여 일정 나이 이후 보험금을 지급하는 사회보장제도이다.

(2) 공적연금으로서의 기능

국민연금은 보험료와 연금액에 대한 내용을 법률로 정하여 일정한 수급자격을 갖춘 사람에게 연금을 지급하는 공적연금제도로 사보험과는 달리 일정범위에서 가입과 연금보험료의 납부를 사회적으로 강제하여 일생을 통해 한 번은 발생할 수 있는 노령, 폐질 또는 사망 등 사회적 위험에 대한 부담을 완화시키기 위하여 제도화되어 실시되고 있다.

(3) 최소한의 소득을 보장하는 소득보장제도

국민연금은 일정 보험료를 납부하다가 노령, 장애, 사망으로 소득능력을 상실하였을 때 본인과 그 유족에게 매달 연금을 지급하여 최소한의 안정된 생활을 할 수 있도록 돕는 소득보장제도의 기능도 가지고 있다.

2) 국민연금제도의 필요성

(1) 급속한 노인 인구의 증가

국민연금의 도입배경으로는 노인 인구 증가를 들 수 있으며 노인문제에 대한 대안이라고도 볼 수 있을 것이다. 우리나라는 65세 이상의 고령인구가 기대수명 연장 및 출산율 감소로 2005년 9.1%에서 2018년 14.3%로 고령사회에 진입하였고 2026년 20.8%로 본격적인 초(超)고령사회에 도달할 것으로 전망됨에 따라 도입되었다.

(2) 합계 출산율 및 노인 부양비의 저하

우리나라의 인구는 평균수명이 늘어난 반면 출산율은 매우 낮아져 일인당 부양해야 할 노령인구가 급격하게 증가하게 되어 자녀들도 현실적인 어려움으로 인하여 부모를 부양하기가 어려워지고 있는 추세에 있다.

(3) 미래사회의 신빈곤문제의 등장

현대사회가 산업화·도시화 등의 사회구조적 변화를 겪게 되면서 임금노동자가 증가하고 소득 격차에 따른 빈곤문제가 심화되고 있으며 이는 사회적인 문제가 되고 있다. 특히, 저소득층의 경우 불안정한 직장 때문에 퇴직금의 혜택을 받기가 어려우며 높은 보험료의 부담으로 인하여 개인연금에 가입하는 것이 쉽지 않으므로 사회적인 개입이 필요하게 되었다.

3) 국민연금법

(1) 국민연금제도의 특징

- 현대사회는 도시화와 산업화에 의한 노인부양의식의 약화 및 인구구조의 급속한 고령화 등 날로 증가하는 사회적 위험에 대해 국가적인 차원에서 이에 대응하는 것이 필요해졌다. 따라서 국민연금 도입의 배경으로 국민에게 노령, 장애, 사망 시 본인 및 그 가족에게 기초적인 생활을 보장하고자 하는 취지에서 도입하게 되었다.
- 국민연금은 1988년 제도 도입 당시에는 저부담, 고급여의 체계로 설계되고, 재정운영방식으로는 수정적립방식을 채택하고 있다. 이를 통해 소득계층 간 소득재분배 효과가 있으며 저소득계층일수록 납입액 대비 연금 수급액의 비율이 더 높아지도록 설계되어 계층 간에 소득재분배 기능을 한다.

(2) 국민연금법의 제정 및 시행과정

① 국민연금법의 도입준비단계

국민연금법의 도입준비단계는 1973년 「국민복지연금법」 제정으로 시작되었다. 이후 1973년 12월에 「국민복지연금법」을 제정하였으나 석유 파동 등으로 보류하였다.

② 국민연금법의 도입 및 실시단계

「국민연금법」의 도입 및 실시단계는 1986년 「국민연금법」 개정 및 1988년 제도 시행 단계이다. 이를 살펴보면 88 올림픽이 있었던 1988년 1월부터 국민연금제도를 시행하였다. 즉, 1987년 9월에 독립기관으로 국민연금공단을 설립하고 10인 이상 사업장에 근무하는 18세 이상 60세 미만의 근로자 및 사업주를 대상으로 실시하도록 하였다.

③ 확대단계

국민연금 실시 이후 1999년 4월 1일 전국민 연금 실현으로 도시와 농어촌에서 실시하였다. 이후 2006년 1월 1일 사업장 적용범위 확대를 완료하여 근로자 1인 이상 사업장 전체에서 실시하도록 하였다.

(3) 국민연금가입 및 급여의 대상

- 국민연금 가입자는 18세 이상 60세 미만의 모든 국민이며 사업장 가입자, 지역 가입자, 임의 가입자 및 임의계속 가입자로 나누어 실시한다. 이때 「공무원연금법」, 「군인연금법」, 「사립학교교직원연금법」의 적용을 받는 자는 제외한다.
- 국민연금의 사업장 가입자는 일정 요건에 따라 당연적용사업장 가입자와 임의적용사업장 가입자로 나뉘며 의무적으로 가입해야 하는 사업장 외에도 사업장 가입자가 될 수 있다. 국민연금의 가입기간은 월별로 계산하고 연금 보험료를 내지 아니한 기간은 가입기간에 산입하지 않는다.
- 급여의 종류에는 요건을 갖춘 일정연령에 도달하면 질병이나 부상으로 인해 장애 정도에 의하여 지급되는 장애연금, 가입자의 사망에 따른 유족연금, 법률상에서 정한 요건에 의한 본인이나 유족이 청구 가능한 반환일시금과 사망일시금이 있다.

이를 정리하면 국민연금의 가입 대상은 통상적으로 사업장 가입자와 지역 가입자로 나눌 수 있으며 다음과 같이 임의 가입자, 임의계속 가입자 총 4가지의 형태로 구분한다.

① 사업장 가입자

사업장 가입자는 국민연금에 가입된 사업장으로 18세 이상 60세 미만의 사용자 및 근로자로 국민연금에 가입된 자를 의미한다. 여기에서 1인 이상의 근로자를 사용하는 사업장 또는 주한 외국기관으로서 1인 이상의 대한민국 국민 근로자를 사용하는 사업장에서 근무하는 18세 이상 60세 미만의 근로자는 사업장 가입자가 된다.

이때 지역가입자가 사업장에 취업하면 자동적으로 사업장 가입자가 되며 지역 가입자 자격은 상실된다.

② 지역 가입자

국내 거주 18세 이상 60세 미만의 국민으로 사업장 가입자가 아닌 다른 공적연금에서 일시금으로 퇴직연금, 장애연금을 받는 퇴직연금 등 수급권자, 국민기초생활보장법의 수급자, 소득활동에 종사하지 않는 사업장 가입자 등의 배우자 및 보험료를 납부한 사실이 없으며 소득활동에 종사하지 않는 27세 미만의 자는 지역 가입자가 될 수 없다.

(4) 국민연금보험 가입요건에 따른 급여의 종류

① 가입요건

가입 유형	가입요건
사업장 가입자	근로자 1인 이상 상시 고용하는 사업장에 종사하는 18세 이상 60세 미만의 근로자와 고용주가 있는 사업장에 적용한다.
지역 가입자	국내에 거주하는 18세 이상 60세 미만인 자로서 사업장 가입자가 아닌 자로 산정한다.

<table>
<tr><td>임의 가입자</td><td colspan="2">국내에 거주하는 18세 이상 60세 미만의 국민으로서 사업장 가입자 및 지역 가입자에 해당하지 않은 자로서 공단에 신청을 하여 가입된 자로 산정한다.</td></tr>
<tr><td rowspan="3">임의계속 가입자</td><td>사업장임의</td><td>국민연금 가입 사업장에 종사하는 60세 이상의 자로서 65세에 달할 때까지 공단에 신청하여 가입된 자로 산정한다.</td></tr>
<tr><td>지역 임의</td><td>지역가입자 요건을 갖춘 60세 이상의 자로서 65세에 달할 때까지 공단에 신청을 하여 가입된 자로 산정한다.</td></tr>
<tr><td>기타 임의</td><td>사업장 및 지역 임의계속 가입자를 제외한 60세 이상의 자로서 65세에 달할 때까지 공단에 신청하여 가입된 자로 산정한다.</td></tr>
<tr><td rowspan="2">외국인 가입자</td><td>사업장</td><td>국민연금 적용 사업장에 종사하는 18세 이상 60세 미만의 외국인인 사용자 또는 근로자로 산정한다.</td></tr>
<tr><td>지역</td><td>국내에 거주하는 18세 이상 60세 미만의 외국인으로서 사업장 가입자가 아닌 자로 한다.</td></tr>
<tr><td>가입 대상 제외자</td><td colspan="2">• 타 공적연금 가입자(군인, 공무원, 사립학교교직원)
• 특수직종(광부와 선원)
• 국민기초생활보장 수급자(공공부조 대상자)
• 근로자로서 노령연금수급권을 취득한 자
• 조기노령연금 수급권을 취득하고 급여의 지급이 정지되지 아니한 자
• 국외거주자, 60세 이상자(임의 계속가입 대상자는 제외)</td></tr>
</table>

② 급여의 산정방식

- 국민연금급여는 기본연금액과 가급연금액을 합한 금액으로 산정된다.
- 기본연금액은 노령연금, 장애연금 및 유족연금 산정의 기초가 된다.
- 급여의 산정방식은 가입자의 소득수준과 관계없는 균등부분(A), 가입자의 소득에 비례하는 소득비례부분(B)이다. 그리고 가입자의 가입기간에 비례하는 가산부분(N)으로 구성되어 있으며 다음의 방식을 참조한다.

■ **기본 연금액의 산정 공식**

$$P = 1.5 \times (A + B) \times (1 + 0.05\ N/12)$$

P : 연금액

A : 균등부분(연금수급 직전 3년간의 전체 가입자의 평균소득월액의 평균액임)

B : 소득비례부분(가입자 개인의 가입기간 중 평균소득월액을 현재 가치로 재평가한 평균액임)

N : 20년 이상을 초과하는 가입 연수를 의미하는 것이다.

〈참고〉

- 1.5 : 비례상수인 1.5는 조정될 수 있다.
- 0.05 : 가입기간 20년 초과 시에 매 1년에 대한 연금액을 가산하는 비례상수이다.

이와 같이 국민연금보험료의 계산은 가입자 자격 취득 시의 신고 또는 정기결정에 의해 결정되는 기준소득월액에 보험료율을 곱하여 산정하는 것이다.

[연금보험료 = 가입자의 기준소득월액 × 연금보험료율]

4) 국민연금 전달체계

(1) 설립 목적

국민연금공단은 국민이 고령으로 생업에 종사할 수 없거나 불의의 사고로 사망 및 장해를 입었을 경우에도 국민이 안정된 생활을 할 수 있도록 연금을 지급하고 각종 복지사업을 실시하여 국민의 복지증진에 기여하기 위해 설립되었다.

(2) 처리 업무

국민연금제도의 처리 업무의 목적은 다음과 같다.

- 가입자에 관한 기록의 관리 및 유지
- 연금보험료의 부과를 통한 안정적 유지
- 급여의 결정 및 지급의 적절성 유지
- 가입자, 가입자였던 자 및 급여 지급에 따른 수급권자를 위한 노후설계상담, 소득활동 지원 및 자금의 대여와 복지시설의 설치·운영
- 가입자, 가입자였던 자에 대한 기금증식을 위한 자금 및 대여사업
- 「국민연금법」 또는 다른 법령에 따른 위탁사업의 실시

(3) 조직 및 기구

① 조직도

국민연금공단은 1987년 10월 19일 본부 6부15과 14개 지부에 총 인원 656명으로 설립되어 국민연금제도 시행의 출발이 되었으며, 이후에는 국민연금 적용 대상의 확대와 농어촌지역 국민연금 확대실시 등으로 업무량이 증가하고 전문화됨에 따라 인력과 조직이 충원되어 조직화되어 운영되고 있다.

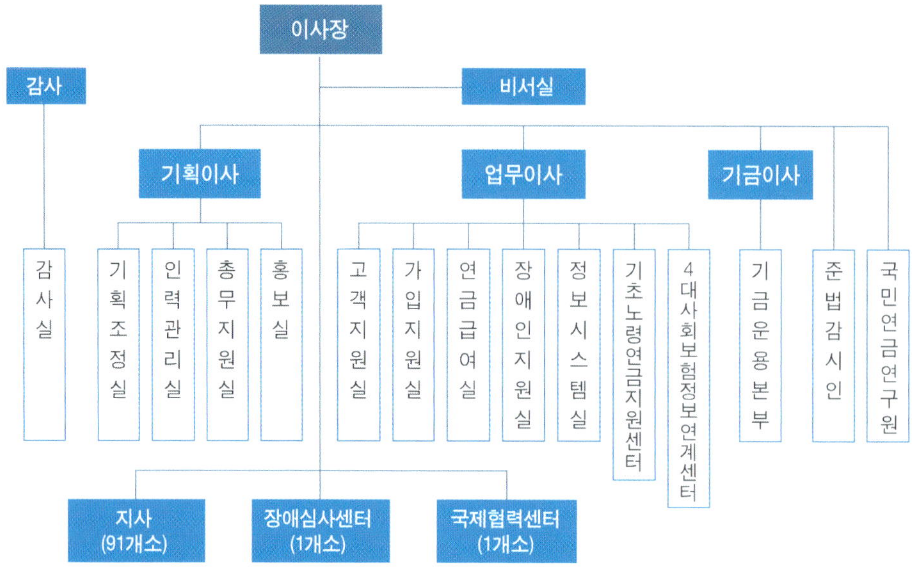

[그림 7-1] 국민연금관리공단 조직도

출처 : 국민연금관리공단

② 기금운영본부

기금운영조직은 1999년 11월 전문가로 구성된 기금 운영본부로 개편하여 전문가에 의한 체계적이고 효율적인 운영을 통하여 급변하는 투자환경에 대처함으로써 기금운영의 안전성과 수익성을 높이기 위한 목적으로 설립되었다.

5) 국민연금 재원조달의 방안

(1) 기금현황

국민연금기금의 주된 재원은 연금보험료 수입, 기금운용 수익, 공단의 결산잉여금 등이며 이 자금으로 연금급여 지급과 자산취득비 등으로 집행하고 있으며 국민연금기금적립금은 공공부문, 복지부문 및 금융부문에 운용하고 있다.

- 기금운용위원회가 정하는 일정수준범위에서 공공사업 투자를 지속한다.
- 공공 및 복지영역의 투자에 따른 사회적 효용 증가와 기금의 기회비용을 비교한 결과를 바탕으로 기금의 공공 및 복지부문 자산배분의 비중을 제시한다.
- SOC 민자사업에도 일정 범위에서 적극적으로 참여한다.
- 우량기업의 채권 및 주식 투자를 확대하여 기업자금의 원활한 조달 및 금융시장의 발전에 기여하도록 한다.
- 기금운용의 감시 및 평가기능의 강화를 지향하고 기금운용 현황과 운영을 공시한다.

(2) 기타 기구

국민연금기금의 관리와 운용에 관한 중요한 사항을 심의 및 의결하기 위해 보건복지부 산하의 국민연금기금운영위원회를 설치하였다. 국민연금기금운영위원회는 국민연금기금운영에 관한 사항을 심의 및 의결하는 기능을 담당한다. 국민연금기금운영위원회에는 경제와 금융전문가로 구성되어 있는 실무평가위원회를 두어 기금운영에 관한 사항을 분석한 후 기금운영위원회에 보고하도록 하고 있으며, 국민연금기금에서 보유한 주식에 관하여 투명하고 합리적인 의사결정을 담당한다. 이를 세부적으로 정리하여 살펴보면 다음과 같다.

- 국민연금보험국 : 국민연금제도 전반에 관한 정책입안과 제도개선, 지도와 감독의 역할을 담당하는 기구이다.
- 국민연금관리공단 : 보건복지부장관의 위탁을 받아 보험료 수납 및 급여의 지급 등 실무를 담당하고 있는 기구이다.
- 국민연금심의위원회 : 보건복지부 산하 국민연금사업에 대한 자문, 심의 기구이다.

- 국민연금기금운용위원회 : 기금의 운용에 관한 심의를 하는 심의의결기구이다.
- 국민연금심사위원회 : 이의신청 및 적격성 등을 심사한다.

이 외에도 국민연금주식의 의결권 행사를 위해 전문위원회를 운영하고 있다.

2. 기초연금제도

1) 기초연금제도의 등장배경 및 소요재원

우리 사회는 전통적인 복지영역인 빈곤구제 및 사회적 약자의 소득보장과 자활뿐 아니라 저출산 고령화 현상의 심화에 국가적으로 대처하기 위해, 전 국민의 안정적인 노후 소득보장과 건강한 삶의 영위라는 새로운 복지수요과제에 직면해 있다.

이에 기초연금의 등장배경을 알아보면 정부는 2013년 9월 기초연금제도를 구체화하여 정부안을 확정하고 중하위 70%의 노인에게 20만 원의 기초연금을 지급하는 제도로 구상하였으며, 기초연금의 급여지급에 소요되는 재원을 전액 조세로 충당한다.

즉, 노후 소득보장과 건강을 민간영역이 아닌 사회보험으로 보장하고 있는 우리나라는 인구구조상 급격한 고령화가 중요한 사회적 이슈로 제기되고 있는 상황에서 우리나라는 기초연금을 도입하여 노인의 빈곤율(2012년 노인의 상대빈곤율 49.3%)을 완화하고자 사회 각계가 참여한 국민행복연금위원회(2013. 3~7)를 운영하고 있다.

이를 토대로 국민연금 급여와 기초연금을 연계하는 내용의 정부안을 2013년 9월 25일 발표하고 11월 25일 「기초연금법」 제정안을 국회에 제출한 바 있다. 이에 국회와 정부로 구성된 여·야·정의 협의체는 2월 7차례, 3월 2차례, 4월 4차례에 걸쳐 총 13차례(전체 협의체 2회, 실무 협의체 9회)의 논의를 거치고, 여·야 원내대표 간 공식·비공식적 협의를 거쳐, 「기초연금법」이 국회를 통과함으로써, 현세대 노인의 빈곤을 완화하고 세대 간 형평성을 높이는 기초연금제도가 도입되었다(보건복지부, 2014).

이에 「기초연금법」이 제정되어 2014년 7월 1일부터 시행되어 적용 중이며 이에 따른 기초연금의 소요재원은 다음과 같다.

〈표 7-1〉 기초연금 소요재정 예측안 (단위 : 조 원)

연도	2015	2016	2017	2040	2060
현행 기초노령연금	6.12	7.14	8.38	111.63	263.77
당초 정부안	10.25	10.86	11.44	99.83	227.98
조정안	10.33	10.95	11.54	100.03	228.83

자료 : 보건복지부(2015)

2) 기초연금 산정방식

기초연금 도입방안을 살펴보면 하위소득 70% 미만의 노인에게 기초연금을 지급하며 여기에 공무원 및 사학연금 수급자와 배우자는 제외하여 다음과 같은 급여산정방식을 선정하고 있다. 즉, 급여는(20만 원-2/3A)[1] +10만 원의 수준이며 이에 따라 받게 되는 기초연금은 최소 10만 원에서 최대 20만 원의 사이에서 급여를 받도록 한다. 그런데 이에 따른 급여는 국민연금의 가입기간이 길수록 급여는 덜 주게 되는 산정방식이므로 국민연금에 성실하게 가입한 가입자들에 대한 역차별이 될 수 있다는 것이 문제로 지적될 수 있다. 이러한 산정방식에 의하면 국민연금의 가입기간이 1~11개월일 경우는 20만 원이나 20년을 성실히 납입한 경우에 10만 원의 기

1) A : 국민연금 균등부분(가입기간이 길수록 금액이 커짐).

초연금을 받게 된다는 논리로 역차별이 논의될 수 있다는 것이다.

■ 보기초연금제도의 역차별의 논의

이것은 기존의 소득 인정액(소득+자산)의 기준을 통한 대상자 선정에 더하여 가입기간을 고려한 연금조사를 추가하여 산정해야 하는 것에 따른 행정적 관리에 따른 인력예산도 추가될 수 있음을 뜻한다. 따라서 초기 공약대로 기초연금이 연령과 거주지 등의 기준을 통한 급여선정이 된다면 부당한 탈락자가 발생하지 않게 될 것임에도, 복잡한 현재의 산정방식은 특정 계층을 배제하고 역차별하는 역효과의 가능성을 가지고 있을 수 있다. 즉, 기준연금액의 기본 산식에서 조정계수(2/3)×A 급여만큼을 차감지급하기 때문에 성실한 국민연금 납부자는 기초연금제도에 의하여 불이익을 받게 될 수 있다. 즉, 현 정부안에 의하면 평균소득에 대한 대체율 40%를 기준하여, 연금 가입기간이 1년씩 증가할 때마다 받게 되는 기초연금 수령액은 월 6,700원씩 감소하게 된다는 의미이다. 이것은 국민의 세금에 의하여 운영되는 제도인 만큼 형평성에 문제가 제기될 수 있는 부분이나 재원의 한계상 적용된 부분이라고 할 수 있다.

기초연금은 많은 지방자치단체의 부담이 되기도 했는데, 베이비부머 세대의 본격적인 은퇴가 이루어진다면 이들에 대한 기초연금 지출액은 더욱 가속적으로 증가되게 될 것임을 뜻한다. 이것은 정부의 무상보육에 대한 복지확대에 이어 부족한 정부의 세수부족문제가 지방자치단체의 재원문제와 맞물리면서, 최근 몇 년 동안 무상보육 등 복지제도의 확대로 재정난의 고려가 필요하다.

우리나라는 기초연금제도의 실시를 위해 2014~2017년의 4년 동안 26조 9,000억 원을 소요할 것으로 보이며, 하위 70%에게 월 20만 원을 지급하는 경우 같은 기간 40조 7,000억 원으로 약 13조 8,000억 원의 추가적인 재원이 필요할 것으로 예상된다.

3) 수급 대상의 특징

기초연금제도의 기초연금의 수급 대상의 특징은 다음과 같다. 기초연금은 노인가구단위로 적용되며 기초연금의 수급 대상은 배우자 유무에 따라 노인단독가구와 노인부부가구로 구분하여 적용하게 된다.

이를 2008년을 기준으로 하면 소득과 재산이 적은 하위 60%를 선정하는 기준액은 배우자 없는 노인은 40만 원 이하, 노인 부부인 경우는 64만 원 이하이고, 2009년 선정 기준액은 노인 단독의 경우 68만 원 이하이며, 노인 부부의 경우는 108만 원 이하이다(보건복지부, 2008).

이때 기초생활보장 대상자인 노인의 경우, 기존의 생계비에 기초연금을 추가 수령할 수 있고, 국민연금 가입자인 노인이 국민연금을 포함하여 소득이 일정수준 이하인 경우에는 국민연금과 함께 기초연금도 동시에 수급이 가능하다.[2)]

또한 기초연금의 지급과 관련하여, 노인 부부가 연금수급기준에 부합하여 부부 두 사람이 기초연금을 받는 경우에는 기준금액의 16.5%를 각각 차감하여 지급받게 된다. 그리고 연금 지급액은 지급 당해연도를 기준으로 국민연금 가입자의 평균소득 월액의 5% 수준에 해당하는 금액을 매월 지급하기 시작하여 2028년까지 10%인 약 18만 원까지 단계적으로 인상하도록 정책을 펴고 있다.

기초연금의 수급자 선정방식과 관련하여, 기초연금 신청자에 대한 소득심사와 자산조사를 통해 계산되는 수급자 선정기준에 부합해서 수급자가 받는 연금액은 「국민연금법」 제51조 제1항 제1호에 따라 금액의 100분의 5에 해당하는 액수로 산정되는데, 이에 따른 산식은 다음과 같다.

2) 소득 심사 및 자산 조사 시, 국민연금 월 수급액은 포함되나 자녀에게서 받는 용돈은 금액과 상관 없이 포함되지 않음

■ **기초연금 급여 산식**

연금액 = (기본연금액−조정계수[2/3] × A급여) + 국민연금수급자 부가연금액

(기본연금액−조정계수[2/3] × A급여): 기본연금액

이에 대하여 현재 2014년 7월 1일부터 진행 중인 기초연금제에서는 다음과 같이 변동되어 연금제도가 진행되게 되었다. 즉, 만 65세 이상의 노인을 대상으로 하여 소득하위 70%를 기준으로 소득 인정액이 선정 기준액(단독 87만 원, 부부 139만 2,000원) 이하의 노인에게 기초연금액을 산정하여 국민연금과 연계하여 기초연금액 산정을 한다. 이를 살펴보면 국민연금·직역연금·연계연금 등의 수급권이 없는 무연금자는 20만 원을 산정하여 지급하도록 하였으며, 국민연금 수급권자 등은 국민연금 A급여*, 월 연금액** 등에 따라 10만~20만 원을 산정하도록 하고 있다. 그리고 2014년 산식 = (20만 원 - 2/3A 급여액)+10만 원을 적용하도록 하였으며, 국민연금액 등이 30만 원(기준연금액의 150%) 이하인 경우 기초연금액 20만 원을 산정하도록 한다.

월 급여액 결정에서 개인별 기초연금액을 가구 유형(부부2인 수급 시 20% 감액하여 36만 원) 및 소득 인정액에 따라 감액(최하 월 2만 원/부부합산의 경우 4만 원)한다면 지급액은 총 2만 원에서 20만 원으로 적용되게 되었다(보건복지부, 2014).

이러한 제도는 소득재분배 효과로 볼 때, 기초연금제도는 일정한 요건을 갖춘 65세 이상의 국민에게 동일한 급여를 지급함으로써 강한 소득재분배 효과를 지닌다고 할 수 있다.

이에 우리나라는 예산 및 재원으로 2014년 기준 7조 원의 예산을 투입하고 있으

며, 향후 기초연금제도의 성공적인 정착을 위해서 꾸준한 점검과 이를 바탕으로 한 정책을 수렴하고 있다.

3. 노인장기요양보험제도

1) 노인장기요양보험제도의 도입배경

우리나라 전체 국민 중 노인인구의 비중은 2000년 7.2%로 고령화사회(aging society)에 진입하였고, 2018년에는 14.3%, 2026년에는 20.0%로 각각 고령사회(aged society), 초고령사회(super-aged society)로 진입이 예상된다.

이러한 추세로 볼 때 2050년에는 37.3%로 세계 최고령 국가가 될 전망이며 이는 전 세계에서 유래가 없을 정도로 빠르다(양옥남 외, 2010). 따라서 우리나라 정부는 장기적인 노인부양의 대책을 마련하고자 2008년부터 노인장기요양보험제도를 정책적으로 시행하고 있다.

이를 통해 정부는 사회적 문제인 노인부양에 대한 부담을 경감시키고자 하였는데, 노인장기요양보호는 'long-term care'의 의미로, 장기적으로 보호를 요하는 만성적 질환이나 장애를 가진 노인에게 일상생활에서 요구되는 서비스를 제공하여 가족의 돌봄을 지원하는 것을 의미하는 것이다.

우리나라가 노인장기요양제도를 도입하게 된 배경은 다음과 같다(선우덕, 2012). 첫째, 인구고령화에 따라 그에 따른 노인문제에 시급하게 대처할 필요가 있다. 둘째, 가족환경의 변화로 가정에서의 수발지원능력이 떨어지고 있다. 셋째, 병원에 불필요한 노인입원이 늘어나 노인의료비가 크게 증가함으로써 회복이 불가능하거나 고도의 치료를 필요로 하지 않는 경우 장기요양보험제도를 활용하도록 유도하고 있다(선우덕, 2012). 이를 정리하면 다음과 같다.

(1) 평균수명의 연장으로 인한 의료비 지출의 증가

평균수명의 연장은 의학의 발달, 생활수준의 향상, 위생조건의 개선 등으로 계속되고 있으므로 인간의 최대수명이 120년을 넘어설 수 있다. 이에 따라 고령화에 따라 신체적 및 정신적 허약성이 증가할 수 있으며 이러한 현상은 일상생활에서 신체적 독립성을 제한하고 타인의 도움을 필요로 하게 될 수 있다. 따라서 가족의 부담을 경감하는 정책으로 국가로부터의 고령화에 따른 정부의 지원과 장기간에 걸친 보호가 요구되게 되었다.

(2) 고령화에 따른 질병과 장애의 증가

고령화에 따른 노인 질병의 구조는 만성적이 될 수 있기 때문에 고령자일수록 만성 질병을 통한 장애발생의 가능성은 증가하게 된다. 따라서 고령자는 자신의 신체적 독립성을 유지하기 어렵게 되는 경우가 많으며 도움을 요할 경우가 증가하게 되는 것이다. 그런데 인구 고령화에 따라 독립생활 기대수명(active life expectancy)은 연장되고 있으나, 노년기 후기의 의존생활 기대수명(dependent life expectancy) 역시 인생의 보편적이고 정상적인 생활주기의 일부가 되고 있으며(OECD, 1997), 이에 따라 정부는 의존적 생활기간 동안의 병원비 부담 및 돌봄에 따른 서비스와 건강보호 비용에 관한 국가적 차원의 대책을 마련하고자 하였다.

(3) 고령화에 따른 노인의료비 부담의 증가

고령화에 따른 노인의료비 부담은 장기적으로 가정에 상당한 부담이 될 것이며, 노인의료비의 상당한 부분을 가정 내에서 부담하게 되거나, 잠재된 비용이 의료비용으로 표출되면서 건강보험, 의료급여 등의 재정을 압박하는 경향이 심화될 수 있으므로 이에 대한 사회적인 개입이 필요하게 되었다.

(4) 기존의 노인복지서비스 체계의 한계

기존의 서비스는 수급조건이 국민기초생활보장 수급자와 저소득층 노인에게 한정하여 서비스를 제공했었던 한계가 있었다. 따라서 노인의 보건, 복지, 의료 등의 복합적인 욕구에 효과적으로 대처하는 데 어려움이 있었다.

2) 노인장기요양보험제도의 목적 및 추진과정

치매, 중풍, 고령, 노인성 질병 등으로 인해 식사, 목욕, 집안일 등의 일상생활을 혼자 수행하기 어려운 노인에게 필요한 신체활동, 일상 가사업무지원 등의 서비스를 제공하여 노후생활을 보다 안정되게 보내고 가족에 대한 부담을 덜어주는 것을 목적으로 한다(보건복지부, 2011).

급속한 한국사회의 고령화 현상에 따라 우리나라 정부는 노인복지에 대한 대안으로 2008년 7월 1일 노인장기요양보험제도를 실시하고 있다. 장기요양보험제도는 장기요양보호가 필요한 자, 즉 신체적 혹은 정신적 제약을 지니고 있어 타인에게 의존하는 자가 신체적·인지적 및 정신적인 제한이 장기간 계속되는 경우, 이들에게 보건, 의료 등의 사회서비스를 총망라하여 제공하는 것이다(선우덕, 2012).

이는 고령화에 따른 노인성 질병 등으로 일상생활을 혼자 수행하기 어려운 노인에게 신체활동, 가사지원 등 필요한 장기요양급여를 정부에서 제공하는 일종의 사회보험제도라고 할 수 있다.

다음은 우리나라의 노인장기요양보험제도의 추진과정이다. 이를 살펴보면 2000년

보건복지부에서 노인장기요양보호 정책기획단이 발족된 이래로 2001년 노인장기요양보호 종합대책이 발표되었으며, 2003년 공적 노인요양보장 추진기획단이 설치 및 운영된 것을 정리한 것이다. 우리나라는 2004년 노인요양보장체계의 시안이 발표되었고, 2005년 정당이 협의한 노인 요양보장제도의 기본 안이 확정되어 2005년부터 2008년 3년간의 시범사업이 실시되었다. 이후 2006년 「노인요양보험법」안이 정부입법국회에 제출되었으며 2007년 「노인장기요양보험법」이 공포되어 2008년 7월 노인장기요양보험제도가 전국적으로 시행되었다.

〈표 7-2〉 **노인장기요양보험제도의 추진과정**

구분	연도	내용
제도 도입 발표단계	2000. 1	보건복지부 '노인장기요양보호정책기획단' 발족
	2001. 2	노인장기요양보호 종합대책 발표(기획단)
	2001. 8.15	대통령 경축사에서 '노인요양보장제도' 도입 제시
시행 준비단계	2003. 3 ~2004. 2	공적노인요양보장추진기획단 설치, 운영
	2004. 3	추진기획단 '공적노인요양보장체계최종보고' 발표
	2004. 8	'노인요양보장체계 시안' 발표
	2005. 5	당·정 협의 '노인요양보장제도 기본안' 확정
	2005. 7 ~2008. 6 (3년간 시범사업 실시)	• 1차 시범사업(2005. 7~2006. 3) • 6개 시·군·구 : 65세 이상 기초생활보장 수급노인을 대상으로 함 • 시범 지역 : 광주 남구, 강릉, 수원, 부여, 안동, 북제주
		• 2차 시범사업(2006. 4~2007. 4) • 8개 시군구 : 65세 이상 노인 대상 시범지역 추가 : 부산 북구, 전남 완도
		• 3차 시범사업(2007. 5~2008. 6) • 13개 시·군·구 : 65세 이상의 노인 대상 • 시범지역 추가 : 인천 부평구, 대구 남구, 청주, 익산, 하동

제도입법 추진단계	2005. 9	'노인요양보험법'에서 「노인수발보장법」 명칭변경 입법예고
	2006.2. 7	국무회의 통과
	2006.2.16	노인요양보험법안으로 정부입법 국회제출
	2007.2.22	보건복지위원회 통과
	2007.4.27	노인장기요양보험법 공포
	2007.6.28	1단계 시행령, 시행규칙 입법예고 완료
	2007.10.1	1단계 시행령 시행
	2008.2.25	2단계 시행령, 시행규칙 입법예고 완료
	2008.6.11	「노인장기요양보험법 시행령」 및 시행규칙 일부개정령 공포
시행단계	2008.7. 1	'노인장기요양보험제도' 전국적 시행

출처 : 노인장기요양보호사협회(2012)

3) 노인장기요양보험제도의 적용 대상

기본적으로 노인장기요양 급여를 받기 위해서는 노인장기요양보험의 가입 및 피부양자의 조건을 갖춘 의료 급여 수급권자이어야 하는데, 이 중 65세 이상의 노인 혹은 64세 이하의 자로서 치매 증상을 포함하여 뇌혈관질환 등의 노인성 질병을 가진 자를 대상으로 대통령령으로 자격요건을 정하고 있다.

노인장기요양보험제도의 가입 조건은 국민건강보험의 가입자와 동등한 조건이라고 할 수 있다. 즉, 서비스를 실제로 받는 대상자의 건강상태에 대한 자격조건과 연령의 조건이 동시에 충족하여야 한다.

즉, 노인장기요양보험제도의 피보험자는 국민건강보험제도에 가입되어 있거나 의료급여제도를 적용받는 자이다(선우덕, 2012).

이를 살펴보면 노인장기요양보험제도에 의하여 급여를 받는 경우는 현물 급여를 원칙으로 하나, 특수한 경우는 현금 급여를 인정하고 있으며 장기요양보험의 서비스의 현물급여로는 재가급여와 시설급여가 있다(선우덕, 2012). 그런데 케어를 필요로 하는 노인들은 주로 신체적 또는 정신적인 장애를 가지고 있거나 노령 때문에 신체기능이 저하되고 만성질환으로 건강상태가 악화되어 자력으로 생활하는 것이 어려운 것이 특징으로 케어서비스와 동시에 의학, 직업, 사회, 심리 등 종합적인 재활서비스를 필요로 하고 있는데, 전문직으로서의 케어 제공자들은 이들의 신체적·문화적·사회적 생활에서의 지장 및 생활환경상의 문제를 적절히 파악하여 이용자의 자립 및 자기실현을 목표로 서비스를 제공해야 한다(선우덕, 2012).

이를 위한 재원조달방식과 비율은 보험료를 약 60%의 재원으로 하고 있으며 나머지는 조세와 본인의 부담금으로 하고 있다. 수급권자에 관련한 장기요양보험료는 국민건강보험료액에 장기요양보험료율 6.55%를 산정해서 산출하고 있으며, 요양급여의 절차는 가정방문조사를 통하여 약 52개 항목에 의해 1차 판정을 내리고 등급판정위원회에서 최종 판정을 내리도록 하고 있다.

급여의 형태는 현물급여를 원칙으로 하나 급여를 받을 수 없는 경우에는 현금급여를 인정하고 있다. 이에 따른 시설급여의 종류로는 노인요양시설과 노인요양공동생활가정이 있으며 가정에서 서비스를 받을 수 있는 재가급여도 가능하다. 다음은 이러한 노인장기요양보험제도의 주요 내용을 정리한 것이다.

〈표 7-3〉 노인장기요양보험제도의 주요 내용

구분	내용
제도명칭	• 노인장기요양보험제도
보험자	• 국민건강보험공단
피보험자(가입자)	• 전 국민(건강보험가입자) : 건강보험료와 일괄징수, 독립회계관리
수급권자(급여 대상)	• 피보험자와 수급자 불일치 • 65세 이상 노인 또는 65세 미만의 노인성 질병을 가진 자
수급자 : 서비스 대상자	• 65세 이상 노인 또는 65세 미만의 노인성 질병을 가진 자 중에서 장기요양 1~3등급으로 판정된 자
재원조달방식 및 비율	• 보험료(약 60% 정도) • 조세(장기요양보험료 예상수입액의 20%) • 본인부담(시설급여 : 서비스이용액의 20%, 재가급여 : 서비스이용액의 15%) – 식재료비, 이·미용비는 본인부담 – 월 한도액 초과액 : 전액 본인부담 – 의료급여수급권자, 저소득자, 생계곤란자 : 본인부담률의 50% 경감 – 국민기초생활수급권자 : 전액 면제
장기요양보험료	• 건강 보험료액 × 장기요양보험료율(2012년 기준 : 6.55%)
요양급여 절차	• 가정방문조사(총 52항목)에 의한 1차 판정 → 등급판정위원회에서 최종 판정
급여형태	• 원칙적으로 현물급여, 급여를 받을 수 없는 경우의 일부 현금급여 인정
급여종류	• 시설급여 2종류 : 노인요양시설, 노인요양공동생활가정 • 재가급여 6종류 : 방문요양, 방문목욕, 방문간호, 주·야간보호, 단기보호, 기타 재가급여 • 특별현금급여 3종류 : 가족요양비, 특례요양비, 요양병원 간병비

출처 : 양옥남 외(2010), 노인복지론

4) 우리나라 노인장기요양시설의 현황

우리나라에서 노인요양시설은 기존의 노인요양시설, 유료 노인요양시설, 노인전문요양시설 등의 명칭을 노인요양시설로 통합하여 노인들에게 필요한 서비스를 제공하고 있다.

「노인복지법」에 의하면 노인요양시설과 노인요양 공동생활가정은 시·군·구청장의 지정을 통하여 만성질환을 가진 노인들에게 시설급여를 제공하는 장기요양기관으로 분류하고 있다. 그리고 재가 노인복시시설은 단기보호시설, 주간보호시설 및 공동생활가정으로 분류하고 있다. 그 밖의 시설은 5개 유형의 노인복지시설로 나누어지는데, 이들은 노인의료복지시설, 노인여가복지시설, 노인주거복지시설, 재가 노인복지시설, 노인보호전문기관의 5개 유형이다.

첫째, 노인의료복지시설의 기능은 치매나 중풍 등의 노인성 질환으로 인하여 장기적 요양을 요하는 노인이 시설에 입소하여 급식 등의 편의와 요양 및 일상생활에 지원을 제공받기 위해 설치된 시설을 의미하며, 노인요양시설, 노인요양 공동생활가정 및 노인전문병원으로 구분된다.

둘째, 시설보호서비스는 노인의 질병이나 장애 또는 주택, 경제, 가족관계 등의 생활 조건상의 곤란과 가족의 부양능력의 제한으로 인하여, 가정에서 계속 생활할 수 없는 경우 대안적인 노인 주거형태로서 노인이 주거하면서 건전한 노후생활을 보장받게 되는 시설을 의미한다(현외성, 2005).

셋째, 노인주거시설은 「노인복지법 시행규칙」 제22조에 따르면 입소자의 회복이나 기능감퇴를 방지하기 위하여 훈련에 참가할 기회를 제공해야 하고, 교양, 오락 설비를 통하여 적절한 레크리에이션을 실시하여야 하며, 이에 따라 입소자를 상시 보호하고 건강유지의 필요한 조치를 취할 수 있도록 적합한 직원근무체계와 인근지역의 의료기관과의 긴밀한 협조체계를 갖추도록 하고 있다. 이러한 시설의 종류는 크게 두 가지 시설로 분류되는데, 치매, 중풍 등 노인성 질환 등으로 심신에 상당한 장애가 있는 노인을 입소시켜 급식, 요양 등의 일상생활의 편의를 제공하는 노인요양시설과 노인요양 공동생활가정이 있다(보건복지부, 2010).

이 중 노인요양 공동생활가정은 치매·중풍 등 노인성 질병으로 수발을 필요로 하는 노인에게 가정과 같은 환경에서 일상생활에 필요한 편의 제공 및 기능 훈련과 공동생활을 통한 자립생활을 영위하도록 지원하는 시설로 타인과의 공동생활을 통해 치매노인들의 문제행동과 행동장애를 완화하는 목적의 시설이다(보건복지부, 2011). 이에 따라 노인장기요양보험제도의 개요를 정리하면 다음과 같다.

5) 장기요양보험제도와 기존 노인복지서비스와의 차이점

장기요양보험제도와 기존 노인복지서비스와의 차이점은 다음과 같다.

〈표 7-4〉 기존 노인복지서비스와의 차이점

구분	노인장기요양보험제도	기존 노인복지서비스 체계
급여 대상	• 보편적인 제도의 특징을 가짐 • 장기요양이 필요한 65세 이상 노인 및 치매 등 노인성 질환을 가진 64세 이하의 국민이 대상임	• 선별 대상 한정(선택적) • 국민기초생활보장수급자를 포함한 저소득층 위주의 공급
서비스 선택권	• 수급자 및 부양가족의 선택에 의하여 서비스 제공함	• 지방자치단체장의 판단에 의함 (공급자 위주)
재원	• 장기요양보험료 + 국가 및 지방자치단체 부담금 운영 + 이용자 본인부담으로 구성됨	• 정부 및 지방자치단체의 부담
서비스 종류	• 시설급여(각종 노인복지시설) • 재가급여(방문요양, 방문목욕 등) • 방문간호, 주·야간보호, 단기보호 등 • 특별 현금급여(가족요양비) 등	• 시설과 재가서비스를 제공하나, 서비스 질에 대한 관리가 미흡할 수 있는 제한점이 있었음

6) 노인장기요양보험제도의 주요 내용

다음은 노인장기요양보험 수급 대상자의 신청자격 및 보험 대상자이다.

〈표 7-5〉 노인장기요양보험의 신청자격 및 보험 대상자

보험가입대상자		국민건강보험제도와 동일한 전 국민을 대상으로 함
수급 대상자	장기요양 신청자격	장기요양보험 가입자 또는 그 피부양자, 「의료급여법」의 의료급여수급권자 중 65세 이상 노인 또는 64세 이하로서 치매, 뇌혈관성 질환 등 노인성 질병을 가진 자로 한정한다.
	장기요양보험 대상자	장기요양인정을 신청 대상자 중 총 6개월 동안 혼자서 일상생활을 수행하기 어렵다고 인정하는 경우와 심신상태 및 장기요양이 필요한 등급에 해당하는 자를 장기요양급여의 수급자로 한정한다.

(1) 급여의 종류

① 재가급여의 종류

- 방문요양 : 장기요양요원이 수급자 가정에 방문하여 수급자의 목욕, 배설, 화장실 이용, 옷 갈아입기, 머리 감기 등 신체활동 및 취사 등 가사활동 등을 지원하는 것을 그 목적으로 한다.
- 방문목욕 : 장기요양요원이 목욕설비를 갖춘 장비를 활용하여 수급자의 가정 등에서 목욕서비스를 제공한다.
- 방문간호 : 장기요양기관 소속의 간호사 및 장기요양요원이 의사, 한의사 또는 방문간호 지침서에 따라 수급자 가정 등을 방문하여 간호와 진료보조 또는 요양에 관한 상담이나 구강위생 등을 제공한다.
- 주야간보호 : 수급자를 하루 중 일정시간 동안 장기요양기관에 보호하여 신체활동지원 및 심신기능의 유지 및 향상을 위한 교육과 훈련 등을 제공하는 것이다.
- 단기 보호 : 수급자를 보건복지부령이 정하는 범위 안에서 일정기간 동안 장기요양기관에 보호하고 신체활동 지원 및 심신기능 유지와 향상을 위한 교육, 훈련 등을 제공하도록 한다.
- 기타 재가급여 : 복지용구를 제공하거나 가정방문을 통하여 재활에 관한 지원 등을 제공하는 장기요양급여를 뜻한다.

② 시설급여

장기요양기관이 운영하는 노인의료복지시설(노인전문병원은 제외) 등에 장기간 동안 입소하여 노인의 신체활동지원 및 심신기능의 유지, 향상을 위한 교육, 훈련 등을 제공하는 장기요양급여를 의미한다.

③ 특별현금급여

장기요양급여는 재가, 시설급여의 현물급여를 원칙으로 하고 있으나 그에 대한 보완적으로 현금급여를 마련하고 있는데, 이것은 현물서비스를 이용하기 어려운 경우나 혹은 부득이 가족의 서비스가 필요한 경우에 한해서 인정하고 있는 것이다.

- 가족요양비 : 가족요양비란 아래 사항 중에서 어느 하나에 해당하는 수급자가 가족 등으로부터 재가급여 종류 중에 방문요양을 통하여 상당한 장기요양급여를 받은 경우에 대통령령으로 정하는 기준에 의하여 수급자에게 지급하는 장기가족요양급여를 의미한다.
  ① 도서, 벽지 등의 장기요양기관이 현저히 부족한 지역으로 장관이 정하여 고시하는 지역에 거주하는 자에 해당한다.
  ② 신체, 정신, 성적 등의 사유로 인하여 가족 등으로부터 장기요양을 받아야 하는 자에 해당한다.
  ③ 천재지변 그 밖에 이와 유사한 사유로 장기요양기관이 제공하는 장기요양급여를 이용하기가 어렵다고 장관이 인정하는 자에 해당한다.
- 특례요양비 : 장기요양보험의 수급자가 장기요양기관이 아닌 노인요양시설 등의 기관이나 시설에서 재가급여나 시설급여에 상당한 장기요양급여비용의 일부를 수급자에게 지급하는 것을 뜻한다.
- 요양병원간병비 : 수급자가 「노인복지법」에 의하여 노인전문병원 또는 의료법에 의한 요양병원에 입원한 경우 대통령령이 정하는 기준에 의하여 장기요양에 소요되는 비용의 일부를 지급하는 것을 뜻한다.

(2) 노인장기요양급여 수급의 이용절차

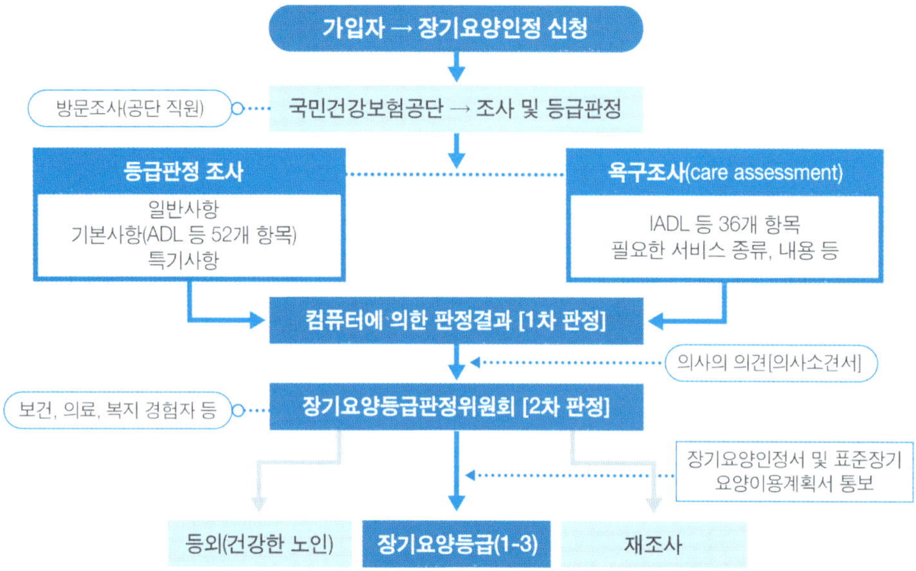

[그림 7-2] 노인장기요양급여 서비스 신청과 이용절차

① 노인장기요양보험의 신청 및 방문조사

노인장기요양보험의 급여 신청은 장기요양보험인정의 신청인인 보험 가입자와 그 피부양자, 의료급여 수급권자가 의사나 한의사가 발급하는 의사소견서를 첨부하여 보험자인 국민건강보험공단에 제출하는 형식으로 신청하며 대리인 신청도 가능하다.

이에 대한 인정신청이 있는 경우에는 5개 영역의 52개 항목에 대하여 간호사, 사회복지사, 물리치료사 등으로 구성되어 있는 건강보험공단의 장기요양 직원 등이 직접 가정 등을 방문하여 신청인의 욕구를 조사한다.

② 노인장기요양보험 수급의 인정 및 노인장기요양등급의 판정

건강보험공단 소속 장기요양보험 직원은 1차 방문 조사의 결과를 컴퓨터에 등급판정 프로그램으로 분석하여 1차 판정을 내린 후에 이를 장기요양등급판정위원회에 제출하여 심의를 신청하도록 한다.

장기요양보험 수급판정위원회는 15인 이내로 구성되는데, 이는 법학이나 장기요양에 관한 학식과 경험이 풍부한 자 중에서 시장, 군수, 구청장이 추전하며 의사나 한의사를 1명 포함하도록 한다.

장기요양보험 수급판정위원회는 1차 판정결과와 특기사항 기록 및 의사소견서와 기타 심의자료를 종합적으로 확인하여 **장기요양 인정 여부 및 요양등급을 판정**하도록 한다.

〈표 7-6〉 요양욕구 5개 영역 요양인정 52개 조사항목

<table>
<tr><th>영역</th><th colspan="6">항목</th></tr>
<tr><td>신체기능
(12항목)</td><td colspan="2">• 옷 벗고 입기
• 식사하기
• 일어나 앉기
• 화장실 사용하기</td><td colspan="2">• 세수하기
• 목욕하기
• 옮겨 앉기
• 대변 조절하기</td><td colspan="2">• 양치질하기
• 체위변경하기
• 방밖으로 나오기
• 소변 조절하기</td></tr>
<tr><td>인지기능
(7항목)</td><td colspan="2">• 단기 기억장애
• 상황 판단력 감퇴
• 나이·생년월일 불인지</td><td colspan="2">• 지시불인지
• 장소불인지</td><td colspan="2">• 날짜불인지
• 의사소통·전달 장애</td></tr>
<tr><td>행동변화
(14항목)</td><td colspan="2">• 망상
• 환각, 환청
• 슬픈 상태, 울기도 함
• 불규칙 수면, 주야혼돈
• 도움에 저항</td><td colspan="2">• 서성거림, 안절부절못함
• 길을 잃음
• 폭언, 위협행동
• 밖으로 나가려함
• 의미없거나 부적절한 행동</td><td colspan="2">• 물건 망가트리기
• 돈/물건 감추기
• 부적절한 옷입기
• 대/소변불결행위</td></tr>
<tr><td>간호처치
(9항목)</td><td colspan="2">• 기관지 절개관 간호
• 흡인
• 산소요법</td><td colspan="2">• 경관 영양
• 욕창간호
• 암성통증간호</td><td colspan="2">• 도뇨관리
• 장루간호
• 투석간호</td></tr>
<tr><td rowspan="2">재활
(10항목)</td><td colspan="2">운동장애(4항목)</td><td colspan="4">관절제한(5항목)</td></tr>
<tr><td>• 우측 상지
• 좌측 상지</td><td>• 우측 하지
• 좌측 하지</td><td>• 어깨 관절
• 고관절</td><td>• 팔꿈치관절
• 무릎관절</td><td colspan="2">• 손목 및 수지관절
• 발목관절</td></tr>
</table>

출처 : 보건복지가족부, 2013

③ 장기요양인정서와 표준장기요양이용계획서의 송부

건강보험공단은 판정위원회의 판정결과에 의하여 장기요양서비스가 필요하다고 인정하는 경우에 장기요양인정서와 표준장기요양이용계획서를 작성하여 대상자에게 전달하고 이를 신청인에게 고지하도록 한다.

이에 대한 이용계획서는 월 이용 한도액 범위에서 작성하고 요양인정의 유효기간을 1년으로 하며 이에 대해 연속 3회 이상 동일 등급으로 판정받는 경우에는 2년으로 하도록 한다.

■ 노인장기요양보험법 시행규칙[별지 제6호서식] <개정 2013.6.10>

장 기 요 양 인 정 서	
성 명	
생 년 월 일	
장기요양인정번호	
장 기 요 양 등 급	
유 효 기 간	
장기요양급여의 종류 및 내용	
장기요양등급판정 위원회 의견	
국민건강보험공단 이사장	
전화번호: 주소: 홈페이지: www.longtermcare.or.kr	

수급자 안내사항
1. 수급자가 장기요양급여를 받기 위해서는 장기요양기관에 장기요양인정서를 제시하여야 합니다. 2. 법 제40조에 따라 「국민기초생활 보장법」 상 수급권자는 본인일부부담금이 면제되고, 그 외의 「의료급여법」 상 수급권자는 본인일부 부담금이 50% 경감됩니다. 3. 장기요양급여 이용 시 월 한도액 범위 내에서 장기요양급여가 가능하며, 이를 초과하는 비용 및 비급여 비용은 본인이 부담합니다. 4. 장기요양보험료를 6회 이상 납부하지 아니하면 장기요양급여를 받을 수 없습니다. 5. 장기요양인정 등급판정결과에 대해 이의가 있는 경우 통보를 받은 날로부터 90일 이내에 공단에 증명서류를 첨부하여 이의신청할 수 있습니다. 6. 장기요양인정의 갱신신청을 하고자 할 경우에는 유효기간이 끝나기 90일 전부터 30일 전까지의 기간에 공단에 신청하여야 합니다.

발행일자:

[그림 7-3] 장기요양인정서

■ 노인장기요양보험법 시행규칙 [별지 제7호서식] <개정 2017. 12. 28.>

장기요양인정번호 L0000000000 -(이용계획서번호)

표준장기요양이용계획서

본 서식은 수급자가 장기요양급여를 원활히 이용할 수 있도록 발급하는 이용계획서로 장기요양기관과 급여계약 체결 시 제시하시기 바랍니다.

<table>
<tr><td colspan="3">성 명</td><td colspan="2"></td><td>생년월일</td><td colspan="2"></td></tr>
<tr><td colspan="3">장기요양등급</td><td colspan="2">등급</td><td>인정유효기간</td><td colspan="2"></td></tr>
<tr><td colspan="3">재가급여(월 한도액)</td><td>1개월당</td><td>원</td><td rowspan="6">본인부담율(%)
※ 발급일 기준</td><td rowspan="4">재가</td><td rowspan="4">%</td></tr>
<tr><td rowspan="5">시설급여</td><td rowspan="3">노인요양시설</td><td>일반</td><td>1일당</td><td>원</td></tr>
<tr><td>치매전담실 가형</td><td>1일당</td><td>원</td></tr>
<tr><td>치매전담실 나형</td><td>1일당</td><td>원</td></tr>
<tr><td rowspan="2">노인요양공동생활가정</td><td>일반</td><td>1일당</td><td>원</td><td rowspan="2">시설</td><td rowspan="2">%</td></tr>
<tr><td>치매전담형</td><td>1일당</td><td>원</td></tr>
</table>

장기요양 문제	장기요양 목표	장기요양 필요영역	장기요양 필요내용
수급자 희망급여			
유 의 사 항			

장기요양 이용계획 및 비용 (급여비용 적용일 : 0000-00-00)

급여종류	횟 수			장기요양급여비용	본인부담금
	주		회	원	원
	월		회	원	원
합계				원	원

복지용구	

☎ 000-0000-0000 지사 담당자

년 월 일

국민건강보험공단 이사장 직인

[그림 7-4] 표준장기요양이용계획서

④ 노인장기요양급여에 대한 이용계약과 급여 제공

일정 자격요건으로 장기요양인정서를 받은 해당 수급자는 장기요양기관을 선정하여 장기요양인정서와 이용계획서를 제출하고 이에 따른 요양기관과 서비스 계약을 맺은 후에 요양등급에 따른 서비스를 제공받는다. 노인장기요양급여 수급절차는 다음과 같다.

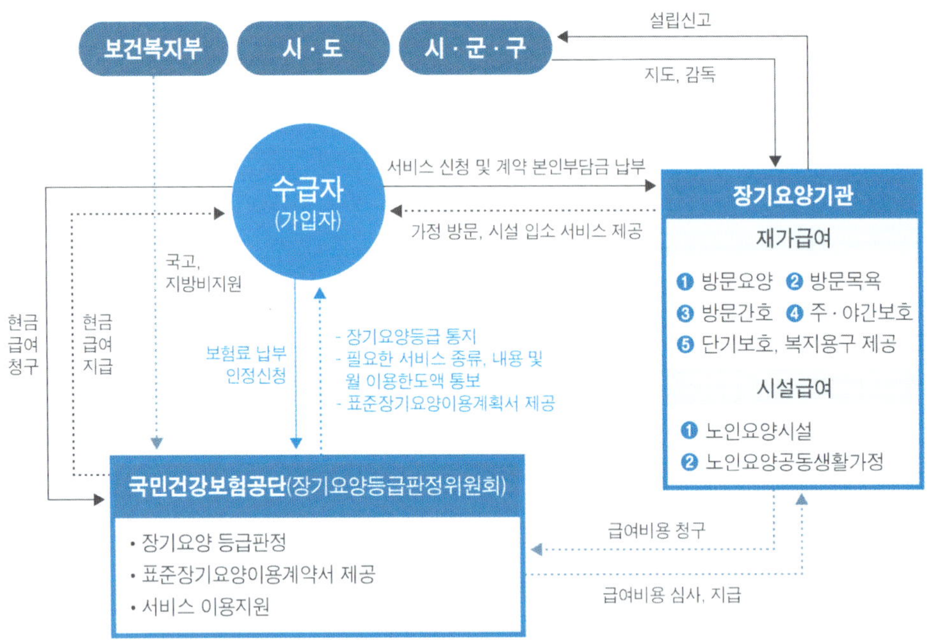

[그림 7-5] 노인장기요양급여 수급절차

(3) 재원조달방식

노인장기요양보험의 재원조달방식의 국가별 특징은 다음과 같다.

사회보험 방식의 적용
〈한국, 독일, 일본〉 • 보편적 정책의 서비스 수혜 • 서비스 수혜의 권리를 존중함 • 소비자의 선택에 따른 요양보호서비스 〈영국〉 • 조세조달방식의 적용 • 비용의 통제와 사회적 연대책임의 기능 • 재원 부담의 면에서 형평성 우수

※ 우리나라의 노인장기요양보험제도는 사회보험 산정방식에 근간을 두고 있으나 엄밀하게 구분하면 일본에서 실시된 개호보험제도와 유사한 혼합 형태를 제시하고 있다.

이를 살펴보면 독일은 원칙적으로 재원에 대하여 보험료(100%)에서 충당하며, 일본의 개호보험은 사회보험(45%)과 조세(45%)와 기타 본인부담금(10%)을 혼합한 절충 형태를 택하고 있는 것이다.

노인장기요양보험료(60%)		국가부담(20%)		본인부담(20%)
• 건강보험가입자 부담(60%) • 건강보험료액 × 장기보험료율 • 건강보험료와 통합고지	+	• 보험료예상수입액의(20%)	+	• 시설급여비용의(20%) • 재가급여비요의 15% • 저소득층 1/2로 경감 • 국민기초생활수급자 무료

(4) 가입자 보험료

① 노인장기요양보험의 가입자는 건강보험 가입자와 동일하며, 건강보험공단에서 장기요양보험료와 건강보험료를 통합하여 징수하고 있다.

② 건강보험공단은 건강보험과 장기요양보험을 통합하여 징수한 보험료를 각각 독립회계로 관리하게 된다. 단, 국민기초생활보장 수급권자는 보험금액을 전액 면제한다.

③ 「장애인복지법」에 의하여 장애인 등 대통령이 정하는 자가 노인요양보험에 가입자 또는 그 피부양자인 경우에 부양급여자로 결정되지 못한 경우는 보험료의 일부 또는 전액을 감면하도록 하고 있다.

④ 장기요양보험료는 건강보험료액에 장기요양보험료율을 곱하여 산정하고 있다.

⑤ 장기요양보험료율은 보건복지부장관의 소속 노인장기요양위원회의 심의를 거치게 되며 대통령령으로 정하게 된다.

노인장기요양보험료율의 선정 = (국민건강보험료액) × (장기요양보험료율)

■ **장기요양보험료 산정 예시**

자영업인 A씨가 매월 건강보험료를 10만 원씩 납부하는 경우에는
2008년은 장기요양보험료를 100,000 × 4.7% = 4,700원을 부담하고
2010년은 100,000 × 5.3% = 5,300원을 부담하게 되며 이는 향후 변동 가능하다.

(5) 국가 및 지방자치단체의 일정지원

① 국가는 매년 예산액의 범위 내에서 당해연도의 장기요양보험료에 대한 예상 수입액의 100분의 20에 상당하는 금액을 건강보험공단에 지원하도록 한다.

② 국가와 지방자치단체는 의료 수급권자의 장기요양급여비용 중에서 건강보험

공단이 부담하여야 할 비용과 관리운영비의 전액을 대통령령이 정하는 바에 따라 지원한다.

(6) 개인 일부 부담금(노인장기요양보험법 제40조)

① 재가급여는 당해 노인장기요양급여비용의 100분의 15에 해당한다.

② 시설급여는 당해 노인장기요양급여비용의 100분의 20에 해당한다.

③ 「국민기초생활보장법」에 의한 수급권자는 전액 면제하도록 한다.

④ 소득과 재산 등이 보건복지부장관이 정하여 고시하는 일정 금액 이하인 경우에는 본인일부부담금의 50%를 경감한다. 또한 의료급여 수급권자와 소득, 재산 등이 보건복지부장관이 정하여 고시하는 일정금액 이하인 자에 대해서는 본인부담금을 50% 경감하도록 한다.

구분	시설	재가
일반	20%	15%
경감자	10%	7.5%
국민기초생활 수급권자	면제	면제

(7) 전액 본인부담금

① 비급여 항목

- 식사 재료비
- 상급침실 이용에 따른 추가비용
- 이 · 미용비

※ 참고 : 비급여 항목의 비용은 원칙적으로 해당 용역을 제공하기 위한 실제 소요비용(실비)을 산정하여야 한다.

② 월 한도액 초과비용

- 장기요양급여의 월 한도액을 초과하는 비용은 본인이 전부 부담하도록 한다.

(8) 전담 관리운영기구

노인장기요양보험제도의 담당기구는 보건복지가족부장관이 정하고 이에 대한 시행을 위한 관리운영기구로 국민건강보험공단이 담당하고 있다. 국민건강보험공단은 노인장기요양사업을 위한 보험가입자, 피부양자 및 의료급여 수급자의 자격관리, 장기요양보험료의 부과 및 징수, 요양인정 신청인에 대하여 조사, 요양 등급의 판정, 장기요양인정서 작성 및 표준장기요양이용계획서 제공, 요양급여의 관리 및 평가 등의 업무를 관장하도록 하는 총괄적인 업무를 담당한다.

가 족 정 책 론

PART

3

가족의 특성별 가족 치료적 개입

Chapter 8

다양한 가족의 정책적 개입

1. 미혼모가족과 사회적 접근
2. 미혼모의 현황 및 욕구조사(2009년 기준)

1. 미혼모가족과 사회적 접근

1) 미혼모의 발생배경

현대사회의 산업화 및 도시화로 인한 급격한 변화는 다양한 사회문제를 반영하는 가족을 발생하게 하였다. 이를 반영하는 가족으로 빈곤가족, 학대 및 방임가족, 이혼가족, 한부모가족, 소년소녀가장가족, 소년소녀가족, 입양가족, 맞벌이가족, 기러기가족, 무자녀가족, 장애인가족, 노인 및 독거가족, 미혼모가족, 다문화가족, 탈북자가족, 동성애가족 등이 있다. 이와 같은 많은 가족형태 가운데 본 장에서는 미혼모가족에 관하여 알아보고자 한다.

미혼모의 발생배경으로 현대사회의 가치관과 사회적 변화에 따라 청소년 미혼모나 혼외 임신 등으로 발생할 수 있으며 물론 이에 대한 예방적 차원의 개입이 중요하나, 사후에 대한 사회적 대응의 정도도 사회복지의 정도를 대변할 수 있다고 할 수 있다. 즉, 혼외출산이나 10대의 출산의 경우에 있어서 미혼모 시설 등의 위기대처에 대한 복지는 '버려지는 아기', 나 무분별한 방임을 미연에 방지하는 방안이 될 수 있다. 현재 미혼모가족의 비율은 점차 높아지는 추세이며 그 연령도 더 낮아지고 있는 추세이다.

2) 미혼모의 정의

미혼모란 사회사업사전의 정의에 의하면 합법적인 결혼절차 없이 임신 중이거나 출산한 여성을 뜻한다. 또한 미국의 국립사회사업가협회에 의하면 미혼모의 정의는 처녀로서 비합법적인 아기를 가지게 된 경우를 의미한다. 이 경우에는 이혼, 별거,

배우자 사망에서 법적 배우자와 관계없는 아이를 가진 여성을 의미한다.

그러나 우리나라의 경우에는 비합법적 혼외임신이나 혼외출산의 기혼여성을 미혼모로 간주하지 않는다. 그러므로 미혼모가족이란 미혼여성이 임신을 하여 자녀를 출생하여 가족을 구성한 경우이고 그 가족의 형태는 한부모가족이라 할 수 있다.

3) 미혼모가족의 발생 원인

미혼모가족의 발생 원인은 매우 다양하다. 즉, 급격한 사회변동과 성에 대한 개방성, 혹은 우발적 사고 등의 충동적인 행동, 자극적인 문화의 확산 등 미혼모가족의 발생 원인은 다양하다. 본문에서는 다양한 미혼모의 발생 원인을 다음과 같이 개인적 · 가정적 · 사회문화적 · 경제적 요인 등으로 분류하여 보고자 한다.

(1) 개인적 요인

미혼모가 되는 개인적인 요인은 다양한데, 성격요인, 교육요인, 개인적 가치관이나 성지식에 관한 태도 등을 들 수 있다. 중요한 것은 미혼부가 대체로 충동에 의해 행동하는 빈도가 높으며 사후에 무책임하다는 것에서 미혼모는 여성의 문제만은 아님을 알 수 있다.

일반적으로는 미혼모의 발생은 자칫 미래에 대한 희망이나 기대보다 즉각적이고 충동적인 생활성향이 있기 쉽고 상황을 판단과 문제해결능력이 부족한 경향이 있을 수 있다는 지적이 있다. 그러나 이러한 견해는 문제를 미혼모에게 돌리는 경향이 있다.

(2) 가정적 요인

미혼모 발생의 가정적인 요인으로 주된 것은 가족관계의 부조화나 결손환경을 들 수 있다. 또한 가정의 사회경제적 수준이 낮은 경우에는 자기존중감이 낮거나 부정적인 자아정체감을 갖기 쉽다. 또한 낮은 경제적 수준은 미래의 교육목표나 장래의 기대를 성취하기 위해 현재의 성적 욕구를 유보하는 원인을 찾기 힘들게 하며, 교육과 지인의 지원을 통한 문제를 해결할 자원이나 능력에 영향을 주기 쉽다. 또한 가정의 빈곤은 미혼자녀가 가출이나 이른 시기에 집을 떠나 취업 등을 하는 경우에 부모의 통제나 보호지도의 영역 밖으로 밀려 미혼모가 될 가능성이 높아질 가능성이 있다.

미혼모문제에서 중요한 것은 결손이나 해체로 안정적이지 못한 갈등상태에 의한 불안정한 정서상태에서 이루어지는 경우가 많으며 부모의 이혼, 별거 등으로 인하여 안정적이지 못한 상황에서 이루어지기가 쉽다. 이들은 정상적인 가정의 정서를 통하여 남성 또는 여성역할의 모델을 배우기 어렵고 성의 무분별한 행동과 연계될 가능성이 높아진다.

한편, 구조적 결손가족의 부모는 자녀에게 지배적인 모습을 보이거나 자녀를 거절하는 경향이 있으며, 특히 친척 등에게 위탁되어 성장하는 경우 냉대를 받기 쉽다. 이러한 환경에서는 자칫 이성교제나 성을 적대감이나 불안의 돌파구로 이용하여 성관계를 통해 잠재된 갈등을 해결하고 개인적 욕구를 충족시키려는 욕망을 갖기 쉽다.

특히, 가족 내의 기능적인 결손은 가정 내의 부모와 자녀관계가 손상되어 부모는 자녀에 무관심하고 양육과 책임 등에 거부적인 태도를 보이며 어머니와의 관계에서 애착관계가 제대로 형성되지 못한 경우에 자녀들은 책임감 형성이나 자기통제의 능력이 부족해진다. 따라서 자녀와 부모의 관계는 자녀의 가치관, 책임감, 자아통제, 자아개념에 영향을 미친다. 특히, 여자의 경우 가정의 불행은 혼전 성관계에 영향을 미치는 것으로 나타나 적용환경으로 가족 간의 충분한 애정과 안정성 그리고 친밀감은 청소년들에게 중요하다.

(3) 사회 및 문화적 요인

미혼모의 발생에 대한 사회적 요인으로 산업화와 도시화는 1960년대 이후 노동집약적 산업구조에 따른 저임금정책으로 여성인력을 제조업 등으로 유인하는 배경이 되었다. 이때 사춘기 소녀들이 직장을 찾아 도시로 오면서 가족과 떨어져 독립적인 생활을 꾸려나가며 이성교제가 자유로워짐에 따라 혼전임신 등의 문제가 사회문제로 대두되었다.

또한 미혼모는 청소년이라는 감수성이 예민한 시기에 미숙한 가치관의 형성에 따른 이성관계와 성에 대한 무지가 대중매체의 퇴폐적이고 자극적인 자극이 될 수 있으며 감수성이 예민하며 모방심리가 강한 청소년의 호기심은 친구집단의 영향에 의해 미혼모가 되는 중요한 요인이 되는데, 청소년기가 되면 부모의 영향력은 감소되는 반면 또래나 친구집단의 영향은 더 많이 받게 된다. 친구집단은 가족과 사회 사이의 중간문화가 되어 상호작용을 통하여 사회화의 토대가 된다. 또한 미혼부가 책임지지 않는 사회적 분위기도 커다란 문제가 된다고 할 수 있다.

(4) 경제적 요인

한국여성개발원이 조사한 바에 의하면 미혼모의 가출원인이 취직을 위해서가 49.2%이다. 또한 미혼모의 68.2%는 생산직 근로자, 접객업소 등 단순 노무직이나 서비스직에 종사하며 가족의 생계를 미혼모 혼자 유지하는 경우도 29.5%이다.

그런데 대부분의 미혼모는 성교육 부재뿐 아니라 돈이 없어서 피임, 임신중절, 혼전임신을 방지할 방법을 찾지 못하여 미혼모가 되기도 하며 예기치 않았던 임신이지만 아동을 양육하고 싶어 임신을 유지하여 출산하였으나, 경제적 여건이 허락되지 않아 미혼모가 되는 경우도 있다.

또한 미혼모가 저소득층에서 많이 발생하는 것은 경제적인 곤란으로 교육의 기회를 갖지 못하고, 일찍 취업을 함으로써 저임금의 단순직, 유흥업이나 서비스업 등 매춘 등의 가능성이 높은 직업에 종사하게 되어 미혼모가 되는 경우도 많다.

(5) 사회적 책무성

미혼모가족을 통한 결손가정의 증가와 사회적 고립은 복지사각지대를 증가시킬 우려가 있다. 그러나 미혼모의 권리와 교육의 측면이 박탈당하지 않도록 하고, 사회적 위기가 초래되지 않도록 그에 관한 대처가 필요한 실정이다.

미혼모가족은 잠정적으로 사회적, 경제적으로 빈곤이나 심리적 위축으로 인하여 비행과 연결될 수 있기도 하다. 따라서 가족복지의 영역에 있어서는 미혼모의 자녀 양육과 생활지원의 영역이 포함된다.

이에 대하여 복지선진국에서는 자녀를 혼자서 양육하면서 사회적 낙인을 감당해야 하는 미혼모의 생활을 한부모지원정책의 틀 안에서 미혼모와 그들의 자녀를 지원하고 있다. 그러나 우리나라의 경우는 미혼모와 미혼모 자녀에 대한 정책적 지원이 아직까지 미약하기 때문에 미혼모가족은 많은 어려움에 직면하고 있다.

이것은 경제적 어려움과 사회적 낙인을 동시에 경험해야 하는 과중한 압박을 받게 한다. 따라서 미혼모가족을 위한 최우선 과제는 이들에 대한 삶의 권리적 측면이 있어야 하며 병리적인 관점에서의 접근이 되어서는 안 될 것이다.

2. 미혼모의 현황 및 욕구조사(2009년 기준)

1) 미혼모 연령 및 학력

(1) 미혼모의 현황에서 미혼모 시설에 입소한 미혼모의 연령 비율은 21~25세가 45.8%로 가장 많았고, 16~20세가 31.5%, 그리고 26~30세가 14.3%로 나타났다.

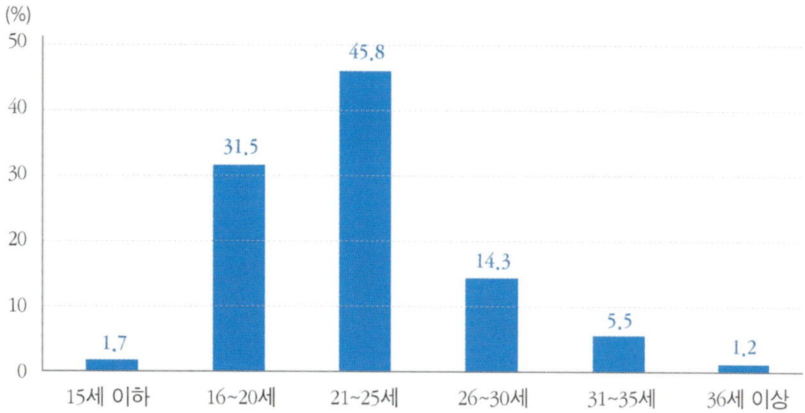

[그림 8-1] 연령별 인원

출처 : 한국여성개발원(2009)

(2) 미혼모의 학력은 고등 중퇴자 이하가 35.3%, 고졸 47%, 대학교 재학 이상은 17.7%로 조사되었다.

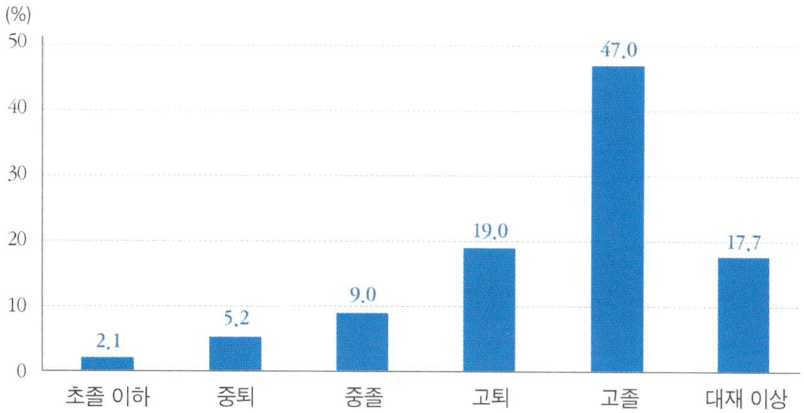

[그림 8-2] 학력 수준

출처 : 한국여성개발원(2009)

◉ 미혼모의 현황에서 시설입소 미혼모 중에서는 20대 초반의 미혼모가 가장 많이 나타나고 있다. 20대 초반 다음으로는 더 연령이 어린 15세 후반의 미혼모

가 많이 조사되었는데, 앞으로는 미혼모 여성 연령이 갈수록 낮아지게 될 것으로 전망된다.

2) 미혼모의 임신 및 출산 이유와 출산경험

(1) 미혼모의 현황에서 임신의 이유를 보면, '교제 중 원치 않는 임신'의 경우가 66%로 가장 높았고 '피임에 실패해서'가 16.0%로 조사되었다.

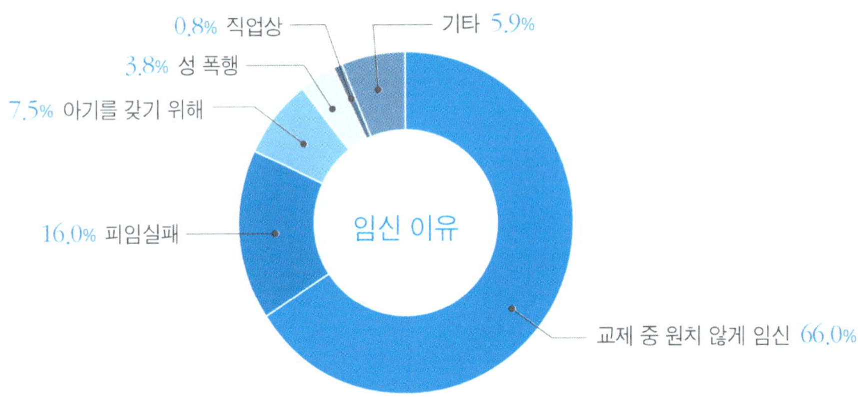

[그림 8-3] 임신 이유

출처 : 한국여성개발원(2009)

- 미혼모의 현황에서 피임에 실패하거나 피임을 하지 않아 원하지 않는 임신을 하게 된 경우도 82%나 차지하고 있는 것으로 조사되었다. 이것은 시설 입소 미혼모의 경우 대부분이 아이를 원치 않는 상황임에도 불구하고 피임을 하지 않았거나 피임방법을 잘 몰라서 피임에 실패한 경우라고 말할 수 있을 것이다.

(2) 미혼모에게 출산의 이유에 대하여 질문한 결과 '낙태의 시기를 놓쳐서'가 28.8%로 가장 높게 나타났으며, 자발적으로 '아기를 낳기 위해' 출산한 경우

도 26.3%를 차지하였다.

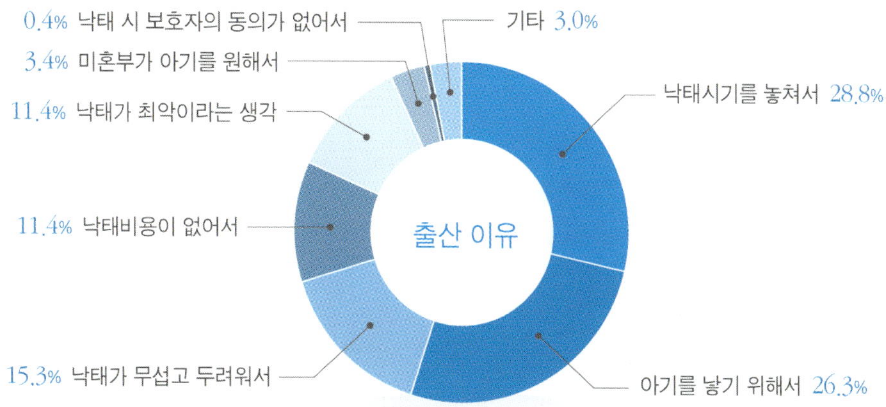

[그림 8-4] 출산 이유

출처 : 한국여성개발원(2009)

(3) 미혼모의 현황에서 조사 대상 미혼모의 28.6%는 미혼인 상태에서 이미 출산의 경험이 있다고 응답하여 미혼모들의 재임신과 출산으로 인한 문제가 심각한 것으로 조사되었다.

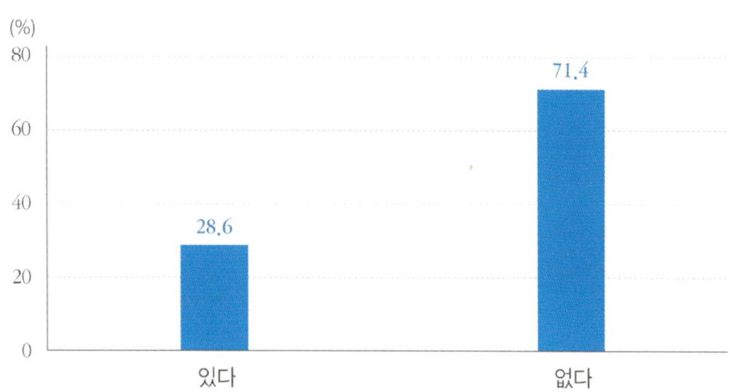

[그림 8-5] 출산 경험 유무

출처 : 한국여성개발원(2009)

3) 미혼부와의 관계

(1) 미혼모의 현황에서 미혼모들은 미혼부를 친구의 소개(37%), 우연한 기회(16.4%), 직장동료(13.4%)로 만나 이성교제 중에 성관계를 갖게 된 것으로 조사되었다.

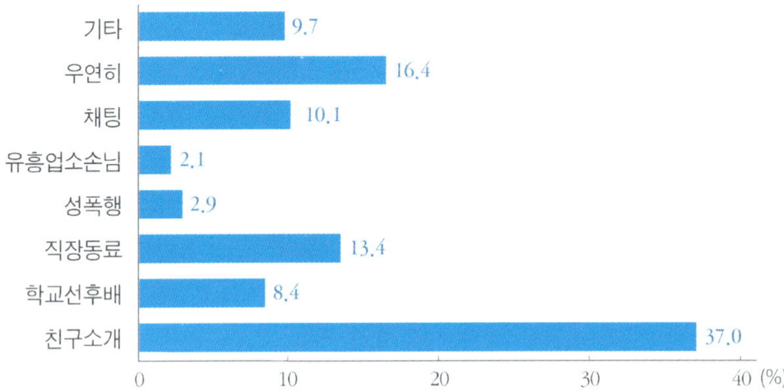

[그림 8-6] **미혼부를 알게 된 경로**

출처 : 한국여성개발원(2009)

(2) 미혼모의 현황에서 임신 후 미혼부와의 관계를 보면, '헤어졌다'가 62.1%, '가끔 왕래'가 10.8%인데, 이에 반하여 '결혼 예정'은 6.0%, '교제 중'인 경우는 19.4%로 관계 유지의 경우는 25.4%였다.

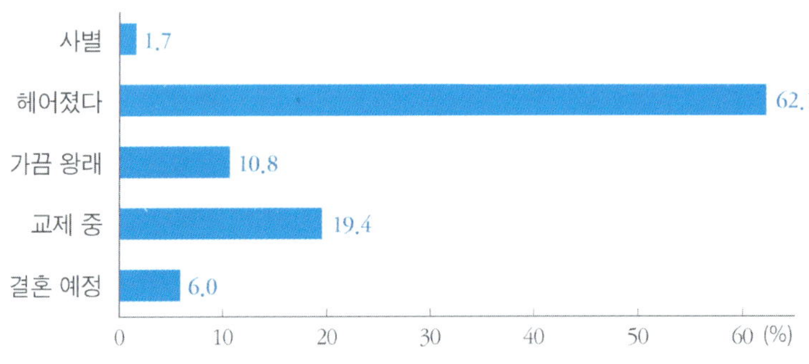

[그림 8-7] **현재 미혼부와의 상태**

출처 : 한국여성개발원(2009)

상기의 현재 미혼부와의 상태를 나타낸 그래프의 표는 미혼부들이 이성교제 시 혼전 성관계에 대해 자유로운 사고를 가지고 있으나, 예상치 못한 임신으로 인한 책임은 현실에서 미혼모 혼자 감당해야 하는 상황임을 보여 주고 있다.

4) 미혼모의 양육 결정

(1) 미혼 출산 후 미혼모는 아기문제에 관하여 68.3%가 입양을, 31.7%가 양육을 선택하였다.

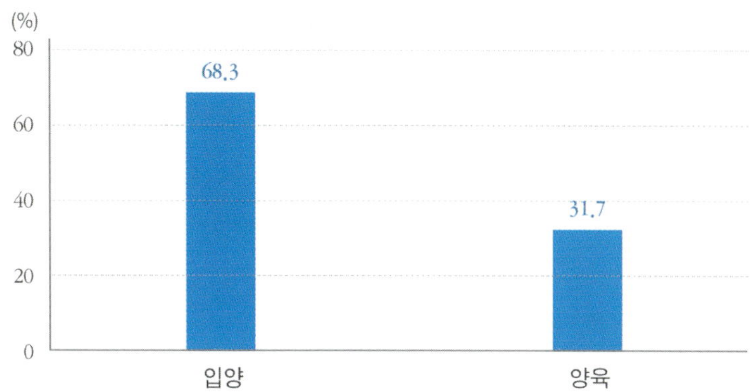

[그림 8-8] 출산 후 아기문제

출처 : 한국여성개발원(2009)

(2) 미혼모가 아동을 양육하기로 결정한 경우 경제적 지원(43.8%)이 가장 필요한 것으로 조사되었으며 가족의 이해(24.7%), 아동의 무료보육(13.7%) 등이 필요하다는 응답으로 나타났다.

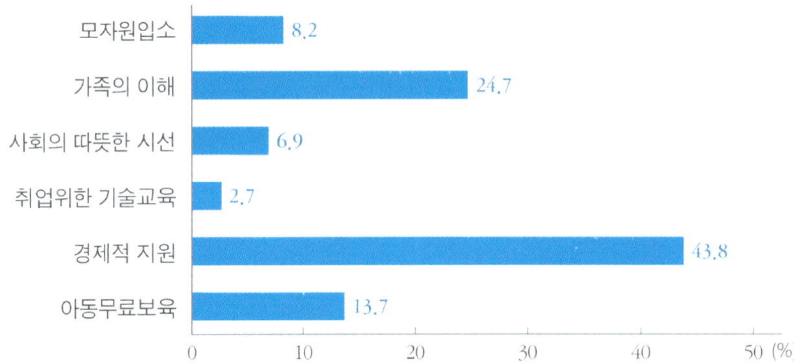

[그림 8-9] 양육 시 필요한 도움

출처 : 한국여성개발원(2009)

(3) 입양을 선택한 미혼모들은 아이에 대한 죄책감(46.1%)과 아이에 대한 미련(34.6%)에 힘들어하는 것으로 조사되었으며, 직접 아동을 양육할 수 없는 주된 이유는 '경제문제'(42.0%)와 '아이의 장래'(20.4%)를 우선으로 꼽았다.

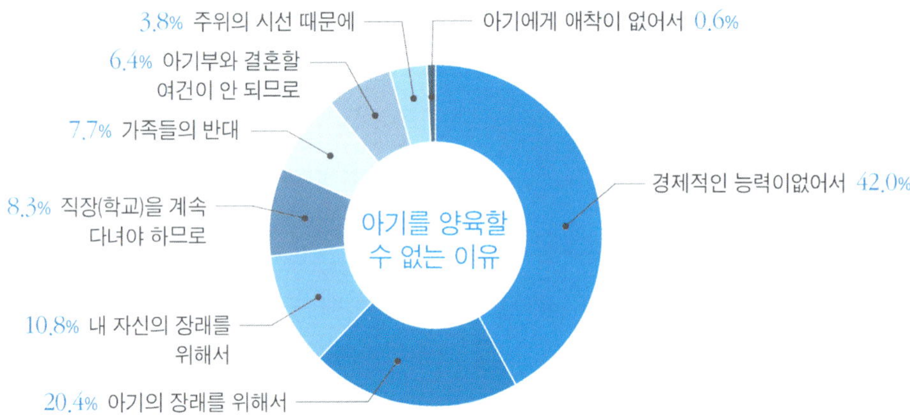

[그림 8-10] 아기를 양육할 수 없는 이유

출처 : 한국여성개발원(2009)

(4) 특히, 현실적으로 입양을 선택한 미혼모는 37.7%가 경제적인 지원이 이루어진다면 양육의 의사가 있는 것으로 조사되었다.

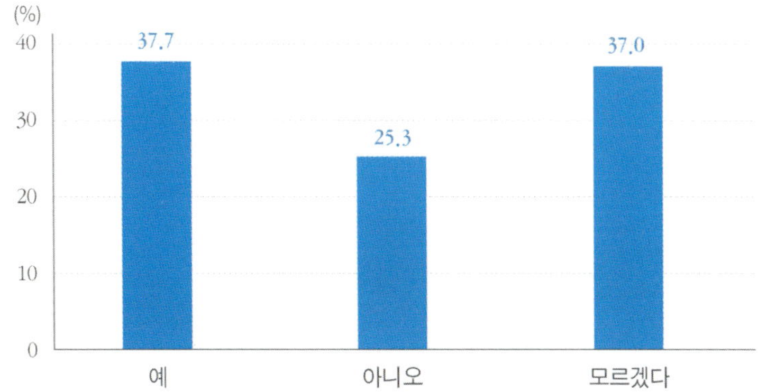

[그림 8-11] 재정적인 지원이 있다면 양육의사 유무

출처 : 한국여성개발원(2009)

(5) 그 밖에 입양을 결정한 미혼모 중에서 가장 힘들었던 점은 아이에 대한 죄책감이 46.1%로 가장 높은 비율로 조사되었다.

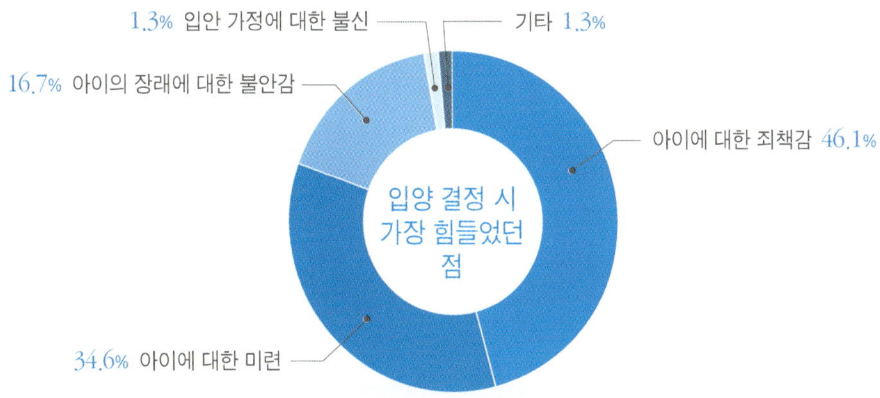

[그림 8-12] 입양 결정 시 가장 힘들었던 점

출처 : 한국여성개발원(2009)

5) 미혼모의 어려운 점

미혼모들은 현실적으로 대부분 어린 나이에 사회적 관계가 단절된 상태에서 혼자 임신과 출산을 겪어내야 하므로, 어려움으로 마음의 혼란(35.6%), 경제적인 문제(23.5%), 가족과의 관계(15.2%)를 호소하고 있었다.

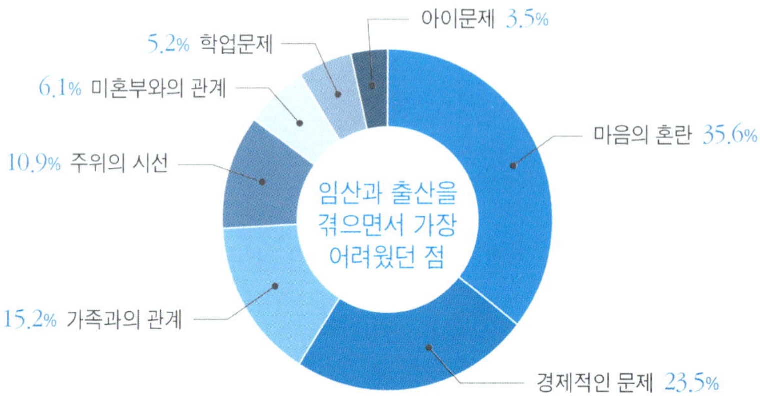

[그림 8-13] **임산과 출산을 겪으면서 가장 어려웠던 점**

출처 : 한국여성개발원(2009)

6) 미혼모의 요구 및 지원

(1) 미혼모의 어려움을 해소할 수 있는 적절한 도움으로는 경제지원(28.0%), 분만지원(25.0%), 상담의 지원(23.7%) 등을 들고 있으며 이것은 사실상 아기를 키우기 위한 의지로 해석될 수 있는 것으로 더욱 사회적 지지가 필요한 부분임을 알 수 있다.

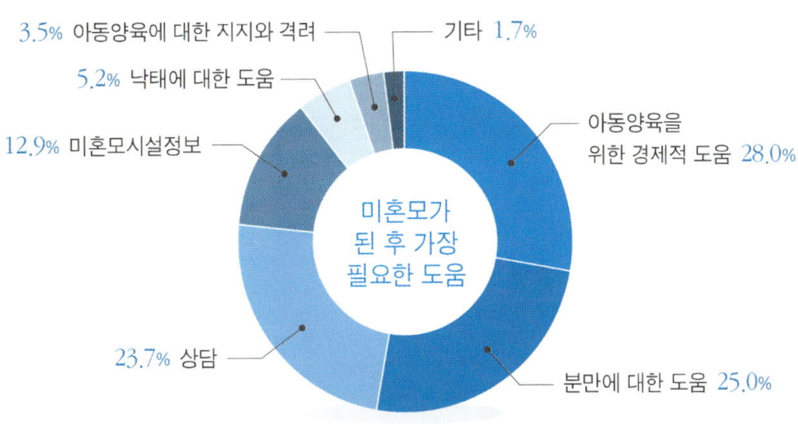

[그림 8-14] 미혼모가 된 후 가장 필요한 도움

출처 : 한국여성개발원(2009)

(2) 미혼모는 취업에 필요한 교육으로는 컴퓨터(29.6%), 미용기술(22.9%) 등을 선호하였으며, 홈 패션, 제과제빵, 외국어 등의 다양한 실용적인 분야에 대해서 고른 요구를 보였다.

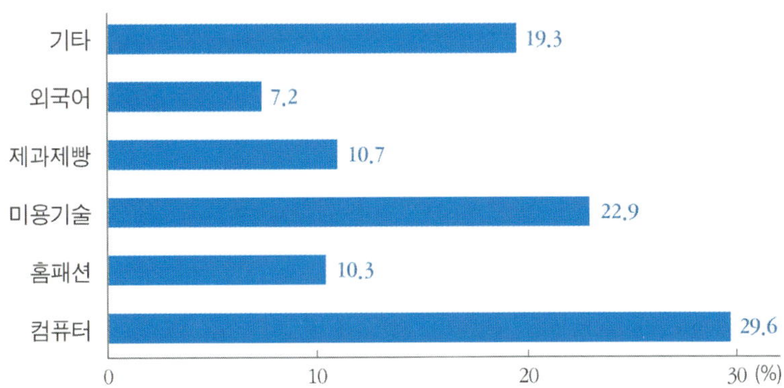

[그림 8-15] 취업 시 가장 필요한 교육

출처 : 한국여성개발원(2009)

미혼모 중에서 고등학교 이상 졸업자가 점차 증가하고 있는 추세는 향후 보다 다양하고 전문적인 분야의 취업을 위한 고등직업교육의 필요성을 보여 주고 있으며, 한편으로 아직도 고등학교 중퇴 이하가 35.3%에 달하므로 대안학교 운영 등 기본적인 학력이수 지원의 필요성도 나타났다.

(3) 미혼모들이 가족에게 바라는 점으로는 '가족의 이해'가 48.6%로 가장 높았고, 그 다음으로 '숨기고 싶다'가 31.0%로 나타난 것으로 볼 때, 가장 가까운 관계의 가족에 대해 매우 상반된 복합적인 성향을 보이는 것으로 분석되어 예방과 치료의 양측 모두의 사회적 지원이 필요함을 알 수 있다.

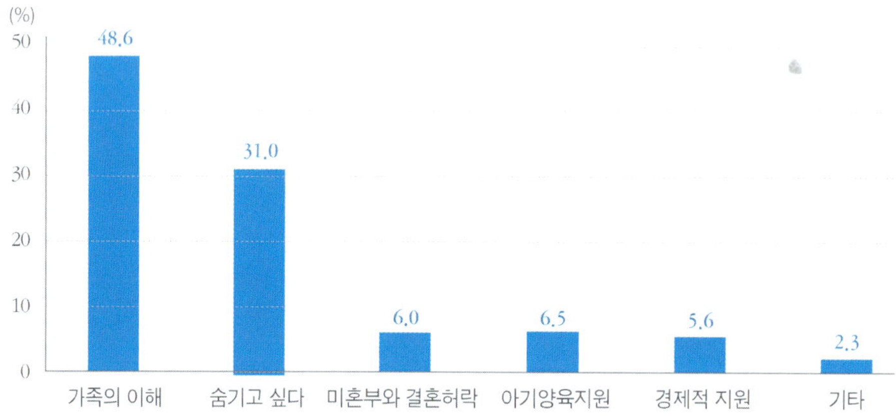

[그림 8-16] 가족에게 바라는 점

출처 : 한국여성개발원(20095). 미혼모 가족복지 정책

우리나라에서 미혼모에 대한 가장 포괄적인 지원을 명시하고 있는 법은 2007년 10월 개정된 「한부모가족지원법」이라고 할 수 있다. 그 밖에 한국사회에서 미혼모와 관련된 조항들은 「민법」과 「사회복지법」, 「한부모가족지원법」, 「국민기초생활보장법」, 「의료보호법」, 「입양특례법」, 「모자보건법」, 「아동복지법」, 「청소년기본법」 등과 관련이 있다. 또한 민법에서는 법률혼주의에 입각한 결혼 및 출생아동의 법적

지위에 관한 사항이 규정되어 있으며, 아동복지시설의 재정적 지원이나 서비스를 규정하는 「아동복지법」과 「입양촉진 및 절차에 관한 특례법」이 마련되어 있다.

이 중 「**사회복지 사업법**」은 미혼모를 보호하고 지원하는 사회복지상담, 직업 및 모자복지 관련 사항은 물론 사회복지관 운영에 관한 지침을 법률 안에 명시하고 있다. 이는 **저소득층의 한부모, 미혼모, 조손가족 등을 지원 대상**으로 하는 것이다. 한편, 미혼모의 양육 및 자립지원 강화를 위한 양육미혼모 자립지원시설로 **미혼모자공동생활가정** 추가 설치와 운영 및 미혼모자시설의 출산 후 미혼모에 대한 자녀 양육지원 사업 등의 내용이 다루어지고 있다. 한부모가족지원사업의 연혁을 미혼모가족을 중심으로 정리하면 다음과 같다

〈표 8-1〉 한부모가족 지원사업

연도	추진내용
1955	• '55년 모자보호시설을 설치하여 전쟁미망인을 보호·지원 ※ 6.25 전쟁 후 남편을 잃고 혼자가 된 여성들이 늘어나면서 모자가정의 경제적 곤궁이 만연되고 아동의 결식, 가족해체 등이 빈발하여 정부에서는 구호대책을 긴급하게 요청하는 모자가정을 부녀보호시설로 수용하는 한편, 모자가정 수산장을 설치하여 경제적 자립을 꾀하려는 노력 시도
1960 ~	• 산업화·도시화·핵가족화 등 사회의 구조적 변화와 함께 이혼, 별거, 사별 등의 원인으로 모·부자 가정 증가 • 생활보호법, 아동복지법, 국가유공자의예우에관한법률 등에서 모·부자가정을 부분적으로 지원
1982	• 모자가정의 생활안정과 복지를 위한 모자복지법의 입법을 위해 부녀보호사업 전국연합회에서 모자복지법 초안 마련
1984	• 한국여성개발원은 편부모가족의 지원방안에 관한 기초연구 및 전문기구의 마련 제언
1989	• 모자복지법 제정(4.1), 시행(7.1) – 모자복지위원회 설치 – 아동교육비, 아동부양비 등 복지급여 지급 – 생업자금 등 복지자금 대여 – 모자보호시설, 미혼모시설 등 모자복지시설 규정

1992	• 저소득 모자가정 자녀에 대한 학비 및 아동양육비 지원
1995	• 저소득 부자가정 자녀지원 • 저소득 모부자가정에 대하여 생업기반조성을 위한 장기저리 복지자금 대출사업 실시
1998	• 모자복지법 개정(12.30) – 모자복지위원회 폐지 등
1999	• 모자복지법 개정 – 국민기초생활보장법 제정(9.7)에 따른 인용 법 제명 변경
2001	• 아동양육비 지원금액 월 16,000원으로 지급 • 「여성한부모가족을 위한 사회적 지원방안」 연구
2002	• 모자복지법을 모·부자복지법으로 개정(12.18) 남성이 세대주인 부자가정에 대하여도 지원 부자보호시설과 부자자립시설을 복지시설에 추가
	• 「복지정책의 양성평등 효과성제고 및 대안연구」 결과 빈곤여성 사례관리 필요성 제기
2003	• 복지자금 대출 보증조건 완화 및 손실보전료 국고 지원 • "양육하는 미혼모를 위한 중간의 집" 시범운영
2004	• 아동양육비 지원금액 월 20,000원으로 지급 • 취약여성가구주 사례관리 시범사업 실시('04~'06)
2005	• 아동양육비 지원금액 월 50,000원으로 지급 • 정부조직개편에 따라 모·부자복지 업무가 보건복지부에서 여성가족부로 이관 • 지방재정 분권화 정책에 따라 시설 운영비 지방이양 • 「적정한 양육비의 산정 및 확보방안에 관한 연구」 • 「미혼모부자 종합대책에 관한 연구」
2006	• 모·부자복지법 개정(12.28) – 외국인 중 대한민국 국민과 혼인하여 대한민국 국적의 아동을 양육하고 있는 자도 지원 대상자로 함 – 미혼모·부가 5세 이하 아동을 양육할 경우 복지급여 추가 지원 – 미혼모시설을 미혼모자시설로 변경하여 그 아동에 대한 보호·양육 강화 – 공동생활가정을 설치하여 아동양육 등 독립적인 생활이 어려운 미혼모자가정, 모·부자가정 및 미혼모가정을 지원
2007	• 「이혼 후 자녀양육 실태에 관한 연구」 • 「모부자복지시설 운영모델개발 기초연구」

	•「교과서 속에 나타난 다양한 가족차별 사례 및 개선방안 연구」 • 모·부자복지법을 한부모가족지원법으로 개정(10.17) – 모·부자가정을 한부모가족으로 변경 – 조손가족을 보호대상으로 포함 – 한부모가족의 자녀가 취학 중인 때에는 20세 미만에서 22세 미만으로 확대에 따른 지원 기간 연장 • 한부모가족 자녀양육비 이행확보를 위한 무료법률구조사업 실시(1월~) •「조손가족 실태조사 및 지원방안」 연구(4~12월)
2008	• 한부모가족 아동양육비 지원대상 확대(1월~) – 만 8세 미만으로 확대 • 정부조직개편에 따라 한부모가족복지 업무가 여성가족부에서 보건복지가족부로 이관 • 한부모가족복지시설의 전자화시책 시행(10월~)
2009	• 한부모가족 아동양육비 지원대상 확대(1월~) – 만 10세 미만으로 확대 • 미혼모·부자 거점기관 지원 운영(6개소) • 취약가족역량강화 지원대상 확대(한부모 → 저소득 취약가족)
2010	• 한부모가족 아동양육비 지원대상 확대(1월~) – 만 12세 미만으로 확대 • 한부모가족지원법 시행규칙 개정 시행(2010.1.1) – 한부모가족복지시설 중 공동생활가정의 지원기간 확대(1년 → 2년) – 일시보호시설 중 입소자의 연장기간 확대(3월 → 6월) • 권역별 미혼모부자 지원기관(미혼모·부자 거점기관) 운영 확대(6개소 → 17개소) • 정부조직개편에 따라 한부모가족복지 업무가 보건복지가족부에서 여성가족부로 이관 • 청소년한부모 자립 지원 사업 도입·시행(4월~) – 만 24세 이하 청소년한부모의 양육과 자립을 지원(최저생계비 150%까지) – 아동 양육·의료비, 검정고시학습비, 자산형성계좌 지원 – 청소년한부모 자립 지원 전산시스템 구축 – 미혼모의 양육과 자립 실태조사 실시 – 미혼모 지원을 위한 홈페이지 구축 – 미혼모에 대한 사회적 인식 개선 사업 실시(지자체 공무원 대상) • 가족보듬사업(가족충격완충망) 신규 시행(11개소) • 취약가족역량강화사업 확대(5개소 → 17개소) • 한부모가족복지시설 입소자 상담·치료 지원 신규 시행(전체 시설)

2011	• 청소년한부모 자립 지원 사업 확대 – 아동양육비 금액 상향조정(월 10만원 → 월 15만원), 자립촉진수당(월10만원) 신설 (아동의료비, 자산형성계좌지원(신규가입)은 폐지) • 부자보호시설 신축 추진을 위한 국고보조율 조정 반영 – 국고보조율 80% 적용(서울지역은 기존 동일 50%) • 저소득 한부모가족 복지자금 대여 확대 – 지원대상범위 : 소득인정액 130% 이하 → 실제소득 150% 이하 – 대여자금용도 : 창업 → 창업 및 사업운영 등에 필요한 비용 – 대여한도액 : 담보대출시 2,000만원 → 담보범위내 5,000만원 이내 대여 • 권역별 미혼모·부자 지원기관 운영 – 17개 기관 중 4개 지역(서울, 부산, 대구, 경남)은 공모를 통한 심사·선정 • 조손가족통합지원 프로그램 신규 도입(4개 시·도 시범 실시) • 가족보듬사업 확대(11개소 → 17개소) • 한부모가족지원법 개정('11.4.12) – 복지급여 지급을 임의규정에서 강행규정으로 변경('12.1.1. 시행) – 연령초과 자녀가 있는 경우에도 나머지 가족구성원을 보호('12.1.1. 시행) – 한부모가족복지시설 유형 개편('12.7.1. 시행) – 입양기관의 미혼모자보호시설 설치·운영 금지('15.7.1. 시행)
2012	• 한부모가족 아동양육비 등 지원 – 한부모가족 고등학생 자녀 교육비 지원업무 교육과학기술부로 이관 – 중고등학생 학용품비(연 5만원) 신규 지원 – 조손가족 및 미혼 한부모가족(모 또는 부의 연령이 만 25세 이상) 5세 이하 아동 추가양육비(월 5만원) 신규지원 – 한부모가족 복지시설 입소 가구 생활보조금(월 5만원) 신규지원 – 조손가족 통합지원 서비스 확대('11년 4개 시도 → '12년 전국) – 법원연계 이혼위기가족 회복지원 사업(5개소, 개소당 5천만원) • 한부모가족 복지시설 지원 – 한부모가족복지시설 입소자 상담치료 지원 내역이동 * '11년 가족역량강화지원 → '12년 한부모가족 복지시설 지원
2013	• 아동양육비 지원단가 인상 – ('12년) 월 5만원 → ('13년) 월 7만원
2014	• 한부모가족지원법 개정 – 병역의무를 이행하고 취학중인 경우, 병역의무 이행 기간을 가산한 연령미만 지원(1.21. 시행)

	– 복지급여 압류방지 통장 개설, 청소년한부모 자산형성계좌 지원 근거 신설('14.7.22. 시행) • 법원연계 이혼위기가족 회복지원사업 수행기관 확대('12년 5개소 → '14년 7개소) • 공동생활가정형(매입임대주택) 주거지원 사업 시행
2015	• 아동양육비 지원 단가 인상 – ('12년) 월 5만원 → ('13년) 월 7만원 → ('15년) 월 10만원
2016	• 국민기초생활보장사업 맞춤형 급여개편에 따른 기준 중위소득 도입 – 저소득 한부모가족 : ('15년) 최저생계비 130% 이하 →('16년) 기준 중위소득 52% 이하 – 청소년 한부모가족 : ('15년) 최저생계비 150% 이하 →('16년) 기준 중위소득 60% 이하
2017	• 아동양육비 지원단가 인상 – ('12년) 월 5만원 → ('13년) 월 7만원 → ('15년) 월 10만원 → ('17년) 월 12만원 • 아동양육비 지원연령 상향 : 만 12세 미만 → 만 13세 미만 • 청소년한부모 아동양육비 지원단가 인상 – ('16년) 월 15만원 → ('17년) 월 17만원 • 학용품비 지원단가 인상 : ('16년) 연 5만원 → ('17년) 연 5.41만원 • 한부모가족지원법 개정('17.12.12) – 청소년한부모 실태 조사·연구, 건강진단 실시 근거 신설(6. 13. 시행)
2018	• 아동양육비 지원단가 인상 – ('13년) 월 7만원 → ('15년) 월 10만원 → ('17년) 월 12만원 → ('18년) 월 13만원 • 아동양육비 지원연령 상향 : ('17년) 만13세 미만 → ('18년) 만14세 미만 • 청소년한부모 아동양육비 지원단가 인상 – ('17년) 월 17만원 → ('18년) 월 18만원 • 청소년한부모 자립지원촉진수당 지원대상 확대 – ('17년) 생계·의료급여 수급가구 → ('18년) 기준 중위소득 60% 이하 • 이혼전·후 가족관계 회복사업 사업명 변경 – ('17년) 법원연계 이혼위기가족 회복지원사업 → ('18년) 이혼전·후 가족관계 회복사업 • 이혼전·후 가족관계 회복사업 사업수행기관 확대('17년 7개소 → '18년 9개소) • 한부모가족복지시설 입소대상자 소득기준 명확화 – 한부모가족지원법상 증명서발급대상자의 소득기준 준용 • 미혼모자가족복지시설 기본생활지원형 입소대상자 기준 완화 – 정원의 10% 범위내에서 소득수준에 관계없이 입소 허용 • '한부모가족의 날' 제정(5.10), 한부모가족 상담전화 설치·운영 근거 신설, 미혼모자가족 복지시설 이용 대상 범위 확대(7. 17. 시행)

2019	• 아동양육비 지원단가 인상 : ('18년) 월 13만원 → ('19년) 월 20만원 • 아동양육비 지원연령 상향 : ('18년) 만14세 미만 → ('19년) 만18세 미만 – 연령기준 : 연나이(연도말까지) → 만나이(생일이 도래하는 전 달까지) • 청소년한부모 아동양육비 지원단가 인상 – ('18년) 월 18만원 → ('19년) 월 35만원 • 금융정보등의 범위 확대 – 금융재산에서 발생하는 이자와 배당금 또는 할인액 포함 • 한부모가족지원사업 처리기한 개선 – ('18년) 14일 이내 → ('19년) 30일 이내(특별한 사유가 있는 경우 신청일로부터 60일 이내 연장 가능) • 한부모가족복지시설 아이돌봄서비스 지원사업 신규 추진 • 공동생활가정형(매입임대주택) 주거지원 사업 입주기간 확대 – ('18년) 최장 4년 → ('19년) 최장 6년 • 한부모가족지원법 개정('18.12.18. 공포, '19.6.19 시행) – 미혼모·부와 그 자녀 대상 건강관리 지원 근거 신설 – 미혼모자가족복지시설(기본생활지원) 입소한 미혼모 본인과 그 자녀에 대한 의료비 추가 지원 근거 신설

미혼모에 대한 정책적 대안과 사회적 인식은 각 나라마다 다르다. 예를 들면, 영국과 미국의 경우는 예방책에 초점을 맞추고 있고 스칸디나비아의 나라들은 보다 자유로운 태도를 견지하고 있다. 스칸디나비아 국가들은 1970년대 이후로 낙태나 피임에 대한 정보를 통하여 10대의 임신·출산을 감소시키고자 하는 적극적인 노력을 정부로부터 펼치고 있다.

한국의 미혼부모에 대한 정책의 방향도 미혼모들의 사회 및 경제적 자립능력의 함양과 함께 차별해소에 보다 중점을 두어야 한다는 점에서는 서구의 나라들과 유사하나, 한국사회에서는 전통적인 의식에 의하여 미혼모에 대한 사회적 인식은 그다지 높지 않은 것이 사실이다. 다음 2005년도 연구결과는 미혼모에 대한 대중적인 시선을 단적으로 보여 주고 있는 것이다.

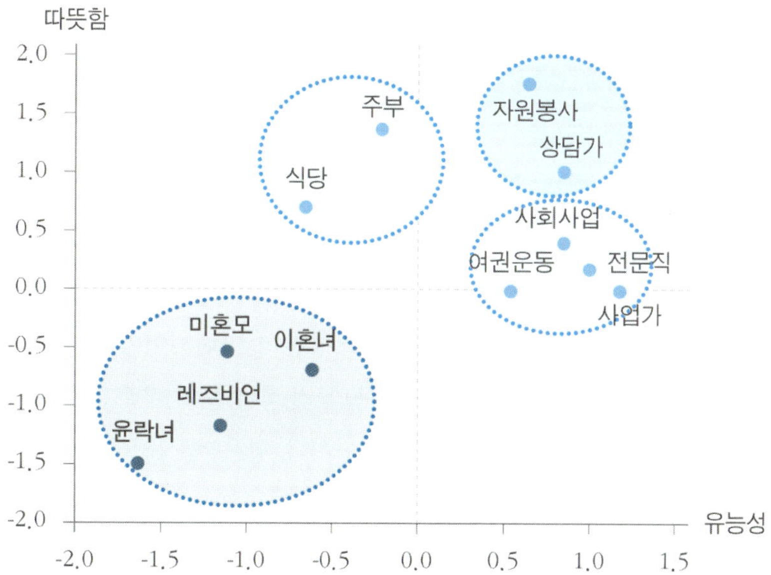

[그림 9-17] 대상 집단들에 관한 유능성과 따뜻함 차원의 군집분석결과

김혜숙, 안상수 외(2005) : 122에서 인용함

김혜숙과 안상수 외(2005)에 의하면 상기의 그림을 통하여 미혼모에 대한 대중적인 시선의 차가움이 사회적으로 있으며 미혼모의 경우 성매매여성이나 레즈비언여성의 집단보다 약간 상위에 위치하고 있음을 알 수 있고 미혼모들에 관한 사회의 차가운 시선이 식당 아줌마나 일반 주부와 상당한 거리가 있음을 알 수 있다.

즉, 식당 아줌마나 주부들에 대한 감정온도는 따뜻함이지만 미혼모에 대해서는 차가움에 가깝다는 것이다. 뿐만 아니라 다양한 여성 집단에 대한 유능성 평가점수에서도 미혼모는 윤락녀(성매매여성)보다는 약간 상위에 위치하고 있으며, 레즈비언 여성과는 거의 같은 위치에 있어 사업가나 전문직 여성 집단과 거리감이 있음을 알 수 있다(김혜숙, 안상수 외, 2005).

이것은 미혼부모에 대한 사회적 인식이 미혼모들을 차별하는 사회적 분위기에서 크게 벗어나고 있지 않음을 알 수 있는 것이다. 또한 자녀양육에 있어서 남녀 동등한 책임이 있음에도 불구하고 여성만을 비난하고 책임을 미혼여성이 맡는 사회문화에는 변화가 필요함을 나타내고 있다. 비록 미숙한 판단에 의한 결과이지만 생명의 소중함을 인지하고, 자녀를 출산하고 자녀양육을 선택한 미혼여성들에 대하여 사회가 함께 경제적 지원을 해야 함과 동시에 가족의 이해와 배려를 절실히 요구하고 있어(여성가족부, 2005), 가족복지적 차원의 정책적인 개입이 필요하다.

미혼모정책은 그 어떠한 정책보다 예방적 차원의 적극적인 접근이 중요하다. 특히, 10대의 청소년 눈높이에 맞는 성교육 강화방안이 마련되어야 하며, 남녀관계로 인한 임신 예방뿐 아니라 임신과 출산, 양육의 전 과정을 아우르는 정책이 필요하며 개인의 책임은 물론 사회적 책임이 수반되어야 함을 인식해야 할 것이다.

그 동안 한국의 미혼모정책은 입양정책과 긴밀한 관계가 있었으나 향후는 미혼모로서 양육을 원하는 경우 **부모권을 보장하는 방향의 정책전환**도 필요할 것이다. 또한 10대 후반과 20대 초반의 미혼모들의 **학업복귀**와 **경제적 자립**을 돕기 위한 지원 대책은 중요할 것이다.

현행의 학교교육 풍토에서 청소년기의 미혼모들은 학교로 돌아가고 싶어도 이들을 잘 받아주지 않을 뿐만 아니라 양육을 선택한 경우는 학교생활조차 쉽지 않은 것이 사실이다.

미혼모에 대한 종합대책으로 미혼모 관련 시설 및 서비스 인프라의 구축과 함께 원스톱 지원체계의 지원이 요구된다. 즉, 양육지원서비스를 다양화할 뿐 아니라 서비스의 질을 높이는 방안에 있어서 각종 보육에 대한 비용이 지원될 수 있도록 보육지원의 다원화뿐만 아니라 학업과 취업 등을 통하여 미혼모가 보다 안정된 지원을 통하여 책임감 있는 양육을 할 수 있는 다양한 정책의 지원이 필요하다.

Chapter 9

다양한 가족과 가족정책

1. 빈곤과 가족정책

1) 빈곤의 정의

빈곤의 개념은 사회와 문화에 따라 다르며 개인이 인간의 삶에 있어서 일상생활을 영위함에 있어서 주관적이거나 객관적으로 궁핍을 느끼는 정도로 삶의 영위에 필요하다고 생각하는 재화 획득에서 욕구충족이 필요한 상태를 뜻한다.

빈곤의 측정은 주관적 지표와 객관적 지표 혹은 두 가지를 절충한 지표가 있는데, 이에 대하여 필요한 자원이 불충분하다면 상대적 빈곤을 체감지수를 통하여 나타내게 된다. 빈곤에 대한 객관적 지표는 빈곤을 측정하기에 모호한 것이 사실이며 따라서 상대적 지표나 혹은 주관적 지표가 활용되고 있는 추세이다.

즉, 빈곤은 개인이 어떤 기준에 따라 정의하느냐 혹은 시대나 문화 그리고 지역별로 다양하게 나타날 수 있어서, 제3국 국가가 스스로 부유하다고 느끼는 반면, 부유한 지역에서 오히려 상대적 빈곤을 느끼기도 하여 그 양상은 매우 다양하다.

2) 빈곤의 구분

빈곤의 지표는 각 나라마다 기준이 상이하며 빈곤은 주관적 빈곤과 객관적 빈곤 이외에도 절대적 빈곤과 상대적 빈곤으로 구분될 수 있다. 첫째, **절대적 빈곤**이란 기본적인 인간의 생존욕구에 필요한 식품, 안전성, 적절한 하수설비, 건강에 필요한 주거, 교육, 정보 등에 있어서 심각한 상태의 박탈에 처한 상태로 정의된 것으로 인간이 살아가는 데 요구되는 절대적으로 필요한 최소한의 자원의 계량화이나 사회와 문화에 따라 일괄적으로 적용되지 못하므로 그 한계가 있다.

한편, **상대적 빈곤**은 한 사회에서 통용되는 기준과 연계하여 자신과 자신이 속한 공동체의 사회 구성원과 개인들 간의 비교를 통하여 정의된다고 볼 때 빈곤이 개인뿐 아니라 사회적인 문제가 될 수 있다.

특히, 현대사회에서 사회구조적으로 문제가 되는 **신빈곤**의 문제는 사회적 불평등의 개념을 내포하고 있으므로 한 사회의 소득, 권력, 기회 등의 포괄적인 가치에 있어서 적절한 삶의 질을 규정하는 사회의식을 반영하고 있기도 하다.

또한 상대적 빈곤은 각종 재화에 대한 접근성의 불리함 등을 내포하고 있다. 현재 국제적으로 빈곤은 상대적인 개념으로 활용되는 추세이며 빈곤을 사회적으로 정의하는 것에는 그 사회에 있어서 하위 소득분위를 어떻게 잡느냐에 따라 달라질 수 있다.

〈표 9-1〉 **빈곤의 개념**

구분		내용
객관적 빈곤	절대적 빈곤	인간이 삶을 영위하는 데 있어서 절대적으로 필요한 최소한의 자원을 충족시키지 못하는 상태이다.
	상대적 빈곤	다른 사람들과 비교해 상대적으로 적게 가진 상태로 특정 사회의 대다수가 누리는 생활수준에 못 미치는 수준으로 '불평등'으로 표현되고 있다.
주관적 빈곤		자신이 충분하게 가지고 있지 않다고 느끼는, 즉 주관적인 판단에 의해 근거하는 빈곤의 개념이다.

이와 같이 빈곤의 정의와 개념은 나라 및 학자에 따라 다르다. 그러나 다수의 연구에서 최저생계비를 기준으로 하여 빈곤선으로 규정하는 절대적 빈곤의 개념을 사용하고 있다(정은희, 2002). 기타 연구에서는 절대적 빈곤의 개념을 적용하여 국민기초

생활 수급가정이나 차상위 계층을 포함하여 빈곤가정을 포함하는 연구가 많은데, 그 이유로는 차상위 계층이 최저생계비 계층의 가구소득과 큰 차이가 없이 빈곤의 사각지대에 있기 때문이다(김순규, 2006).

우리나라의 보건사회연구원의 연구에 의하면 지난 10년 동안 빈곤층이 10년 전에 비하여 2배로 늘어난 것으로 보고되고 있다. 이에 대하여 월 소득이 최저생계비에 미치지 못하는 가구의 경우를 살펴보면 2007년에는 10.2%, 2008년은 10.4%, 2009년은 11.1%로 계속 높아지고 있으며 그에 대한 영향으로 아동의 빈곤율도 높아지고 있으며 가정의 경제적 불안정의 요인으로 인한 한부모가족의 증가도 일어나고 있는 추세이다.

우리나라의 빈곤아동의 추이를 살펴보면 2009년 기준으로 최저생계비 이하의 절대 빈곤의 아동은 대략 77만 명으로 전체아동의 8% 수준에 가까웠으며(보건복지부, 2009), 이러한 빈곤율은 소득분위의 기준에 따라 더 높아질 수 있을 것이다.

그런데 이러한 빈곤의 심각성은 전승되는 성격을 가지는 '대물림' 현상이 있기 때문에 사회적인 관심이 필요하다(구인회 외, 2009). 즉, 빈곤 가정에서 경험하는 환경과 특성은 자녀의 성장과정에 부정적인 영향을 미칠 수 있으며, 빈곤의 대물림이라는 악순환으로 이어지기도 한다(김명순 외, 2010).

이와 같이 최근 우리나라는 세계적인 경제의 불안정으로 빈곤의 계층이 증가하고 있으며 이에 대한 가족이 받는 영향도 무시할 수 없다. 그런데 문제의 심각성은 빈곤아동의 경제적인 어려움으로는 스트레스, 가족 갈등, 원만하지 않은 부모-자녀 관계 및 양육과 생활의 어려움으로 영향을 받을 수 있으며 가정폭력이나 알코올중독 등의 다양한 어려움과 더욱 긴밀한 관련을 가지고 있다(장혜자, 2000). 예를 들면, 경제적 어려움이 부모에게 심리적 스트레스를 가져오며 이것은 부부관계와 부모-자녀관계에 순환적으로 영향을 미칠 수 있기 때문에 자녀의 정서·심리·사회적 발달에 부정적인 영향으로 이어진다는 요지이다.

이에 대하여 빈곤가정의 부모의 경우는 생계유지를 위해 장시간 외부에서 일하거나 불규칙한 노동을 하는 경우가 많으므로 자녀와의 상호작용이나 양육에 집중하지 못하게 되며, 따라서 신체적인 처벌을 자주 사용하는 경향이 있어 자녀가 정서적인 어려움을 겪을 확률이 높아진다.

이에 빈곤을 경험하는 아동이 그렇지 않은 아동에 비하여 개인 내적으로 우울이나 자아존중감의 저하, 사회적 관계형성으로 또래관계의 어려움 및 품행장애를 겪을 가능성과 심리·정서·사회적 문제가 빈곤을 경험하지 않은 아동에 비하여 높게 나타날 수 있다. 따라서 가족정책의 영역에 있어서는 가족이 담당하지 못하는 부분을 보완하고 이에 대하여 사회적 지지 등의 보호요인을 제도적으로 제공할 수 있도록 하는 것이 중요하다.

3) 소년소녀가장의 가족

소년소녀가장의 개념은 보건복지부(2006)의 기준에 따르면 부모의 사망, 이혼, 질병, 장애, 복역, 가출 등으로 부모가 없거나 혹은 있더라도 노동력이나 생활능력이 없는 혈족 또는 방계 혈족을 모시고 있으며, 이로 인하여 생계가 곤란한 결손 세대를 의미한다.

연령으로는 만 18세 이하의 청소년이 경제적으로 가정에 대한 실질적인 책임을 지고 생활하는 세대로 정의될 수 있을 것이다. 그런데 이들의 특징은 경제적 어려움뿐 아니라 정신적 어려움을 겪고 있는 것이 특징이며 이들에 대해 물질뿐 아니라 심리 및 정서적 지원에도 더욱 관심을 기울일 필요가 있다.

이에 대하여 오승환(2000)은 소년소녀가장의 사회 및 심리적인 적응을 위해서는 자아존중감의 증진과 정보적 지지 및 부모 동거의 여부가 영향을 미친다고 지적하였다. 한편, 소년소녀가장세대 청소년들은 가정생활과 학업의 병행에서 오는 스트레스를 많이 지각하고 있었으며 친구 및 친척과 교사들로부터의 지지를 상대적으로 높게 지각하는 것으로 나타났다(최선경, 2001).

또한 일상생활에서 스트레스를 많이 경험하거나 사회적 지지를 낮게 지각하는 경우일수록 정서적인 불안을 더 많이 느끼는 것으로 분석되었다(최선경, 2001). 반면, 적응유연성을 높이는 요인으로는 자아존중감과 정서 중심의 대처기제가 있으며 사회적 지지의 제공이 될 수 있을 것이다.

따라서 가족정책의 차원에서 볼 때 가구의 소득뿐 아니라 이들에 대한 사회적 지지의 제도는 중요하다. 경제적 빈곤은 아동의 발달에 장기적이며 부정적인 영향을 미칠 수 있는 대표적 위험요인(Masten, 2001)이며, 일상생활에 있어서 만성적인 스트레스의 요인이 될 수 있다.

그 이유로는 저소득층의 자녀의 경우에 낮은 교육수준, 불안정한 직업, 낮은 수입으로 인한 어려움에 노출될 가능성이 높기 때문에 자녀의 건전한 성장과 발달에 역기능을 초래할 가능성이 있다. 따라서 이들에 대한 다각적인 가족정책적인 개입이 무엇보다 중요하다 할 것이다.

4) 노인독거가족

독거노인이란 노인이 단독으로 세대구성을 하고 있는 가족을 의미하며 따라서 배우자나 친족 혹은 비친족 중 누구하고도 함께 거주 혹은 가계를 함께 하지 않는 독립적인 세대나 상태의 노인을 뜻한다. 그런데 독거노인은 단독으로 독립적인 생활을 영위하는 것에 있어서 배우자의 상실 등으로 독거노인의 성별은 여성이 많은 수를 차지하고 있다.[1)]

이는 보통 남편의 연령이 아내의 연령보다 높고 여성의 생존 연령이 높다는 점뿐 아니라 노령은 여성독거노인이 적절한 남성독거노인을 만날 기회가 적어진다는 것을 의미하기도 한다.[2)] 그런데 독거노인들은 통상적으로 노인빈곤에 처할 위험성

1) 정순둘(1999), "독거노인을 위한 체계망 치료", 「노인복지연구」, Vol.6, No1, 한국노인복지학회, pp. 175-205.
2) 김기태 · 박봉길(2000), "독거노인의 생활만족도와 사회 지지망 : 지역복지관의 서비스를 제공받고 있는 노인을 중

이 높으며[3] 고령으로 인하여 건강뿐 아니라 일상적 활동으로 목욕, 식사 및 가사 일에 대한 노동력에 취약해질 수 있다.

이러한 특성으로 인하여 독거노인은 지역사회의 사회적 활동 등 여러 면에서 취약해질 위험이 있다. 그런데 노령층이 생활 속에서 우울과 고독감에 노출되어 있으면서도 자녀와 함께 하지 않고 독신가족을 지속하려는 이유는 자녀에게 부담을 주지 않으려는 뜻(자녀에게 부담이 될까봐 : 16%, 자녀의 직장, 학업으로 인하여 : 20.6%, 자녀와의 불화로 : 1.6%)과 노인 자신의 독립 지향적인 태도(독립생활 가능 : 20.3%, 따로 사는 것이 편해서 : 38.3%)로 나타났으며 독립적 형태를 청산하고자 하는 요인은 건강악화, 경제적 빈곤, 심리·정서적 소외 고립감 등으로 나타났다.[4]

그런데 심각한 것은 최근 독거노인과 관련된 국내 연구들을 보면, 독거노인의 건강실태와 삶의 질에 관한 연구[5]에서 일상생활활동 점수는 보통 이상이나, 영양상태는 양호하지 못하며 인지기능은 정상이나 심리상태는 우울한 상태인 것으로 나타났다.

특히, 심각한 것은 만성질환에도 불구하고 치료의 경험이 없는 노인이 많았으며 그 이유로는 돈이 없어서가 이유로 나타났다. 이에 대한 2005년 통계청의 사회통계조사 결과를 살펴보면 65세 이상 연령계층에게 있어서 가장 어려운 점이 '경제적 어려움'으로 44.6%를 차지하고 있었고, 그 밖에 '건강문제' 30.1%, '외로움, 소외감' 6.4%의 순으로 나타났다.

그에 대한 성별의 구분은 남자(46.4%)가 여자(43.3%)보다 경제적 어려움에 처해 있는 것으로 조사되었는데, 이와 같이 독거노인은 가족의 돌봄으로부터 방임되어 있는

심으로", 「한국노년학」, Vol. 20(1), 한국노년학회, pp. 153-168.

3) 相川良彦(2005), "農村におはゐ 老後不安安-京都府美山町2集落の事例報告-", 『社會保障研究』, Vol.41, No.1, pp. 22-34. (채현탁(2006.4), "농촌지역 독거노인의 사회적 지지망 강화 방안 : 일본 시오야마치의 사례를 중심으로", 「사회복지정책」, Vol. 24, 한국사회복지정책학회, p. 230, 재인용).

4) 보건복지부(2004), "전국 노인생활실태 및 복지욕구 조사 주요 결과". pp. 4-9.

5) 김주희 · 정영미(2002), "독거노인의 건강실태와 삶의 질에 관한 연구", 「노인간호학」, Vol. 4, 한국노인간호학회, pp. 16-26.

경우도 많으며 가족동거 노인에 비하여 신체 및 심리적, 그리고 경제적으로 많은 문제에 노출되어 있고 열악한 환경에 놓여 있기 쉬운 특징이 있다. 이러한 경제적 빈곤, 건강의 취약성 및 사회적 지지의 부족은 각종 사회적 부작용과 연결될 수 있으며 노인이 궁극적으로 달성해야 하는 '일생 동안 잘 살았다고 하는 자아통합감'을 이루어야 하는 인생의 중요한 시기에 낮은 생활만족도로 인하여 궁핍한 생활에서 삶을 마감할 수 있으므로 이에 대한 개입은 매우 중요하다.

따라서 우리나라에서 최근 실시하고 있는 읍·면·동 허브를 통한 독거노인에 대한 사례관리와 사회적 지지망의 제공은 독거노인에게 힘을 실어줄 수 있는 유용한 관계망으로 기능할 수 있을 것이다.

사회적 지지는 개인의 정신건강과 사회 적응에 긍정적인 영향을 주는 효과가 있다. 이에 대하여 Kahn과 Antonucci는 사회적 지지가 인간의 상호 교류로 애정적 지지, 가치인정의 지지, 물질적 지지를 포함한다고 하였다.[6] 노인들의 사회적 관계망은 사회지지와 관계망의 기능은 인간 대 인간의 신뢰와 친밀감뿐 아니라 삶의 의미와 같은 심리 및 정서적 기능을 하므로 중요하다.

노인에 대한 지지는 크게 정서적 지지, 사회적 지지, 도구적 지지 등이 있다.

이를 살펴보면 첫째, 정서적 지지란 신뢰감, 애정, 친밀감, 존경심 등 심리적인 교류가 가능한 신뢰할 수 있고 의지할 수 있는 사람과의 교류가 중요하다는 개념이다. 둘째, 사회적 지지는 함께 여가시간을 보내거나, 각종 활동에 참여하여 역할상실을 대체하는 노력이 필요함을 지적하고 있다. 노인의 건전한 여가활동은 삶의 만족과 자아통합에 도움을 준다. 셋째, 도구적 지지란 노인이 필요로 하는 것을 직접적으로 도움을 주거나 물질적으로 원조하는 지지를 의미한다. 즉, 자녀와 동거하지 않는 독거노인의 경우에는 경제적인 것을 비롯하여 일상생활을 수행하는 데 있어서 자녀와 동거하는 노인보다 더욱 많은 도구적 지지가 필요하며 도구적 지지는 물질

6) R. L, Kahn & T. C, Antonucci(1980), "Convoys over the Life Course : Attachment, Roles, and Social Support", Life-Span Development and Behavior, Vol. 3, pp. 254-286,

원조, 서비스, 병간호, 집안일 돕기, 물건 빌려주기 등이 있다.[7)]

이를 위해서는 노인에 대한 사회적 지지망의 점검이 필요한데, 사람들과의 접촉 빈도, 심리적 거리, 안정성 등이 있는데, 독거노인의 경우에는 **접촉빈도**뿐 아니라 **지리적 근접성**도 매우 중요한 요인으로 작용할 수 있을 것이다. 독거노인들은 독거로 인하여 경제, 신체 및 정신적인 어려움을 겪으면서도 타인이나 심지어 자식들에게 도움을 받고 싶어 하지 않는 경향이 있으며, 사람을 그리워하면서 느끼는 소외감, 외로움, 서러움 등을 동물이나 이웃과 같은 다른 대상물에 의지하려는 경향이 있으며 자신의 몸을 의지대로 움직이지 못하는 현실을 받아들이면서도 생활에 무력감을 느끼는 형태로 나타나고 있다.[8)]

그 밖에도 독거노인은 노화와 관련된 문제 이외에도 홀로 살아가면서 경험하여야만 다양한 문제들을 복합적으로 직면하고 있는 것이 현실이다. 국가적으로 독거노인에게는 개인적 지지와 사회적 지지가 중요하며, 따라서 세계 각국은 비공식 부문의 활성화를 위한 대안으로 지역사회 내에서 이웃주민 간의 사회적 지지망을 강화하려는 노력들을 지속해 오고 있다.[9)]

우리나라에서도 독거노인을 포함한 노인을 지지하기 위하여 지역사회적 차원에서 지역주민을 활용하는 사회복지실천이 강조되고 있으며[10)] 사회적 지지는 인간이 느끼는 스트레스의 체감도를 낮추는 역할을 하며, 건강상의 생체 면역을 높여줄 뿐만 아니라 삶의 활력과 만족감을 높이는 데 중요한 역할을 한다. 그러므로 가족지원정책을 통한 적절한 사회적 지지망의 형성과 관심은 독거노인의 삶의 스트레스 수준과 고독감을 낮추고 건강한 생활을 영위하는 데 중요한 역할을 할 것으로 전망된다.

---

7) 윤경아(1995), "사회적 지원과정에 관한 연구 : 강화노인의 사적지원체제를 중심으로", 연세대학교 대학원 박사학위 논문.

8) 이화간호학회지(1999), "독거노인의 체험 연구", pp. 84-97.

9) 김희연(2001), "지역사회 복지의 네트워크 분석 : 대전광역시 사회복지권을 중심으로", 이화여자대학교 대학원 박사학위논문.

10) 노병일 · 오영선(2005), "지역 노인의 사회적 지지와 우울", 서울 : 도서출판 다운샘. pp. 28-36.

2. 다문화와 가족정책

우리나라의 다문화사회의 진입은 다양한 사회구조와 사회적 인식의 변화를 가져오고 있으며 이에 따라 가족정책의 변화도 중요시되었다. 다문화주의란 한 사회 내에서 다양한 인종의 집단들의 다양한 문화에 대해 상호 인정하고 존중하면서 공존하는 것에 그 목적이 있는 이념체계이다.

이것은 사회문화적인 다양성을 인정하고 인종, 민족, 국적에 따른 차별과 배제 없이 모든 구성원이 공평한 기회에 접근할 수 있도록 보장하는 정부의 정책을 뜻한다. 이에 대하여 캐슬과 밀러(Castles & Miller, 1998)는 세계 각국의 이민정책을 이주민 수용방법, 국적 부여의 원칙, 이민자에 대한 사회 분위기 등을 토대로 다문화주의 유형(Multicultural Model), 문화다원주의 유형, 동화주의 유형(Assimilationist Model), 차별배제 유형(Differential Exclusionary Model) 등으로 다음과 같이 분류하고 있다.

다문화주의는 (1) 인종, 민족, 문화적으로 다원화된 인구사회학적 현상, (2) 사회와 문화적 다양성을 긍정적으로 인식하며 가치 있게 여기고, 존중하는 사회적 이념, (3) 사회 및 문화적 다양성을 보호하고 인종, 민족, 국적에 따른 차별과 배제 없이 모든 개인이 공평하게 기회에 접근하도록 보장하는 정부의 정책과 프로그램을 포괄적으로 지칭한다(Tropper, 1999).[11]

11) 『다민족 · 다문화사회로의 이행을 위한 정책 패러다임 구축(II)』, 장미혜 외, 한국여성정책연구원, 2008, pp. 28-29

1) 우리나라와 다문화사회 및 정책의 배경

우리나라에서는 국제결혼의 증가로 다문화가정을 이루는 결혼 이민자의 수는 급속도로 늘어나고 있는 추세이다. 우리나라의 다문화주의는 김동진 외(2013)에 의하면 1970년대를 전후하여 호주와 캐나다에서 언급된 이후 미국, 호주, 유럽, 캐나다 등의 선진국에서 급속도로 확산되고 있다고 하였다. 이에 따라 우리나라 역시 시대적인 조류에 따라 다문화시대를 맞이하여 정책적인 문제뿐 아니라 한국사회가 나아가야 할 방향을 제시해야 하는 사회적인 문제를 안고 있다.

우리나라의 다문화시대의 역사적 배경으로는 1993년 외국인 산업 연수생 제도의 실시와 이후 2004년 고용허가제가 실시되면서 해외인력의 국내 유입 본격화로부터 시작되었다.

이후 우리나라는 2007년 방문 취업제를 실시하여 외국인의 출입국 규제를 완화하면서 중국이나 중앙아시아 동포들의 입국이 늘어나게 되는 배경이 되었다. 이에 결혼이민자 역시 1990년대 이후 급격한 증가를 보이고 있는 가운데 본격적인 다문화시대가 도래되었다.

이에 우리나라는 정책적 입안을 위하여 다문화가정을 대상으로 「재한외국인처우기본법」, 「출입국관리법」, 「국적법」을 제정하였고, 2008년 3월은 「다문화가족지원법」을 시행하여 다문화가족을 지원하는 법적인 근거를 두었으며, 2008년 10월에는 보건복지가족부의 생애주기별 맞춤형 지원 강화대책 등을 발표하여 여성결혼이민자의 삶의 질 향상을 위한 다각적인 지원을 실시하고 있다(안전행정부, 2009).

또한 2003년 30여 개 시민단체로 구성된 건강가정시민연대가 '다문화가족'의 용어를 권장하면서 현재 한국의 다문화가족은 우리와 다른 민족이나 문화적 배경을 가진 사람들이 포함된 가족을 총칭하여 사용되고 있다(이순자, 2013).

'다문화주의'라는 용어는 캐나다와 호주에서 1970년대를 전후로 본격적으로 사용되기 시작하였고, 정부의 새로운 정책과 사회운동의 목표를 지칭한 이래 급속도로 확산되어 한 국가의 인구정책과 매우 밀접한 연관이 있다. 우리나라도 인구정책에 따라, 다문화주의 개념의 등장으로 민주주의의 확산과 다양한 인종의 정체성이 복잡하게 얽혀 있는 국가들에서는 국민들을 어떻게 하나의 '국민'으로 통합시킬 것인가에 대한 논의가 제기되고 있으며, 이는 곧 국가 이데올로기(ideology)로서의 다문화주의의 채택을 의미한다(강휘원, 2006).

그러나 이와 같은 이념정립의 문제는 어려움을 가지고 있는데, 이에 대하여 이용승(2004)은 다음과 같이 언급하고 있다. 즉, "오늘날 이 다문화주의는 국가, 인종, 민족 등의 거시적인 차원에만 국한되지 않고 사회 내의 소외계층이나 소수인종, 세대간 갈등과 성역할의 차이 등과 같은 미시적인 문제를 포함하는 매우 광범위한 주제이기 때문에 하나의 의미로 정의내리는 것은 불가능하다"(이용승, 2004)는 것이다.

우리나라의 혼인귀화자의 누계를 살펴보면 2015년 3월을 기준하여 전체누계 10만 3,789명에 달하며 이것은 2009년 5만 6,205명에 비하여 약 2배 정도 상승하였다. 한편, 이혼율도 전년도 대비 0.9% 상승하였으며 해마다 증가 추세이다(통계청, 2013). 이에 장미혜(2008)는 한국사회의 급속한 다문화사회로의 진입이 여러 문제점이나 갈등을 내포하고 있으며, 급격한 이주 증가로 인하여 발생할 수 있는 위험과 이에 대한 사회비용 등의 논의가 필요하다고 하였다. 따라서 다양한 다문화를 사회적으로 포용하기 위해서는 올바른 가족정책이 필요하다.

즉, 우리나라에 결혼을 통하여 이주해 온 여성들은 새로운 가족과 사회에 대한 적응과 함께 한국사회의 일원으로 통합되어야 하는 어려움에 직면하면서 다양한 문화적응 스트레스에 대한 문제점과 해결방안(권명희, 2011 ; 최정혜, 2011 ; 홍미기, 2009)이 요구되고 있다. 이에 홍미기(2009)는 우리 사회에서 다문화여성은 사회적으로 소수자이긴 하지만 지역사회의 성원이자 가족의 구성원으로 한국사회 정착을 위해 지원과 도움이 필요한 집단으로 등장하게 되었다고 언급하였다. 그런데 김기현(2009)에 의하면 이주여성들은 예상치 못한 언어적·심리적·성적 폭력 및 가난, 편견, 국적취득의 어려움으로 인권을 위협받고 있는 것이 현실이며, 이러한 요인들은 여성결혼이민자의 삶의 질을 저하시킬 뿐 아니라 가족의 삶의 질도 저하시킬 위험성이 크다고 하였다. 따라서 다문화가족 여성의 삶의 질은 이혼이나 자녀양육에 영향을 줄 수 있으며 나아가서는 사회적인 영향을 미칠 가능성이 있는 것이다.

특히, 머피(Murphy, 1997)는 다문화여성들이 문화적 차이로 인하여 좌절과 불안을 경험하고 있으며, 이것은 차별감과 문화충격 및 생활에 대한 적응의 어려움을 동반하여 결혼생활의 만족도나 삶의 만족도에 영향을 미칠 가능성이 있다고 하였다. 또한 김현실(2012)은 낯선 거주지역에서 발생하는 변화는 이주민들에게 다양한 문제 등을 발생하게 할 수 있으며, 이것은 다문화여성의 적응과정에 스트레스를 경험하게 할 수 있다고 하였다. 더욱이 이들은 개인이나 가족을 돌봐야 하는 돌봄 부담자로서 장기적으로 역할 부담을 경험하게 되고 그 결과 삶의 질은 떨어질 수 있다(Schulz, O'Brien, Bookwala, & Fleissnwe, 1995 ; 강정희, 2003 : 12 재인용). 이에 대하여 김미숙과 김안나(2012)는 다문화여성의 삶의 만족도에 가족관계 영향력이 중요한 변인이며 따라서 권구영(2012)의 연구에서는 가족관계 스트레스, 사회적 지지, 사회통합이 삶의 질에 영향을 미친다고 하였다.

2) 다문화사회의 이데올로기

다문화사회에 관한 정의는 학자마다 다양하나 주류사회의 전통이나 관습, 문화에 기반을 둔 다수집단의 정체성과 이에 포함되지 않는 소수집단의 정체성 간의 평화스러운 공존을 추구하는 것을 다문화사회라고 하며, 이러한 다문화사회는 소수집단의 정체성을 존중하고 고유문화가 독자적으로 전개되는 시공간을 인정하며 수용하는 단계까지 포함하고 있다(강휘원, 2006).

그러나 현재 우리 사회에서 통용되는 다문화주의의 의미를 다원적인 국민성과 '다르게 평등하게 사는 것'으로 두 측면에서 설명되고 있다(송종호, 2007). 이에 다문화, 다원주의는 문화적 존재로서 개개인이 타인의 기준에 의해서 부당하게 평가받지 않으며, 한 사회 내에서 존재하는 각 하위집단과 구성집단들의 신념에 대한 상대성을 동등하게 인정하고 존중하는 것(김광억, 1998 ; 문경희, 2006)으로 정의되고 있다.

다문화주의란 개인의 고유한 삶에 대한 의미와 가치를 존중받고 이러한 긍정적인 자기존중의 삶이 실현되는 것이라 할 수 있다(김경아, 2008).

3) 우리나라의 다문화 관련 법과 인구의 변화

우리나라에서 제시하는 다문화주의는 「다문화가족지원법」에 따라 다음과 같은 다문화가족의 법적인 개념을 가지고 있다. 즉, 「재한외국인처우기본법」에 의하면, 제2조 제3호의 결혼 이민자와 「국적법」 제2조에 의해 다문화가족이란 출생 시부터 대한민국 국적을 취득한 자로 이루어진 가족을 뜻한다. 또한 「국적(國籍)법」 제4조에 따르면 다문화가족이란 귀화 허가를 받은 자와, 같은 법 제2조에 의하여 출생 시부터 대한민국 국적을 취득한 자로 이루어진 가족으로 정의하였다. 한편, 「국제노동법」 제3조에 의하면 다문화가족은 합법적으로 체류하는 결혼이민자와 외국인 근로자가 대한민국 국민과 혼인, 혈연, 입양 등으로 결합하여 이룬 가족과 귀화자가족을 포함하는 개념이라 하였다. 이때 출신국이 다른 외국인 간의 결혼에 의한 가족과 영주권자가족은 법으로 제외하고 있다. 단, 결혼이민자는 대한민국 국민과 혼인한 후 대한민국에 거주할 목적으로 체류하는 외국인 혹은 이에 해당하였다가 혼인관계가 해소된 외국인으로, 간이 귀화자는 귀화자가족에 포함하고 있다. 그러나 일시 체류 외국인과 외국 거주 다문화가족은 여기에서 제외한다.

다음은 법무부가 발표한 우리나라 국민의 배우자에 관한 통계 월보의 자료이다. 이를 살펴보면 결혼이민자가족의 혼인이 매년 꾸준히 이루어지고 있음을 알 수 있다.

■ **혼인건수**

외국인과의 혼인은 2만 3천 6백 건으로 전년대비 4.2% 증가 (9백 건)

- 외국인과의 혼인은 2만 3천 6백 건으로 전년대비 9백 건, 4.2% 증가함.
  - 외국인 여자와 혼인은 1만 7천 7백 건으로 전년대비 6.5% 증가함.
  - 외국인 남자와 혼인은 6천 건으로 전년대비 2.2% 감소함.
- 전체 혼인 중 외국인과의 혼인 비중은 9.9%로 전년보다 1.1%p 증가함.
  - 외국인과의 혼인 중 외국 여자와 혼인 비중은 74.8%, 외국 남자와 혼인 비중은 25.2%를 차지함.

〈표 9-2〉 외국인과의 혼인, 2009-2019 (단위 : 천 건, %)

	2009	2010	2011	2012	2013	2014	2015	2016	2017	2018	2019	구성비	전년대비 증감률
총 혼인건수	309.8	326.1	329.1	327.1	322.8	305.5	302.8	281.6	264.5	257.6	239.2	100.0	-7.2
외국인과의 혼인	33.3	34.2	29.8	28.3	26.0	23.3	21.3	20.6	20.8	22.7	23.6	9.9	4.2
한국남자 + 외국여자	25.1	26.3	22.3	20.6	18.3	16.2	14.7	14.8	14.9	16.6	17.7	7.4	6.5
한국여자 + 외국남자	8.2	8.0	7.5	7.7	7.7	7.2	6.6	5.8	6.0	6.1	6.0	2.5	-2.2

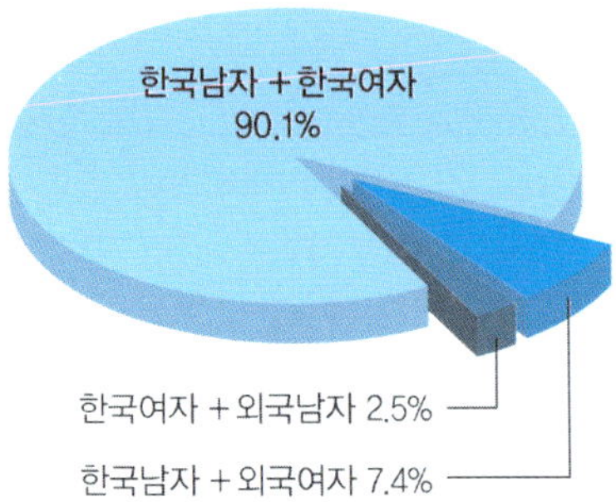

[그림 9-1] 총 혼인 중 외국인과의 혼인 비중, 2019

[그림 9-2] 외국인과의 혼인건수 추이, 1999-2019

■ **외국인의 국적**

외국인 아내 국적은 베트남(37.9%), 중국(20.6%), 태국(11.6%) 순임 외국인 남편 국적은 미국(24.6%), 중국(23.6%), 베트남(10.7%) 순임

- 한국 남자와 혼인한 외국 여자의 국적은 베트남(37.9%), 중국(20.6%), 태국(11.6%) 순임.
  - 전년대비 외국 여자와의 혼인건수는 베트남(5.9%), 태국(31.4%)은 증가한 반면, 일본(-8.5%), 캄보디아(-5.1%)는 감소함.
- 한국 여자와 혼인한 외국 남자의 국적은 미국(24.6%), 중국(23.6%), 베트남(10.7%) 순임.
  - 전년대비 외국 남자와의 혼인건수는 베트남(8.9%), 영국(3.3%)은 증가한 반면, 캐나다(-9.7%), 일본(-15.3%)은 감소함.

우리나라 혼인귀화자의 누계를 살펴보면 그 숫자도 연도별로 매년 증가 추세에 있음을 알 수 있으며, 이를 보면 2015년 3월을 기준으로 혼인귀화자는 전체 누계 10만 3,789명으로 2009년 5만 6,205명에 비하여 약 2배 가까이 상승했음을 알 수 있다. 이를 다음으로 나타낼 수 있다.

〈표 9-3〉 국적별 외국인과의 혼인, 2009-2019

(단위 : 건, %)

	2009	2010	2011	2012	2013	2014	2015	2016	2017	2018	2019	구성비	전년 대비 증감률
한국男+외국女	25,142	26,274	22,265	20,637	18,307	16,152	14,677	14,822	14,869	16,608	17,687	100.0	6.5
베트남	7,249	9,623	7,636	6,586	5,770	4,743	4,651	5,377	5,364	6,338	6,712	37.9	5.9
중국	11,364	9,623	7,549	7,036	6,058	5,485	4,545	4,198	3,880	3,671	3,649	20.6	−0.6
태국	496	438	354	323	291	439	543	720	1,017	1,560	2,050	11.6	31.4
일본	1,140	1,193	1,124	1,309	1,218	1,345	1,030	838	843	987	903	5.1	−8.5
필리핀	1,643	1,906	2,072	2,216	1,692	1,130	1,006	864	842	852	816	4.6	−4.2
미국	416	428	507	526	637	636	577	570	541	567	597	3.4	5.3
캄보디아	851	1,205	961	525	735	564	524	466	480	455	432	2.4	−5.1
기타	1,983	1,858	2,062	2,116	1,906	1,810	1,801	1,789	1,902	2,178	2,528	14.3	16.1
한국女+외국男	8,158	7,961	7,497	7,688	7,656	7,164	6,597	5,769	5,966	6,090	5,956	100.0	−2.2
미국	1,312	1,516	1,632	1,593	1,755	1,748	1,612	1,377	1,392	1,439	1,468	24.6	2.0
중국	2,617	2,293	1,869	1,997	1,727	1,579	1,434	1,463	1,523	1,489	1,407	23.6	−5.5
베트남	49	67	93	180	279	283	432	565	586	587	639	10.7	8.9
캐나다	332	403	448	505	475	481	465	398	436	402	363	6.1	−9.7
일본	2,422	2,090	1,709	1,582	1,366	1,176	808	381	311	313	265	4.4	−15.3
영국	166	178	195	196	197	207	196	186	185	184	190	3.2	3.3
기타	1,260	1,414	1,551	1,635	1,857	1,690	1,650	1,399	1,533	1,676	1,624	27.3	−3.1

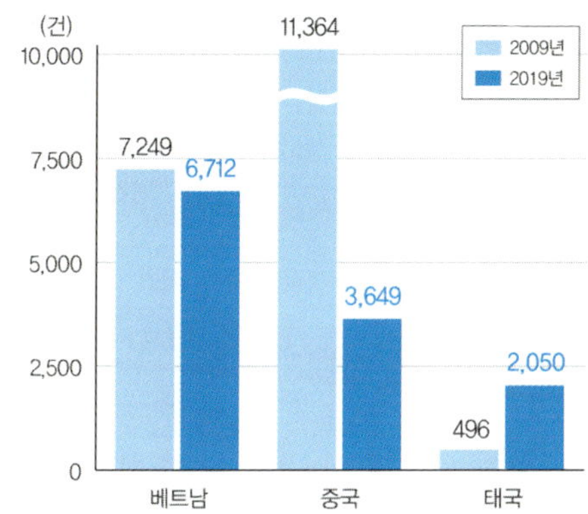

[그림 9-3] 한국남자와 혼인한 외국여자의 국적, 2009, 2019

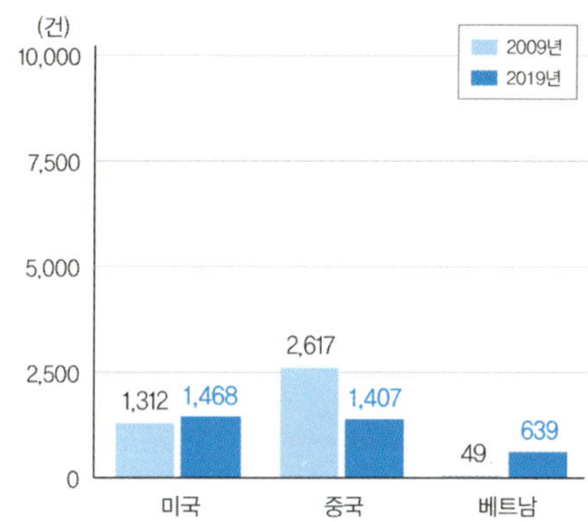

[그림 9-4] 한국여자와 혼인한 외국남자의 국적, 2009, 2019

〈표 9-4〉 혼인귀화자(누계)

연도	2014년	2015년	2016년	2017년	2018년	2019년	2020년
혼인귀화자 (전체누계)	101,560	108,526	114,901	121,339	129,028	135,056	136,311

출처 : 법무부, 「출입국 · 외국인정책 통계월보」, 2020. 4.

다음은 출신국별 외국인과의 혼인 현황(한국남자+외국여자)으로 국제결혼에 의한 외국인 혼인현황을 나타낸 것이다. 이에 따라 우리나라에 이주하여 생활하게 되는 결혼이주여성도 계속 늘어날 전망임을 알 수 있다. 이를 정리하여 다음과 같이 나타낼 수 있다.

〈표 9-5〉 출신국별 외국인과의 혼인 현황(한국남자+외국여자) (단위 : 건, %)

	2011	2012	2013	2014	2015	2016	2017	2018	2019
국제결혼 총건수	29,762	28,325	25,963	23,316	21,274	20,591	20,835	22,698	23,643
한국남자+외국여자	22,265	20,637	18,307	16,152	14,677	14,822	14,869	16,608	17,687
중국	7,549	7,036	6,058	5,485	4,545	4,198	3,880	3,671	3,649
베트남	7,636	6,586	5,770	4,743	4,651	5,377	5,364	6,338	6,712
필리핀	2,072	2,216	1,692	1,130	1,006	864	842	852	816
일본	1,124	1,309	1,218	1,345	1,030	838	843	987	903
캄보디아	961	525	735	564	524	466	480	455	432
태국	354	323	291	439	543	720	1,017	1,560	2,050
미국	507	526	637	636	577	570	541	567	597
기타	1,796	1,899	1,640	1,810	1,801	1,789	1,902	2,178	2,528
한국여자+외국남자	7,497	7,688	7,656	7,164	6,597	5,769	5,966	6,090	5,956
일본	1,709	1,582	1,366	1,176	808	381	311	313	265
중국	1,869	1,997	1,727	1,579	1,434	1,463	1,523	1,489	1,407

미국	1,632	1,593	1,755	1,748	1,612	1,377	1,392	1,439	1,468
캐나다	448	505	475	481	465	398	436	402	363
호주	216	220	308	249	254	197	203	189	178
기타	1,188	1,331	1,572	1,931	2,024	1,953	2,101	2,258	2,275

출처 : 통계청, 「인구동태통계연보」

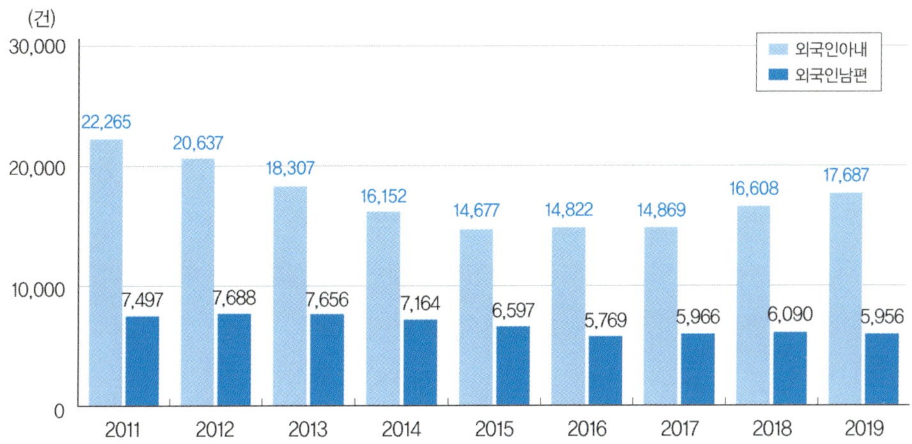

[그림 9-5] 국제결혼 현황

출처 : 통계청, 「인구동태통계연보」

4) 다문화의 사회적 논의

김유경 외(2008)는 다문화의 개념에 대하여 다양한 문화가 한 사회 내에서 상호 공존하는 것이며, 광의로는 국가가 구성원들의 다양성을 인정하여 시민적 권리에 있어 차별을 두지 않는다는 것과 협의로는 다양한 정치, 제도적인 보장을 의미한다고 하였다. 이를 종합하여 강휘원(2007)은 이러한 다문화사회의 개념은 한 국가 내에서 다양한 인종과 민족이 어우러져 상호 사회적 차별 없이 시민 또는 국민으로서의 기본적 권리를 향유하는 사회를 의미한다고 하였다.

따라서 김이선(2010)은 다문화주의(multi-culturalism)를 이념적 지향 및 공공정책의 이념으로 채택한 국가나 사회는 '다문화국가' 또는 '다문화사회'로 통칭되는데, 이에 대하여 천선영(2004)은 다문화가 한 사회의 정치, 경제 사회의 각종 분야에서 인종, 계급, 젠더의 차이에 의하여 야기되는 문제와 밀접한 관련성을 지니며, 따라서 문화다원주의는 정치적 이데올로기이자, 한 정부가 시행하는 정책 및 국민통합의 이데올로기 혹은 시민운동의 목표를 지칭하는 폭넓고 다양한 가치를 반영하게 된다고 하였다.

따라서 문경희(2006)는 다문화나 다원주의에서의 개인은 문화적 존재들로 타인의 기준에 의하여 부당하게 평가받지 않으며, 한 사회의 구성 집단들의 신념에 대해 상대성을 동등하게 인정받고 존중받는 것이 중요하다고 보았다.

이에 홍미기(2009)에 의하면 최근 논의되는 것이 '다문화주의 모델'이라고 하면서, 다문화주의 모델은 다민족, 다문화사회의 통합에 있어 그동안 동화주의는 오히려 인종 간, 민족 간 분쟁의 원인이 되나, 다문화주의는 소수집단의 문화적 · 사회적 차이의 잠재력과 정당성을 받아들이고 수용하는 차이가 있다고 하였다.

이에 대하여 한용외(2011)에 의하면 그 동안의 다문화주의는 동화주의 모델(assimilationist model)의 관점에서 바라볼 때에 주류문화를 통한 전 국민의 사회통합을 목표로 하는 경향이 있었다고 하였다. 이러한 관점에서는 구성 집단의 다수를 이루는 민족이나 지배적 위치의 민족이 지니는 생활양식이 문화적인 준거의 기준이 되고, 그 외 소수민족이나 이질적 집단 등의 다양한 배경을 가진 구성원은 주류사회의 핵심가치를 수용하거나 동화할 것을 강요받는 불합리성이 있다는 것을 주장하였다.

이는 하트만(Hartmann, 1993)의 차별적 배제 모델(differential exclusionary model)의 관점에서 본다면 주류집단이 소수인종의 집단과 접촉을 배제하거나 최소화하여 사회갈등을 회피하는 유형이 될 수 있다는 것이다. 그러나 진정한 다문화사회는 문화다원주의 속에서 진정한 다문화를 구현하고자 하는 긍정적인 실천과정이 요구되며 정책적이며 제도적인 차원의 지속적 지원이 필요하다.

5) 다문화정책과 북한이탈가족

그 밖에도 관점에 따라서 다문화가족에 포함되기도 하고 별도의 가족으로 구분되기도 하는 북한이탈주민가족의 문제는 매우 중요하다.

북한이탈주민의 국내 입국은 2007년 10월 이후 지속적으로 증가하고 있는 추세로 1990년 이후 특히 탈북여성과 가족의 탈북 경향이 증가하고 있는데, 북한이탈주민가족의 특징으로 상당수가 편모 혹은 편부가족이거나 혹은 형제가족 등 비전통적 가족형태가 많으며 최근에는 20~30대 이외의 노령자나 청소년입국자도 늘어가고 있으므로 이에 대한 정책적 개념정립에 의한 지원이 필요한 현실이다.

특히, 북한 이탈주민가족의 정신보건문제는 중요하며 이는 정신적 외상의 경험으로 인해 발생할 수 있고 사회적으로도 영향을 미칠 수 있다. 예를 들면, 탈출과정에서 생명의 위협이 되는 추격, 기아, 폭행, 성폭행 등의 경험이나 혹은 인신매매 및 고문의 경험이 추후의 정신적 외상이 될 수 있고 외부세계에 대한 반응의 마비나 감소 및 사회적으로 부정적 인식의 문제는 대인관계나 일상활동에 지장을 줄 수 있으며 수면장애나 주의력의 감소, 기억력의 손상 등과 같은 신체 및 정신적 기능의 감퇴문제로 나타날 수 있다.

북한이탈주민은 그 밖에도 가족 이산의 경험을 하게 되는데, 제3국에서 새로운 가정을 꾸리게 되므로 가족관계가 더욱 복잡해지고 가족을 두고 온 죄의식과 가족의 안전에 대한 염려로 우울을 경험하기 쉬우며 이는 인간의 행복추구권리에 따른 인권문제와도 깊은 연관이 있을 수 있다.

북한이탈주민은 사실상 전쟁에 의하여 분리된 경우로 우리 국민의 범주로 볼 수 있으며 이산가족이라 할 수 있을 것이다. 그런데 다시금 낯선 나라에서의 문화적응과 정착 스트레스 및 생활문화의 차이, 빈곤, 실업, 소외, 차별과 편견, 언어와 문화적응 등은 심리적 어려움을 겪게 하는 요인이 된다.

북한이탈주민가족의 경우는 또한 남성보다 여성의 취업이 용이한데, 그 이유로 여성이 언어와 문화적응이 비교적 쉬우며 여성의 저임금, 비숙련 노동의 기회로 식당 등의 허드렛일에 종사하는 경우가 많기 때문으로 여성의 취업과 빠른 문화적응은 해당 부부간의 권력구조에 변화를 가져오기 쉬우며 가부장적 권위 성향이 있는 북한 남편에게 위협적으로 인식되어 가정불화나 이혼을 유발하는 요인이 되기도 한다. 따라서 정책적으로 이들 가정을 지원하는 제도적 지원이 필요하다 할 것이다.

이러한 가족위계의 변화는 부모와 자녀 간에서도 발생할 가능성이 높으며 북한이탈주민 아동이나 청소년은 제3국을 경유하면서 학령기의 중요한 시기의 경험 단절은 정체성 문제로 이어져 기분장애나 만성적 우울 혹은 불안장애로 나타날 수 있는데, 이들의 문제는 사회문제로 이어질 수 있으므로 정책적인 유의가 필요하다.

6) 다문화 관련 정책의 논의

다문화가족을 둘러싼 정책적 논의는 아무리 강조되어도 지나침이 없다. 우리나라는 단일민족을 배경으로 하여 다문화의 역사가 비교적 길지 않다. 이러한 가운데 우리나라의 정책이 깊은 통찰을 통하여 입안되기보다는 매우 빠르게 이러한 변화에 대응하고자 하여 문화동화의 입장에서 다문화정책을 펼쳐온 것이 사실이다.

그러나 앞으로 성숙한 다문화사회가 이루어지기 위해 국제결혼가족의 정책적 프로그램은 문화적 상대성을 인정하고 상호 학습하는 차원으로 지속적인 교환관계가 성립되어야 할 것이다. 이를 위해서 국제결혼가족의 내적 및 외적 자원을 지원하는 부부관계 프로그램이 정착단계별로 이루어지는 것이 필요하며, 예방적 차원에서 다문화가족의 의사소통, 의사결정, 원가족 간의 관계, 자녀양육에 대한 프로그램이 다양하게 실시되어야 한다. 또한 사후의 가족해체 이후에도 3차적인 취업 알선이나 장기 주거서비스의 제공 등 우리나라 국민으로 건강하게 흡수하고자 하는 지속적인 노력이 필요할 것이다.

한편, 국가적으로 다문화 청소년에 대한 이중문화 및 이중언어의 지원도 필요하며 현행 헌법의 인종차별 금지 규정뿐만 아니라 사회 전체의 신념을 명확히 하고 사회적 안정장치로 이주여성 긴급전화 등을 통한 긴급한 도움과 상담 및 법률자문을 정책적으로 제공하는 것이 필요하다.

또한 중개업에 대한 규제를 강화하여 중개의 과정에서 부정확하거나 거짓정보를 제공하였을 경우 인권보호의 장치가 강화되어야 한다. 이러한 정책적 입안은 건강한 다문화가족이 우리나라에 정착될 수 있도록 돕는 기능을 하게 된다.

3. 아동학대와 가족정책

1) 우리나라의 아동학대 현황

아동학대 발생요인 중 공통적으로 가장 중요한 요인으로 주목하고 받는 것은 빈곤이나 빈곤과 관련된 요인(Pelton, 1989 ; 이봉주 · 김세원, 2005 ; Waldfogel, 2000 ; Becker, 1993)이다. 현대사회는 1980년대 전후에 들어서면서 아동학대를 사회문제로 인식하고 사회적 차원의 정책적 개입 필요성에 대한 주장이 일어나고 있으며, 아동학대 발생요인을 아동개인을 포함한 가족요인을 비롯하여 지역사회요인(Coulton, Su, 1999), 사회경제적 요인(Garbarino & Kostelny, 1992 ; Kantor & Straus, 1987), 문화적 요인(Korbin, 1980 ; Beckett, 2005 ; Ferrari, 2002)으로 다양하게 분류하여 다각적으로 살펴보고자 하는 연구들이 나타나고 있다.

특히, 오늘날과 같이 사회 양극화로 인한 사회 구성원들 간의 경제적 · 심리적 불편 등이 심각한 사회문제로 대두되고 있는 현실에서는 절대적 빈곤뿐 아니라 상대적 빈곤으로 인한 아동학대의 영향에 대해서도 주목이 필요하다(Young & Gately, 1988 ;

Wilkinson, 2005 ; WHO, 2010).

이에 대하여 김선숙(2012)은 사회적 책임을 공감하고 아동학대에 대한 사회적 노력과 아동가족을 위해 지출하는 '사회복지적인 노력'이 필요하다고 하였다. 또한 사회 양극화로 인한 사회 구성원들 간의 경제적·심리적 불평등이 심각한 사회문제로 대두되고 있는 현실에서 절대적 빈곤뿐 아니라 상대적 빈곤으로 인한 아동학대의 영향은 어떠한가에 대해서도 주목이 필요하다(Young and Gately, 1988 ; Wilkinson, 2005 ; WHO, 2010).

김선숙(2012)에 의하면 아동빈곤은 아동학대에 영향을 미친다고 하였다. 즉, 빈곤 부모의 자녀양육 및 보호를 위한 자원의 부족이나 경제적 결핍으로 인하여 부모의 높은 스트레스는 자녀에게 부적절한 양육태도를 보이거나 자녀를 학대 및 방임할 가능성을 높일 수 있다는 것이다.

아동빈곤에 대한 사회적 지원과 아동학대의 관계에서 가족의 공공부조 수급 여부(Pelton, 1989 ; Needel, Cuccaro-Alamin, Brookhard & Lee, 1999)는 아동학대로 인한 아동보호서비스 대상이 될 확률이 달라질 수 있다. 즉, 빈곤가족은 그렇지 않은 가족에 비하여 아동학대로 인한 아동보호서비스 대상이 될 확률이 높을 수 있다는 것이다.

또한 지역사회의 빈곤수준도 아동학대 발생률과의 높은 상관관계가 있는 것으로 나타났다(Gargarino & Kostelny, 1992 ; Brown et al., 1998 ; Coulton, Korbin, & Su, 1999 ; Doe, 2000 ; 이봉주·김세원, 2005). 혹은 유럽 국가들의 체벌금지정책에 대한 몇몇 연구들은 체벌금지가 아동학대 예방에 효과적임을 지지하였다(Durrant, 1999 ; Durrant & Janson, 2005). 이것은 경제나 정책이 아동학대의 감소와 밀접한 영향이 있음을 의미하는 것이다.

스웨덴의 사례를 분석한 연구에서는 체벌금지가 실제 체벌의 감소, 위기에 처한 아동 발견 감소, 아동학대로 인한 사망률의 감소, 정책적 개입이 예방적으로 변화 등의 효과가 있었다고 보고하고 있다(Durrant, 1999).

이와 같이 체벌금지는 부모의 체벌에 대한 인식을 변화시켜 체벌을 감소시킬 뿐

만 아니라, 아동의 체벌의 경험을 줄여 줌으로써 그 아동이 자라서 부모가 되었을 때 체벌을 하는 경향을 줄여주는 역할도 한다(Bussmann & Erthat, 2011).

이에 1980년대 전후에 들어가면서 아동학대를 사회문제로 인식하고 사회적 차원의 경제적 개입 필요성에 대해 주장이 일고 있으며, 아동학대 발생요인을 아동 개인을 포함한 가족요인을 비롯하여 지역사회요인(Coulton, Korbin, Su, 1999), 사회경제적 요인(Garbarino & Kostelny, 1992 ; Kantor and Straus, 1987), 문화적 요인(Korbin, 1980 ; Beckett, 2005 ; Ferrari, 2002)으로 분류하는 다각적인 시도들이 등장하고 있는 추세에 있다. 다음 아동학대에 대한 사례를 살펴보고 이에 대해 논해 보자.

■ 아동학대의 사례

우리나라에서는 아동학대에 관련하여 2015년 1만 6,650건을 아동학대로 최종 판명하였다. 아동학대는 2015년 말 부모의 감금과 학대로부터 탈출한 인천의 '11세 16kg' 소녀 사건, 소금밥 치사사건, 욕실감금에 따른 동사사건, 그 밖에 묶어놓기, 매질, 강요된 폭식 등 다양하게 나타나고 있다.

이에 따라 아동학대 방지 토론회 및 포럼과 연구 발표도 활발히 이어졌으며, 한편 '아동학대 근절 원년'을 정부가 선포하기도 했다. 그런데 문제는 아동학대 피해아동의 70%는 학대가 자행된 집으로 돌려보내지게 된다는 것이다. 또한 피해아동을 맡는 쉼터 수도 절대적으로 부족하다. 학대 아동의 현장 조사, 응급조치, 사례 관리를 맡는 아동보호전문기관도 예산 · 인력난이 심각한 것을 알 수 있다. 56곳의 아동보호전문기관 1개소(평균 직원 9명)가 관내 아동 16만 명을 담당하는데, 이는 추산해본다면 상담원 1명당 1만 8,000명이 관리 대상인 셈이다.

또한 우리나라의 국내 학대 피해아동 보호활동은 그 동안 민간 주도로 진행되어 왔고, 경험과 전문성을 인정받는 굿네이버스 등의 민간단체가 아동보호전문기관을 위탁받아 운영되고 있는 이외에 다양한 학대아동기관이 필요한 실정이다.

이에 보건복지부에서는 '전국아동학대현황보고서'를 발간하고 아동학대 예방 및 피해아동 보호를 위한 각종 지원을 강화하고 있다. 이는 2013년의 울산 아동학대 사망 사건 등으로 아동학대에 대한 국민적 관심이 높아지는 가운데 2014년 1월 28일 「아동학대범죄의 처벌 등에 관한 특례법」이 제정되었으며 아동학대 대응 법·제도가 강화되고 있는 것이다. 신고된 1만 7,791건 중에서 아동학대로 의심되어 지역아동보호전문기관 직원 또는 경찰이 현장에 출동한 아동학대 의심사례는 1만 5,025건에 달했으며, 이 중 1만 27건(66.7%)이 아동학대로 나타났다.

아동학대 유형별로는 다양한 중복 학대가 4,814건(48.0%)으로 두드러졌으며, 방임 1,870건(18.6%), 정서적 학대 1,582건(15.8%), 신체적 학대 1,453건(14.5%), 성적 학대 308건(3.1%) 순으로 나타났다. 그런데 문제의 심각성은 아동학대의 많은 부분이 부모에 의해서 발생하고 있는데, 부모(8,207건, 81.8%)에 의한 아동학대가 80%를 넘었으며, 발생 원인은 부모 등 보호자의 양육태도 및 양육기술 미숙(33.1%), 사회·경제적으로 과다한 스트레스(20.4%), 부부 및 가족 구성원의 갈등(10.0%)의 순으로 나타났다. 결국 가정의 문제가 아동학대로 이어지는 것이며 이는 향후 당사자 아동의 트라우마나 잠재된 사회문제로 이어질 수도 있는 심각한 사안이다.

피해아동에 대한 보호조치를 살펴보면 원가정 보호 6,666건(66.5%), 분리보호 2,610건(26.0%), 분리보호 후 가정 복귀 734건(7.3%), 사망 17건(0.2%)으로 나타났으며 학대행위자에게 취해진 조치로는 상담과 교육 등 지속관찰이 7,461건(74.4%)으로 가장 많았고 고소·고발 등 형사절차 처리의 건수 1,508건(15.0%), 알코올 중독치료병원 입원 등의 아동과의 분리는 508건(5.1%)으로 조사되었다.

이에 따라 2014년 9월 「아동학대범죄의 처벌 등에 관한 특례법」의 시행은 피해아동 보호를 위한 각종 사법적 절차의 도입을 통해 아동학대 사건 발생 시 더욱 강력하게 대처하고자 하는 정부의 의지를 나타내고 있다. 또한 지역아동보호전문기관에서는 정책적으로 피해아동의 학대 후유증 극복, 학대행위자의 재학대 방지 및 피해아동 가정의 가족기능회복을 위해 다양한 의료·사회서비스를 제공하고 있다.

우리나라에서는 2015년 2월 아동학대 예방 종합대책을 발표하고 아동학대 예방 및 피해아동 보호를 위한 각종 조치를 지속적으로 추진하여 왔다. 이는 2000년 국가가 아동학대 예방사업을 통하여 '아동학대 유관기관 공동업무수행지침'을 제정하고 신고전화를 112로 통합하는 등 「아동학대범죄의 처벌 등에 관한 특례법」을 도입하고자 하는 활동으로 나타났다. 또한 2015년부터 지역아동보호전문기관을 국고보조사업으로 환원하여 아동학대 관련 예산을 488억 원(국고 252억 원, 지방비 236억 원) 확보하여 인프라를 대폭 보강하였다.

향후 아동학대 근절 및 피해아동 보호를 위하여 관련한 법·제도를 지속적으로 보완하고, 재학대 방지를 위한 피해아동 보호 및 가족지원을 확대하며, 아동학대 예방 및 조기 발견을 위해 교육 및 홍보도 더욱 강화하는 정책이 필요하다. 아동학대는 처벌보다 예방이 더 효과적이기에 우리나라의 '귀한 자식일수록 매로 다스린다'는 잘못된 문화를 개선하기 위한 사회적 홍보와 교육도 정책입안만큼이나 중요하다.

2) 가출청소년 및 가족정책

청소년의 가출문제는 부부간의 불화, 별거, 이혼 등의 가족 해체와 함께 사회적으로 문제화되며 또래 간의 불건전한 문화의 확산과 비행 등으로 가출청소년의 수는 매년 증가하는 추세에 있다.

가출청소년의 경우 문제의 심각성은 각종 범죄에 노출될 수 있다는 것이며 이것은 당초의 가출 의도와 달리 위험상황으로 비행, 약물, 알코올, 매춘, 중독 등의 유혹에 노출될 가능성이 높다는 것을 의미한다.

이것은 가출청소년의 원가족에서 문제가 이어지는 경우가 많아 원가족의 상태가 심리 및 경제적 자원이 불안정한 가족에서 가출 전부터 부모와의 갈등으로 인한 경우가 많으며 이는 부모나 자녀의 알코올, 남용, 폭력, 방임 등으로 인하여 원가족 간의 심화된 갈등 및 스트레스의 회피처가 되기도 하므로 청소년 가출의 문제는 원가족과 함께 다루어져야 할 것이다. 즉, 가족의 예방적인 정책은 가출청소년의 발생빈도를 낮출 것이다.

이들의 경우 대부분 가족 간의 의사소통문제에 있어서 심각한 역기능적인 순환이 있어온 것으로 나타나고 있으며 따라서 청소년 가출은 가족의 문제에 대한 행동화라고 볼 수 있기 때문이다.

이에 대하여 조사된 바에 의하면 청소년들의 우울과 낮은 자존감과 낮은 통제력이 지적되고 있으나 이는 가족의 영향으로 인한 것일 가능성도 배제할 수 없기 때문인 것으로 나타났다. 청소년은 가족 속에서 영아기, 유아기, 아동기를 보낸다. 이러한 시기에 정상적인 사랑과 친밀한 의사소통관계가 형성된다면 청소년의 일방적인 가출이 일어나기란 쉽지 않다는 것이다.

이들 가족은 이미 실업, 방임, 학대, 중독, 알코올 등으로 많은 문제에 얽혀 있으며 따라서 가족이나 사회적 지지체계가 약하고 장시간의 총체적인 개입을 요하므로 이는 한 사람의 관리자가 상담을 통해 담당하기에는 한계가 있다. 청소년은 아직도 보호를 받아야 하는 존재임에도 불구하고 가족이나 사회로부터 적절한 돌봄을 받지 못한 상태에서는 가족과 사회에 대한 반항과 스스로의 무가치, 무기력한 상태에 대한 발로로 논리적인 선택보다 무책임성에 오히려 방치되는 것이다.

따라서 이들에게 정책적으로 개입할 때는 보다 포괄적인 가족 차원의 지원이 필요한데, 가출청소년들이 가지고 있는 구체적 결과문제뿐 아니라 원가족문제, 경제문제, 청소년의 꿈과 같은 상위목표에 관한 문제, 영성, 힐링, 관심 분야의 취미 등을 통하여 이들의 상처받은 마음과 정서를 감싸주고 희망을 줄 수 있어야 할 것이다.

이를 위해서는 한부모가족문제, 이혼가족문제, 재혼가족문제, 알코올중독 가족문제, 빈곤가족문제 등 다양한 가족이 가지는 특성에 대한 지식과 이해가 전제되어야 하며 경우에 따라 임상병리적 차원의 다학제적인 팀협력적 지원도 필요하다.

가출청소년은 대부분 트라우마(post traumatic stress disorder)로 고통받는 경우가 많고 소아 우울(childhood depression)이나 우울행동장애(depressive conduct disorder)가 발전하여 청소년기에 외부로 드러나는 경우도 많다.

그러므로 무조건적 대안보다는 가족적 차원의 개입이 필요하다. 우리나라에서는 이에 대하여 대학생 멘토 제도나 혹은 다양한 참 만남 자조집단 등을 각종 센터를 통해서 실시하고 있으며 각 지역별로 건강가족지원센터를 통한 사례관리의 상담도 진행하고 있는데, 이것은 청소년의 마음을 돌보는 데 중요한 기능을 하고 있으며 향후 더욱 심화확대되는 지원방안이 필요하다.

이들에 대한 가족정책적인 개입은 가족을 중심으로 다중 체계적(multi-systemic)인 관리가 되어야 하며 청소년을 둘러싼 가족 및 학교체계, 또래 등의 다차원적인 접근과 지원이 되어야 한다. 사실 청소년가출은 청소년의 절망감을 표현한 하나의 형태이기도 하다. 이를 청소년 쉼터를 찾는 가출청소년에게서 보면 사회경제적 박탈(socioeconomic deprivation)과 관련한 대처가 어려운 다양한 문제를 지니고 있는 'hard-core family' 상태인 경우가 많아서 단순 선도를 통한 귀가가 어려운 상황이 많이 나타나고 있다.

Chapter 10

특수문제와 가족정책

1. 알코올중독에 대한 정책적 개입
2. 알코올중독자 가족에 대한 정책적 개입

1. 알코올중독에 대한 정책적 개입

1) 알코올중독의 정의

세계보건기구의 정의에 의하면 알코올중독의 정의는 전통적인 음주 습관의 범위를 넘거나 또는 지역사회 전체의 사회적 음주 습관을 넘어서 음주하는 경우로 정의하고 있다. 우리나라는 사회적으로 알코올을 통하여 친목을 다지려는 경우가 많으며, 비즈니스의 한 형태, 각종 학생들의 MT의 관례 등의 문화에서 스스로 중독자임을 인식하지 못하는 경우도 많다.

미국 정신의학회에서 제정한 정신장애의 진단기준에 따르면 알코올중독이란 알코올로 인하여 사회적 또는 직업적 기능의 장애를 초래하고 스스로 알코올을 줄이거나 끊을 수 없으며, 거의 매일 알코올을 마셔야 한다면, 또한 술을 마시면 육체적인 질병이 악화되는 줄 알면서도 계속 마시는 경우는 명백한 알코올중독이라고 하였다.

2) 알코올중독의 원인

알코올중독에 대한 정확한 원인은 아직도 분명하지 않으나 생물학적 및 유전적 소인과 심리사회학적 요인 등의 상호관계에 의하여 이루어지기도 하고, 스트레스나 다른 질환들이 복합적으로 작용한 결과라고 추측되기도 한다.

현재까지 밝혀진 알코올중독의 원인은 크게 유전적 원인, 심리적 원인(스트레스), 정신분석학적 원인, 성격적 원인, 사회문화적 원인으로 나타나고 있다.

3) 알코올중독자의 특성

① 알코올중독자는 술을 조절할 수 있는 능력이 부족하고 음주에 대해 집착하여 스스로 단주가 힘들다.
② 알코올중독은 알코올에 대한 내성이 증가하며 단주를 하면 금단증상이 온다.
③ 알코올중독자는 음주로 인해 개인의 신체, 심리, 정서상 장애가 있어 정상적인 사회생활과 자제가 힘들고 직장생활을 하는 데 어려움이 있다.
④ 알코올중독자는 스스로 자신의 음주 사실을 강하게 부정한다.
⑤ 알코올중독자는 일단 술을 마시면 평상시와는 다른 모습으로 아내 구타, 아동학대 등 폭력적인 행동을 할 가능성이 정상인에 비하여 높을 확률이 있다.
⑥ 알코올중독자는 심리적으로 미숙하고 스스로 컨트롤할 수 있는 통제능력의 부족과 대인관계에서의 높은 불안, 죄책감, 자기중심성, 수동적, 심한 의존성, 지나친 완벽주의, 적개심, 좌절감, 우울증, 혼돈, 비합리적인 사고 등을 갖는 경향이 정상인에 비해 높은 편이다.

2. 알코올중독자 가족에 대한 정책적 개입

1) 알코올중독자 가족의 정의

알코올중독자 가족이란 가족 중 한 사람이 알코올중독자인 경우를 지칭하며 부모 중 한 사람이 알코올중독자로 많은 문헌상에서는 아내, 남편이나 아버지 혹은 어머니가 알코올중독자인 경우를 다루고 있으며 이들 가족이 겪는 정신적 고통은 매우 큰 것으로 나타나고 있다.

특히, 자녀의 성장과정에서는 부모에 대한 피해의식으로 인하여 가족해체, 반목,

폭력 등으로 성장에 부정적인 영향을 주어 각종 사회문제로 이어질 수 있다.

2) 알코올중독자 가족 관련 현황

한국 음주문화연구센터에서 2000년 전국 1만 5,000명을 대상으로 조사한 결과 우리나라 성인 5명 중 한 명이 스스로 인지하지 못하는 상태에서 알코올중독 수준으로 조사되었다. 한국음주문화연구센터는 만 18세 이상 남녀 3,029명의 응답내용을 세계보건기구(WHO)가 정한 알코올 장애 측정 진단표에 따라 이를 분석한 결과 19.5%가 알코올장애로 나타났다고 하였다.

또한 음주의 연령도 점차 낮아지고 있는 추세이다. 한국음주문화연구센터에서 2000년 7~8월 사이 전국 70여 개의 병원에 입원 중인 알코올중독자 493명을 대상으로 실시한 연구 결과로 전체 대상자 중 약 47.9%가 음주 가족력을 가진 것으로 조사되어 가족, 특히 자녀에 대한 치료적인 개입은 예방적 차원의 성격까지 정책적으로 개입되어야 할 당위성을 설명하고 있었다.

■ 한국음주문화연구센터

한국음주문화연구센터 및 바커스 예방협회는 우리나라의 알코올 문제의 예방 및 해결을 위해 알코올 문제 치료 및 재활, 그리고 조사와 정책 연구 사업을 주요 사업으로 하고 있으며, 이에 대한 지식을 청소년들에게 알려주고자 다양한 행사를 통하여 노력하고 있다.
한국음주문화연구센터의 경우는 청소년 예방활동으로 1998년 이후 초등학생, 중학생, 고등학생, 대학생의 각각을 대상으로 각종 예방 프로그램을 개발하여 지속적으로 운영하고 있으며 이에 대한 정보를 제공하고 있다.
각 연령별로는 알코올 문제에 대한 인식의 정도와 술을 마셔본 경험, 이에 대한 지식의 수준이 다르므로 각각에 적합한 프로그램을 실시하는 것이 효율적이라 보고 있으며 따라서 초등학생을 위한 'STAR', 중학생을 위한 'TEEN PLUS', 'COPE', 그리고 고등학생을 위한 'SAY NO' 등의 프로그램은 대상별로 특성에 맞게 프로그램화하여 제공하였다.
청소년 예방은 단순히 청소년만을 대상으로 하기보다 청소년에게 영향을 미치는 또래와 부모 및 교사 등을 한 울타리로 보고 이들을 위한 프로그램을 개발하고 함께 대상화하여 시행함으로써 건강한 알코올문화의 정착에 힘쓰고 있다.
이들 프로그램 중 일부는 교수와 학생들로 구성된 예방단체로 '한국바커스'와 공동개발 운영하고 있다. 또한 직장인을 위한 음주 예방 프로그램 개발을 준비 및 주부, 여성, 군인, 예비군, 공무원, 탈북자 등을 대상으로 한 예방 프로그램 등 대상을 세분화하고 다양화하여 인식을 제고하고 홍보 및 예방활동을 펼치고 있다.
이들 각각 프로그램의 대상자는 곧 미래 사회문제를 감소시킬 수 있는 것으로 생각될 수 있으며 정책적 입안만큼이나 중요한 사안이다.

3) 알코올중독자 가족의 특성 및 문제점

알코올중독자 가족의 심각성은 알코올중독자의 가족이 정상가족에 비하여 가족환경이 일정치 않은 경우가 많으며 각종 폭력에 노출되기 쉬우므로 결손가정이 많고 가족 구성원이 정서적 문제를 많이 호소하고 있다는 것이다. 따라서 학업성적에 지장을 주거나 사회적 수행이 떨어지며 반사회적 심리 및 알코올과 관련된 피해의식이 많이 있다.

(1) 알코올중독자 배우자 및 부부

알코올중독자의 배우자들은 우울, 불안 및 신체 증상을 호소하거나 가족원의 심리적 스트레스나 위축을 호소하는 경우가 많다. 그러므로 이는 알코올중독자만의 문제가 아니며 그에 대한 가족에 대한 정책적 개입도 필요하며 알코올중독을 하나의 질병으로 간주하여 철저히 관리하는 것이 필요하다.

그러나 문제는 당사자가 가장인 경우 가부장적 사회분위기에서 방치되는 경우가 많으며 본인의 심리적 불인정으로 인하여 만성적인 패턴으로 가는 경우가 많아, 사회적으로 중독에 대한 바른 인식이 필요하며 청소년이나 사회초년생 등은 이에 대한 철저한 예방도 필요한 것이 현실이다.

다음은 알코올중독자 부부의 문제점으로 구체적으로 알코올중독자 부부가 경험하는 문제는 심리적인 측면으로 불안정과 스트레스로 인한 과다 음용, 낮은 자존감, 과잉 간섭, 억압, 비신뢰 및 강박 증상을 보이며, 특히 자신이 제대로 인정이나 이해받지 못한다는 피해의식을 통하여 점차 왜곡되고 고립된 관계를 형성해 가게 된다. 이러한 현상은 직업의 중단이나 상실로 이어질 수 있으며 이를 통하여 음주습관은 악화되고 이것은 가족에게 고스란히 고통으로 전가되는 현상으로, 술을 위해 위험과 폭력을 감수하는 병리적 현상으로 발전할 수 있다.

(2) 알코올중독자의 자녀

알코올중독자의 자녀는 이러한 혼란상태에서 부모의 모델을 무의식적으로 학습하는 경우도 있으며 부모와 위계가 바뀌거나 혹은 강한 방어기제를 형성하여 혼란스러운 가족환경에서 받은 스트레스에 적응하기 위해 감정표현 억제, 친밀한 관계 회피, 거절 등의 방어기제를 형성하고, 가족 내의 역기능에 적응하기 위해 희생양 등의 역할을 수행하게 되기도 하므로 정책적 개입이 요구된다.

또한 부모로부터 끝없는 요구나 비난 혹은 과잉간섭과 학대를 받음으로써 자존감과 자아효능감, 심리적 안녕감이 낮은 편이다. 이들에게 나타날 수 있는 질병으로는 과잉행동장애증후군, 성인기의 각종 중독증후군, 우울증, 분노 등이 유발될 수 있다. 또한 알코올중독자에 대한 수치심과 가족의 알코올중독의 문제를 은폐하고자 하는 태도로 인한 대인관계의 어려움 그리고 남을 신뢰하지 못하게 되는 불신감과 친구를 자연스럽게 집으로 데리고 올 수 없는 부담감, 위축 및 외부세계와의 단절 등이 나타날 수 있으며 공격적인 심리, 대인 불신적 성향이나 의존성이 나타나는데, 이로 인하여 2차적인 대인관계와 사회관계에 부정적인 영향을 줄 수 있다.

4) 알코올중독자의 가족을 위한 가족정책

「정신보건법」에 의하여 1998년부터 우리나라는 알코올중독자 가족을 위한 정책적인 제도로 알코올과 약물중독자에 관한 예방 및 홍보와 관리를 실시하고 있다. 이를 통하여 알코올중독문제 개입에 대하여 민간 차원의 각종 프로그램과 병행하여 중증의 경우에는 입원치료 중심으로 접근하고 있다. 알코올중독은 대부분 본인이 이를 자각하고 의지를 가지고 치료하려는 의지가 적으므로 많은 전문적인 발견을 통한 개입과 관심이 필요한 분야이다.

(1) 알코올 단주치료

알코올중독치료를 위해서는 알코올중독자 자신이 알코올로부터 벗어날 수 있도록 의지를 심어주고 실천하도록 하는 것이 무엇보다 중요하다. 이를 위해 단주치료의 상담 및 프로그램의 적용이나 정책적 홍보도 필요하다.

단주치료는 가족이나 지인의 강요에 의해 시작되는 경우가 대부분이므로 많은 환자들은 숨어서 술을 마시고 싶은 욕구로 인해 계속 양가감정의 갈등을 겪는데, 이러한 갈등은 치료과정에서 꼭 다루어야 하며, 이때 치료받고자 하는 동기를 강화하는 데 중점을 두고 치료 후의 생활에 대한 모습의 이미지를 강화하며 이를 통한 자기 관리능력을 강화시킨 뒤 사회에 복귀시키는 것이 필요하다.

첫째, 클라이언트에게는 무엇보다 객관적인 현실을 자각하게 하고, 클라이언트 스스로는 술에 대해 무기력하고 조절능력이 없음을 인정하며 전문적 치료를 받아들이도록 해야 하는 것이 필요하다.

둘째, 알코올중독이 병이라는 사실과 이것이 어떤 병이며 어떻게 진행되어 자신의 신체와 가족에게 어떠한 영향을 미치는지에 대하여 인식시킴으로써, 여기에서 회복되는 유일한 길은 술을 끊는 것밖에 없음을 클라이언트와 가족이 깨닫도록 해야 한다.

(2) 알코올 재활치료

알코올중독의 재활이란 개인이 지나친 음주 유형에 직접적으로 개입할 뿐 아니라 다시 정상이었던 상태로 회복하여 과거의 알코올 습관으로 돌아가지 않고 향후 알코올 문제를 예방하도록 설계된 모든 행동을 의미한다. 따라서 재활과정은 일차적 보호와 장기적 보호의 두 단계로 구분할 수 있는데, 일차적 보호란 과도한 음주의 원인을 생활 가운데 발견하고 다른 긍정적인 대치행동으로 이를 바꾸는 것이며, 장기보호는 금주 이후 안정화 단계로 일차적인 보호기간 동안 시작된 변화를 확고하게 강화하기 위한 긍정적인 활동들과 관련된다.

세계적으로 널리 활용되는 미네소타 재활 모델은 진단과 의뢰센터, 해독센터, 일차성의 거주형 프로그램 및 장기적 보호 프로그램, 중간의 집, 외래치료, 사후관리 차원의 치료 등으로 구성된 매우 체계적이며 연속적 보호체계를 통해 운영되고 있다. 일반적으로 재활치료에서는 술을 피하기가 어려운 상황에 대처하는 생활 속의 기술과 자조집단을 통하여 동료에 의한 음주의 유혹을 극복하는 방법, 음주했던 시간을 환자가 흥미를 느낄 수 있는 다른 제반 취미와 활동들의 개발로 대체하는 활동 등이 함께 다루어져야 한다.

(3) 알코올 가족치료

알코올중독자들은 자조 모임뿐 아니라 가족 개입에는 질병 모델의 관점, 행동주의적 관점, 가족 체계적 관점을 통해 다양하게 다루어져야 한다. 알코올중독자는 가족 구성원에게 음주에 대한 그럴 수밖에 없다는 식으로 자신의 입장의 합리화를 하면서 심지어 함께 술을 권하기도 한다.

이에 대하여 세르막(Cermak)은 이에 대하여 일반적으로 공동 의존상태에 있는 사람은 항상 사람을 기쁘게 하려는 욕구가 있으며, 다른 사람의 욕구를 충족시키는 데에 책임을 느끼고, 자존감이 낮으며, 충동적이고 방어적이며 문제를 부인하려는 경향이 있다고 보았다.

알코올중독의 치료로는 질병으로서 알코올중독에 대한 지식 교육, 역기능적인 가족의 행동에 대한 개입으로 인식교육, 개인적이고 대인관계적인 문제에 초점을 두는 개별 또는 집단치료과정이 포함된다. 또한 행동주의적 관점에서는 배우자가 알코올중독자에게 상당한 잠재적 영향력을 가진 사람이라고 인식한다.

알코올중독이 가족과 많은 체계 강화요인에 의해 지속적으로 유지된다고 보기 때문에 행동 변화 기법과 부부치료 절차를 동시에 사용한다. 그러나 가족의 개입에는 한계가 있는 경우가 많아 신문 등으로 위장하여 술을 구입하고 집안 곳곳에 술을 숨겨서 마시는 행위 등이 일어날 때에는 반드시 전문가의 개입이 필요한 시점임을 인식하여야 한다.

(4) 재활을 위한 지역사회 지원서비스

알코올중독자를 위한 지역사회를 통한 사회적 지지서비스의 지지적 행위의 속성은 크게 4범주로 구분할 수 있다.

① 재활을 위한 기관 등을 통한 정서적 지지

알코올중독을 극복하기 위해 자조 모임 등을 통하여 애정, 신뢰, 관심, 경험의 행위를 포함하는 정서적 지지가 필요하다.

② 재활을 위한 정보적 지지

알코올중독을 극복하기 위해 재활의 차원으로 구직 기회를 주거나 직업을 구할 수 있는 방법을 가르쳐 주는 것과 같은 적극적인 개입과 정보를 제공하는 정보적 지지가 필요하다.

③ 재활을 위한 물질적 지지

알코올중독을 극복하기 위해 물질적 지지로 금주를 위한 프로그램의 지원이나 기관 연결 같은 지지가 필요하다.

④ 재활을 위한 평가적 지지

알코올중독을 극복하기 위해 클라이언트의 행위를 인정해 주는 등 자기 평가와 관련된 정보를 제공하는 평가적 지지가 필요하다.

(5) 알코올중독 치료에 따른 사회적응 프로그램 활성화

알코올중독자 가족이 느끼는 스트레스 중에서 경제적인 문제는 매우 큰 비중을 차지한다. 이러한 가족성원의 경제적 부담을 완화하고 2차적인 문제를 예방하기 위해서는 국가 차원에서 알코올중독자의 정상적인 사회 적응 및 복귀와 직업활동을 지원하기 위한 단계적인 직업재활 프로그램의 개발이 필요하고 이를 적극적으로 보급해야 한다.

현재 우리나라는 1995년 통과된 「정신보건법」에 의하여 만성 정신질환자들이 직업재활이라는 사회적응 프로그램으로 사회로 복귀하도록 하는 정책을 펼치고 있으나 향후 보다 다양하고 적극적인 자립재활 작업장의 제공도 필요하며 전문가 양성을 통한 체계적인 지도가 가능한 공동 거주시설을 늘리는 것 등 보다 적극적 개입도 필요하며, 예방정책에도 많은 지원이 필요하다.

(6) 알코올중독자와 가족 자조집단의 활성화

알코올중독자 자조집단뿐 아니라 그 가족의 자조집단은 비슷한 경험을 공유하고, 상호 간의 사회적 지지를 제공할 수 있는 의미 있는 모임이라고 할 수 있다. 현재 우리나라는 알코올중독을 치료하는 병원 등에서 가족친목 모임을 지원하고 있다. 또 전국 단위의 알코올중독 환자들의 사후모임인 단주 친목모임이 있으며 가족 친목모임으로는 알라논과 알코올중독 환자 자녀를 위한 알라틴 모임 등 다수가 있으나 아직 홍보가 활발히 이루어지고 있지는 않다.

특히, 빈곤층의 의료보호 가족들은 평일에 생계에 관련된 일로 일터에 나가 있는 경우가 대부분이어서 이러한 모임에 나갈 시간적 여유가 없기 때문에 모임을 지속하기 어렵다. 그러므로 정부의 지원을 통하여 **주말을 이용한 가족친목 모임**이 활성화되어 각 지역사회에서 열릴 수 있도록 하는 것과 다양한 접근을 통한 발굴과 관리가 필요하다.

Chapter 11

이혼 · 재혼 · 입양가족과 정책

1. 이혼가족의 개념 및 실태
2. 재혼가족
3. 입양
4. 양자의 법적 성립요건
5. 양자성립의 형식요건
6. 입양의 역사
7. 입양의 유형
8. 입양의 법적 절차
9. 입양사업의 현황 및 문제점
10. 입양의 향후과제 및 개선방향

1. 이혼가족의 개념 및 실태

우리 사회의 부부를 살펴보면 이혼율은 증가 추세에 있으며 이러한 양상은 개인적인 문제를 넘어 가족 및 사회문제로 주목받고 있다. 이러한 이혼율의 증가와 함께 결혼 및 출산율의 감소 등이 동시에 진행되고 있어, 이혼 및 여성의 사회진출에 따른 사회적 개입이 시급한 실정이다.

이혼은 이전 시대에는 일종의 일탈행위로 낙인감이 부여되기도 하였다. 그러나 최근 이혼은 성격 차이 등으로 인한 불행한 결혼관계, 스트레스와 갈등의 주체적 해결방안으로 새로운 자신의 자기 발견의 기회라는 측면으로 개인의 '선택적 사항'이라는 인식이 존중되고 있다.

이혼은 법적으로는 하나의 간단한 사건에 불과할 수 있겠지만 개인이나 심리 및 사회적으로는 일련의 사건들이 고리를 이루고 있는 복합적인 과정이라 할 수 있다. 즉, 이혼에는 다양한 요인들이 작용하며, 그중 여성의 사회 및 경제적 지위의 향상과 독립적 자기인식, 가족 및 결혼에 대한 가치관의 변화 그리고 이혼의 사회적 인식 및 개인의 태도 변화 등이 있을 수 있다.

1) 우리나라 가족의 이혼 실태

(1) 이혼의 실태와 원인

우리나라 통계청(2013)에 의하면 한 해 동안 혼인은 32만 2,800건으로 이전 해인 2012년 32만 7,100건보다 4,300건(1.33%) 감소한 것으로 나타나고 있다. 또한 2013년 한 해 동안 이혼은 11만 5,300건(쌍)으로 2012년의 11만 4,300건에 비하여 1,000건

(0.9%) 증가한 것으로 나타났다.

이혼은 소송을 통한 이혼과 당사자 간의 협의에 의한 이혼이 있다. 소송을 통한 이혼은 쌍방 중 한 사람이 다른 한 사람에게 재산의 분할 등을 통보하는 형식으로 상대가 동의하면 이루어지는 형식으로 진행된다. 이 경우 재판이혼은 법률이 정하는 기준에 따라 이혼을 할 수밖에 없는 원인이 있다고 인정하는 경우에 법정에서의 재산기여 정도 등에 대하여 재산분할이나 양육권 등의 판결에 의하여 이혼이 성립된다.

반면, 협의이혼은 당사자 간에 이혼할 것을 합의하여 부부가 함께 가정법원에 가서 접수를 하고 숙려제도를 거쳐서 판사로부터 이혼 의사 확인을 받아 이를 관할 기관에 신고하는 방법으로 「호적법」에 의하여 이혼 확인서를 제출함으로써 성립이 되는 법적인 이혼의 형태이다(「민법」 제834조, 제837조, 「호적법」 제79조).

(2) 이혼의 인구사회학적 특성

다음의 〈표 11-1〉에서 나타난 사항을 살펴보면 총 결혼건수 대비 총 이혼건수는 해마다 꾸준히 이어지고 있으며 결혼에 대한 이혼율은 매우 높은 비율을 보여 주고 있음을 알 수 있다. 이를 제시하면 다음과 같다.

■ 이혼건수 및 조(粗)이혼율

2019년 이혼은 11만 8백 건으로 전년보다 2.0% 증가 (2천 1백 건)

- 2019년 이혼은 11만 8백 건으로 전년(10만 8천 7백 건)보다 2.0%(2천 1백 건) 증가함.
  - 2019년 조이혼율(인구 1천 명당 이혼건수)은 2.2건으로 전년보다 0.1건 증가함.
- 유배우 이혼율(유배우 인구 1천 명당 이혼건수)은 4.5건으로 전년과 유사함.

〈표 11-1〉 이혼건수, 조이혼율 및 유배우 이혼율, 2009-2019

	2009	2010	2011	2012	2013	2014	2015	2016	2017	2018	2019
이혼건수(천 건)	124.0	116.9	114.3	114.3	115.3	115.5	109.2	107.3	106.0	108.7	110.8
증감(천 건)	7.5	-7.1	-2.6	0.0	1.0	0.2	-6.4	-1.8	-1.3	2.7	2.1
증감률(%)	6.4	-5.8	-2.2	0.0	0.9	0.2	-5.5	-1.7	-1.2	2.5	2.0
조이혼율*	2.5	2.3	2.3	2.3	2.3	2.3	2.1	2.1	2.1	2.1	2.2
유배우 이혼율**	5.2	4.8	4.7	4.7	4.8	4.8	4.5	4.4	4.4	4.5	4.5

* 인구 1천 명당 건, ** 15세 이상 유배우 인구 1천 명당 건
출처 : 통계청, 2019 혼인 · 이혼통계

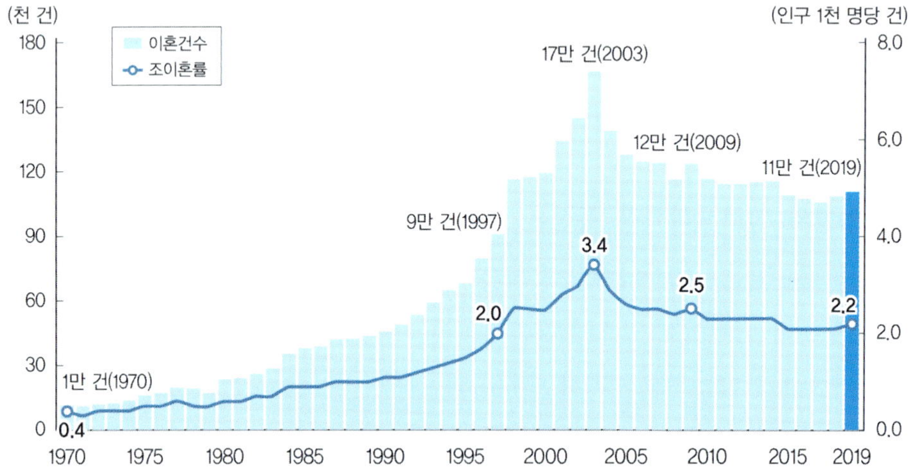

[그림 11-1] 이혼건수 및 조이혼율 추이, 1970-2019

출처 : 통계청, 2019 혼인 · 이혼통계

다음의 〈표 11-2〉는 동거연수를 포함하여 이혼율을 나타낸 것으로 2013년을 기준으로 하여 4년 이내에는 27.3%, 5~9년 이내는 21.5%, 10~14년은 16.9%, 15~19년은 17.2%, 20년 이상도 30.4%에 달하고 있음을 알 수 있어 이혼은 지속 햇수와 상관없이 이혼의 비율을 일정 비율의 이상에 도달해 있음을 나타내 주고 있다.

■ 혼인지속기간* 및 미성년자녀 유무

혼인지속기간 20년 이상 이혼이 전년대비 5.8% 증가

* 법적인 결혼(혼인)여부와 관계없이 실제 결혼생활 시작에서 사실상 이혼(별거)까지의 동거기간

- 이혼 부부의 평균혼인지속기간은 16.0년으로 전년대비 0.3년, 10년 전 대비 3.1년 증가함.
- 혼인지속기간 20년 이상 이혼이 전년대비 5.8% 증가하여 구성비로 보면34.7%로 가장 많고, 다음으로 4년 이하가 21.0%를 차지함.
- 20년 전에는 혼인지속기간이 길수록 이혼이 감소했으나, 최근에는 20년 이상 및 4년 이하가 전체 이혼의 55.7%를 차지함.
  - 혼인지속기간 30년 이상 이혼도 지속적으로 늘어 10년 전에 비해 2.1배임.

〈표 11-2〉 혼인지속기간별 이혼건수 및 구성비, 2009-2019 (단위 : 천 건, %, 년)

	2009	2010	2011	2012	2013	2014	2015	2016	2017	2018	2019		전년대비	
												구성비	증감	증감률
계*	124.0	116.9	114.3	114.3	115.3	115.5	109.2	107.3	106.0	108.7	110.8	(100.0)	2.1	2.0
4년 이하	33.7	31.5	30.7	28.2	27.3	27.2	24.7	24.6	23.7	23.2	23.3	(21.0)	0.1	0.4
5~9년	23.6	22.0	21.7	21.5	21.5	22.0	20.8	20.6	20.5	20.1	20.0	(18.0)	-0.1	-0.4
10~14년	20.0	18.6	17.4	17.7	16.9	16.3	14.9	14.7	14.8	15.5	16.0	(14.4)	0.4	2.7
15~19년	18.4	16.9	16.2	16.6	17.2	17.0	16.2	14.9	13.8	13.5	13.2	(11.9)	-0.4	-2.9
20년 이상	28.3	27.8	28.3	30.2	32.4	33.1	32.6	32.6	33.1	36.3	38.4	(34.7)	2.1	5.8
20~24년	12.8	12.6	12.6	13.6	14.4	14.2	13.4	12.8	12.6	13.1	13.5	(12.1)	0.4	2.8
25~29년	8.3	7.7	7.7	8.0	8.7	8.6	8.8	9.0	8.9	9.7	10.0	(9.0)	0.3	3.4
30년 이상	7.2	7.5	7.9	8.6	9.4	10.3	10.4	10.8	11.6	13.6	15.0	(13.5)	1.4	10.5
평균혼인 지속기간	12.9	13.0	13.2	13.7	14.1	14.3	14.6	14.7	15.0	15.6	16.0	-	0.3	2.2

* 미상 포함

출처 : 통계청, 2019 혼인 · 이혼통계

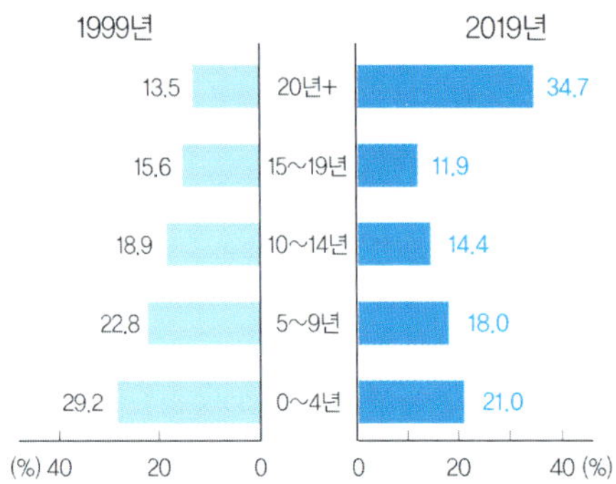

[그림 11-2] 혼인지속기간별 이혼 구성비, 1999, 2019

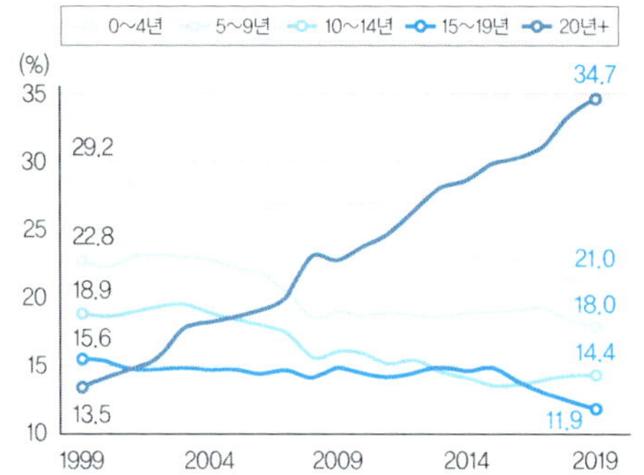

[그림 11-3] 혼인지속기간별 이혼 구성비 추이, 1999-2019

미성년 자녀가 있는 이혼 부부의 이혼 비중은 44.2%, 지속적인 감소 추세

- 미성년 자녀가 있는 부부의 이혼은 4만 9천 건으로 전체 이혼의 44.2%이며, 지속적인 감소 추세임.
  - 미성년 자녀가 1명인 이혼 부부의 구성비는 23.6%, 2명은 17.1%, 3명 이상은 3.4%를 차지함.
- 미성년 자녀가 없는 이혼 부부의 구성비는 53.6%로 10년 전 대비 9.1%p 증가함.

〈표 11-3〉 미성년 자녀 유무별 이혼건수 및 구성비, 2009-2019 (단위 : 천 건, %, 년)

	2009	구성비	2010	2011	2012	2013	2014	2015	2016	2017	2018	2019	구성비	전년대비 증감률
계*	124.0	(100.0)	116.9	114.3	114.3	115.3	115.5	109.2	107.3	106.0	108.7	110.8	(100.0)	2.0
미성년 자녀 있음	68.5	(55.2)	62.9	60.1	60.3	59.0	57.2	52.8	51.0	50.1	49.4	49.0	(44.2)	-0.9
1명	31.5	(25.4)	30.0	29.0	29.9	30.1	30.0	27.8	27.3	26.7	27.0	26.2	(23.6)	-2.9
2명	31.9	(25.7)	28.3	26.7	26.2	24.7	23.3	21.2	20.0	19.7	18.7	19.0	(17.1)	1.6
3명이상	5.1	(4.1)	4.6	4.4	4.1	4.2	3.9	3.8	3.7	3.7	3.7	3.8	(3.4)	2.2
미성년 자녀 없음	55.1	(44.4)	53.7	53.9	53.7	56.1	58.1	55.6	55.4	54.4	57.6	59.4	(53.6)	3.0

* 미상 포함
출처 : 통계청, 2019 혼인·이혼통계

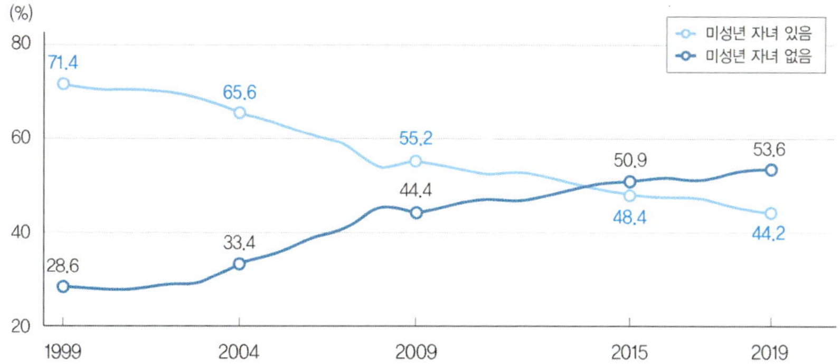

[그림 11-4] 미성년 자녀 유무별 이혼 구성비, 1999-2019

출처 : 통계청, 2019 혼인 · 이혼통계

2) 이혼 사유

다음의 〈표 11-3〉을 통하여 이혼의 주된 사유로는 성격 차이가 47.3%로 가장 컸으며, 경제문제가 12.8% 순으로 나타났다. 또한 가족 간의 불화와 정신 및 육체적 학대가 차지하는 비율은 전체 1/10을 넘어서는 것으로 나타나서 10쌍 중 1쌍 이상이 불화와 정신 및 육체적 학대가 있었음을 알 수 있다. 이를 다음과 같이 나타낼 수 있다.

〈표 11-4〉 「민법」 제840조에 근거한 재판상 이혼 사유에 대한 분석1)

호	이혼 사유	비율(%)
제1호	성격 차이	53,292(47.3)
제2호	기타	23,654(20.9)
제3호	경제문제	14,472(12.8)
제5호	가족 간 불화	7,381(6.5)
제6호	정신적 · 육체적 학대	4,759(4.2)
제7호	건강상	747(0.7)

출처 : 법원행정처(2013), 사법연감

1) 법원행정처, 『2013년 사법연감』 2013, 551.

3) 이혼이 자녀에게 미치는 영향

가족관계에서 부모의 이혼에 의해서 가족의 연대감이 변화되었을 때 자녀들은 부모의 문제가 자신의 문제인 것으로 오인하여 스스로 죄책감을 느끼기도 하며 심리적, 정서적으로 타격을 받을 수 있다. 또한 이혼 가정의 자녀들은 이로 인하여 학교와 사회 및 이성문제에 부적응 현상을 보이게 되는 경향도 높은 편이다.

부모의 이혼을 경험한 아동은 대인관계에서 불안함을 보이는 경향이 있으며 불안감으로 인하여 낮은 자아 존중감을 느낄 수 있다. 특히, 성장기에는 정서적인 문제가 매우 중요한 시기이므로 이 시기에 아동에 대한 적절한 정책적인 개입이 요구된다.

(1) 이혼에 따른 자녀의 심리·정서적 문제

모든 아동은 가정을 통하여 행복하게 성장하여야 할 권리가 있다. 부모는 이혼을 하였을 지라도 지속적으로 자녀가 건강하게 심리 및 정서적으로 성장하도록 도울 의무가 있다. 청소년이나 아동들은 인격의 완성을 이루어야 하는 시기에 부모의 이혼은 가족과 관련하여 매우 충격적인 사건이며 이에 대하여 적절한 심리 및 정서적 접근이 이루어지지 못한다면 이혼 자녀는 극심한 혼란과 우울을 경험할 수 있다.

(2) 이혼과 경제

부모의 이혼은 가족의 가계의 경제에 영향을 미칠 수 있으며 이러한 현상이 청소년의 정서에 영향을 주는 경우에는 청소년들은 학교생활에 흥미를 잃기 쉬우며 경제적 압박감과 역할 혼돈을 함께 경험하기 쉽다. 연구에 따르면 경제적 빈곤은 청소년 빈곤에 영향을 미칠 수 있다. 그러므로 이혼으로 인한 경제적 변화는 자녀의 학업 성취도와 심리적 적응과 자아존중감, 사회적인 행동양식에 영향을 줄 가능성이 있으므로 세심한 관심이 필요하다.

(3) 이혼으로 인한 자녀의 사회성 발달의 문제

부모의 이혼을 성장기에 경험한 자녀는 또래관계 및 학교생활에 영향을 받게 된다. 따라서 조직을 통하여 사회적인 지지가 필요하며 이혼에 대한 낙인감을 주지 않는 분위기라면 자녀는 이러한 심리적 변화와 충격을 비교적 극복할 수 있을 것이다.

이혼 이전의 자녀의 인성이나 행동 및 성취도에 따라 자녀는 회복탄력에 의하여 변화한 생활에 적응을 하게 된다. 그러나 그러한 자녀라 할지라도 상실감을 극복하기 위한 과정을 겪게 되므로 이에 대한 배려와 관심이 필요하다.

4) 이혼가족을 위한 정책 및 프로그램

(1) 이혼가족 교육 프로그램

가족 생활교육 프로그램은 새롭게 변화한 가족관계에 적응하고 가족 내 발생할 수 있는 인간관계의 갈등을 해결하며 선 순환적인 의사소통이 가능하도록 하는 의사소통방법과 긍정성을 가지고 생활할 수 있도록 하는 것을 돕는다. 이를 통하여 가족이 직면한 현실에 대응할 수 있도록 도움을 주게 된다.

이때 특히 이혼 자녀의 정서적 문제와 지지체계 등에 있어서 가족을 대신하여 기능을 담당할 수 있는 친지 등을 포함한 주변 조직도 활용할 수 있다.

(2) 이혼에 따른 법률적 문제

이혼과 관련한 법률적 사항을 통하여 부모가 재산을 분할할 시에는 위자료뿐 아니라 자녀에 대한 양육권이나 양육비에 관한 사항을 반드시 다루어야 한다. 또한 함께 살지 않는 다른 한편의 부모와의 면접 교섭에 관한 내용을 함께 다루어 이혼 후에 분리되어 생활하는 부모로 인하여 일방적으로 자녀가 부모와의 만남이 중단되지 않도록 하는 것이 중요하며 자녀에게 변함없이 애정을 가지고 있으며 필요하면 언제든지 볼 수 있다는 것과 자녀의 의견을 존중하겠다는 자세를 보여 주는 것이 중요하다.

(3) 사회 · 경제적 자원의 강화

이혼 후 자녀에게 필요한 충분한 사회적 지지체계의 확보가 필요하다. 이는 친지, 이웃, 사회복지조직, 교육적 영역을 고려한 각종 센터의 활용 등 자녀가 이혼 후에 다양한 사회적 지지자원을 통하여 지지를 받는 것이 중요하다.

이는 비단 경제적인 부분의 도움뿐 아니라 남은 구성원으로, 특히 자녀가 교육적 문제뿐 아니라 가족원으로서의 역할을 감당하는 것에 도움을 주기 때문이다. 이는 각종 아동양육서비스와 각종 비공식적 자원을 포함하는 것이라고 할 수 있다.[2)]

(4) 지속적인 상담의 지원

이혼 이후 자녀와 부모에 대한 지속적인 가족상담이 필요하다. 상담은 정상적 범주이나 발달학적으로 일시적으로 문제를 겪고 있는 사람들이 환경에 올바로 적응하기 위한 유용한 도구이다. 특히, 이혼으로 말미암아 내재될 수 있는 부정정서를 다루는 문제는 중요하며 상황에 대한 적절한 대처능력을 갖도록 한다.

이를 위한 상담의 다양한 기법이 적용될 수 있을 것이나 중요한 것은 특히 자녀의 경우 발달단계에서 건강한 성장을 도모할 수 있도록, 무력감이나 분노 및 죄의식과 같은 감정을 다양한 관점으로 바라볼 수 있도록 다루어 주는 것이 바람직하다.

2) 이에 관한 관련 법률은 본 교재의 부록을 참조한다.

2. 재혼가족

1) 재혼가족의 개념 및 문제

재혼가족이란 결혼한 파트너의 한쪽 혹은 양쪽이 결혼했다가 이혼 혹은 사별한 경험에 의하여 다시 형성된 가족을 의미한다. 또한 이러한 재혼가족에는 함께 동거하거나 따로 살면서 연락을 취하고 있는 자녀가 있을 수 있으며, 경우에 따라 조부모가 함께 하는 경우도 있다. 이러한 경우 자녀의 입장에서 볼 때에는 부모 중의 한쪽이 계모 혹은 계부에 해당하게 되므로 새로 형성된 부모체계에 적응을 해야 하는 과제를 안게 된다.

우리나라의 재혼가족은 2013년의 자료를 통하여 총 결혼 건수 가운데는 재혼이 약 21% 정도를 차지하고 있음을 알 수 있다. 즉, 2013년 기준 총 322만 8,000건 중에서 6만 7,100건이 재혼이라는 것이다. 따라서 재혼가족에서 발생할 수 있는 문제를 다룸으로써 사회에서 다양한 가족이 건강하게 존재할 수 있도록 하는 것이 중요할 것이다.

재혼은 높은 이혼율에 대한 대처로 새로이 가족이 재조각될 때에는 더 이상 기존 가족에서 문제가 되었던 부분이 다시 발생되지 않도록 자신과 상대를 이해하는 끊임없는 성찰과 노력이 필요하다. 또한 부모 양쪽 다 이전의 원가족에 자녀가 있으며 하나의 가족으로 합쳐지는 경우는 실제로 재혼가족들의 삶에서 자녀와 관련한 문제가 발생 가능하므로 이에 대하여 미리 예측을 통하여 원칙을 세워두는 것도 중요할 것이다.

2) 재혼가족의 특징 및 과업

재혼가족의 특징은 새로운 원가족 및 새로운 형식의 라이프 사이클(life cycle)에 적응해야 하는 과제를 안고 있다. 재혼가족은 새로 선택한 동반자와 정서, 심리적 적응의 기간을 필요로 하며 이에 따라 경제 및 새로 형성된 가족 구성원의 부양이나 교육문제 등에 대한 논의가 선행되는 것이 바람직하다.

따라서 재혼가족의 과업으로는 새로이 부부 및 가족체계를 구축하는 일이다. 그러나 현실 속에서는 이상적인 상황만 존재하는 것은 아니며, 전 배우자와의 혈연관계에 있는 아동과 새로운 부 혹은 모에 대한 충성갈등 및 질투 등으로 인하여 아동은 심리적 갈등을 경험하고 새로 형성된 가족 구성원에 적응해야 하는 과제를 안고 있으므로 정책적인 지원이 필요하다.

이러한 과제의 수행에 있어서는 자녀의 문제, 재정적 문제, 자녀 보호의 역할 등에 도움을 받는 상황이 있을 수 있으며 이러한 상황에서 정책적인 도움이 필요하다.

3) 재혼가족의 실태와 문제

(1) 재혼가족의 현황

연간 재혼건수는 평균적으로 20%를 상회하고 있으며 이는 약 5쌍의 커플 중에 한 쌍이 재혼 커플임을 의미하는 것이며 이혼과 재혼의 문제가 정책이나 사회적으로도 충분히 논의되어야 함을 의미하고 있다. 다음의 표는 연간 재혼건수 및 재혼의 전체 결혼에 대한 비율을 나타낸 것이다.

■ **종류(초·재혼)별 혼인**

남녀 모두 초혼인 부부는 전체 혼인의 76.9%, 남녀 모두 재혼은 12.3% 차지

- 남자의 경우 전체 혼인 중 초혼이 83.4%, 재혼이 16.5%임.
  - 전년대비 초혼은 7.8%, 재혼은 4.1% 각각 감소함.
- 여자의 경우 전체 혼인 중 초혼이 81.1%, 재혼이 18.6%임.
  - 전년대비 초혼은 7.8%, 재혼은 4.8% 각각 감소함.
- 남녀 모두 초혼은 76.9%, 남녀 모두 재혼은 12.3%를 차지함.
  - 전년대비 초혼과 재혼 모두 감소했으며, 남녀 모두 초혼(-8.0%)이 가장 많이 감소함.

〈표 11-5〉 **혼인종류별 건수, 2009-2019** (단위 : 천 건, %)

		2009	2010	2011	2012	2013	2014	2015	2016	2017	2018	2019	전년대비		
													구성비	증감	증감률
계*		309.8	326.1	329.1	327.1	322.8	305.5	302.8	281.6	264.5	257.6	239.2	100.0	−18.5	−7.2
남자	초혼	255.8	273.0	277.4	275.9	273.8	257.9	256.4	238.1	222.5	216.3	199.5	83.4	−16.9	−7.8
	재혼	53.8	53.0	51.6	51.1	48.9	47.5	46.4	43.3	41.7	41.1	39.4	16.5	−1.7	−4.1
여자	초혼	250.7	268.5	272.6	270.5	268.4	251.5	250.0	232.4	216.8	210.3	193.9	81.1	−16.4	−7.8
	재혼	58.8	57.5	56.4	56.5	54.3	53.9	52.7	48.9	47.4	46.7	44.5	18.6	−2.2	−4.8
남(초)+여(초)		236.7	254.6	258.6	257.0	255.6	239.4	238.3	221.1	206.1	200.0	184.0	76.9	−16.0	−8.0
남(재)+여(초)		13.9	13.9	13.9	13.5	12.8	12.0	11.7	11.1	10.5	10.2	9.8	4.1	−0.4	−4.3
남(초)+여(재)		19.0	18.3	18.7	18.9	18.2	18.4	18.0	16.7	16.2	15.9	15.0	6.3	−0.9	−5.9
남(재)+여(재)		39.8	39.1	37.7	37.6	36.1	35.5	34.7	32.1	31.1	30.7	29.4	12.3	−1.3	−4.3

* 미상 포함, 남(초):남자 초혼, 남(재):남자 재혼, 여(초):여자 초혼, 여(재):여자 재혼
출처 : 통계청, 2019 혼인 · 이혼통계

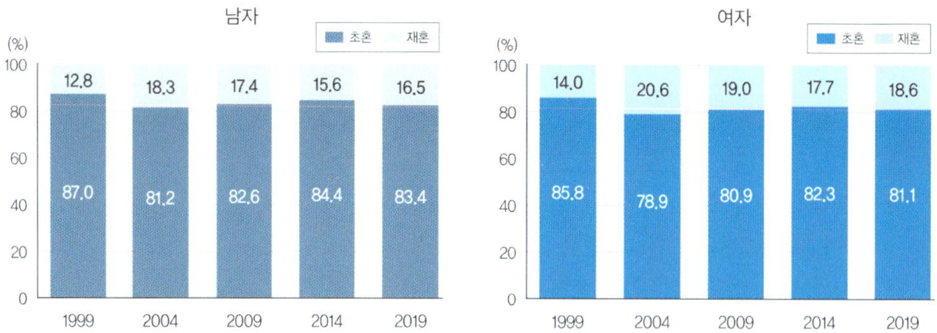

[그림 11-5] **혼인종류별 구성비, 1999-2019**

출처 : 통계청, 2019 혼인 · 이혼통계

(2) 재혼가족의 유형

다음은 재혼가족의 유형을 나타낸 것이며 이와 관련한 통계자료를 살펴보면 사회 및 시대의 변화를 반영하여 여러 형태의 재혼가족이 존재하고 있음을 알 수 있다. 이와 같은 가족의 유형은 재혼 부부에게 있어서 다른 한쪽의 결혼상태로 미혼, 이혼, 사별 등에 따라 자녀의 유무, 자녀양육의 유무 등에 따라 다양하다는 것을 알 수 있다.

〈표 11-6〉 **재혼가족의 유형**

<table>
<tr><th colspan="3" rowspan="3">분류</th><th colspan="3">부인의 전혼자녀 유무</th></tr>
<tr><th rowspan="2">전혼자녀 없음</th><th colspan="2">전혼자녀 있음</th></tr>
<tr><th>양육권 없음</th><th>양육원 있음</th></tr>
<tr><th rowspan="3">남편의 전혼 자녀의 유무</th><th colspan="2">전혼자녀 있음</th><td>① 무자녀 재혼가족</td><td>② 비동거 계부가족</td><td>③ 동거 계부가족</td></tr>
<tr><th rowspan="2">전혼자녀 있음</th><th>양육권 없음</th><td>④ 비동거 계모가족</td><td>⑤ 비동거 계부모가족</td><td>⑥ 혼합 계부형 계부모가족</td></tr>
<tr><th>양육권 있음</th><td>⑦ 동거 계모가족</td><td>⑧ 혼합 계모형 계부모 가족</td><td>⑨ 동거 계부모가족</td></tr>
</table>

출처 : Clingempeel, Brand & Segal(1987) : 임춘희(1996) 재인용

다음으로 다양한 재혼가족의 유형별 특징을 살펴보면 다음과 같다(성정현 외, 2009).

〈표 11-7〉 재혼가족의 유형별 특징

재혼가정 유형	특 징
무자녀 재혼가족	전혼 기간이 짧고 또 재혼가족에서 갈등의 핵심요소인 자녀가 부재한 상황이기 때문에 갈등의 소지가 매우 적은 편이다.
비동거 계부가족	이 재혼가족은 전혼자녀가 없는 계부와 자녀 간의 적응이 중요한 관건이라 할 수 있다.
동거 계부가족	계부로서의 책임과 역할이 상대적으로 덜 부담스러운 상태이지만 때로는 재혼 부인의 전혼자녀에 대한 면접교섭권 문제나 양육비 문제가 갈등의 소지가 될 수 있다.
비동거 계모가족	양육권이 없고 동거하지도 않으므로 갈등소지는 적다 할 수 있다.
비동거 계부모가족	거주형태는 계부가족의 형태를 띠지만, 외적으로는 남편의 양육비와 면접교섭의 문제에 대한 조정이 필요한 가족이라고 할 수 있다.
혼합 계부형 계부모가족	재혼생활이 안정기에 접어들 때까지 부부관계를 위협하는 요소는 적은 편이지만, 양측 모두 양육비와 면접교섭권의 문제가 있을 수 있다.
동거 계모가족	계모에게 전혼자녀가 없기 때문에 재혼 초기에 자녀들이 생물학적 부모의 재결합에 대한 환상을 현실화시키려는 시도를 지속할 수 있다는 점에서 계모의 어려움은 배가 될 수 있다. 또한 재혼가족을 둘러싼 여러 가지 통념으로 어려움을 겪기도 한다.
혼합 계모형 계부모 가족	부부가 상대 배우자의 자녀에게 적응하는 문제 이외에도 재혼부모의 자녀들과 의붓형제의 관계를 형성하고, 한 공간에서 동거하는 상황에 있기 때문에 구성원의 역할과 기대, 경계, 가족교칙 등과 같은 다양하고 복잡한 문제들에 봉착할 수 있다. 그러므로 혼합계모형 계부모가족을 형성하는 재혼가족은 재혼 초기에 가족 구성원이 경험할 수 있는 다양한 변화와 스트레스에 준비할 필요가 있다.
동거 계부모가족	전혼자녀가 있기 때문에 전혼자녀의 양육비와 면접교섭의 문제가 있다는 점에 차이가 있을 수 있다.

출처 : 성정현 외(2009)

4) 재혼가족의 발생 가능한 문제점

(1) 새로운 부모 및 자녀 간의 갈등

재혼가족에서 가장 문제가 될 수 있는 것은 계부모와 자녀관계의 정립이다. 이는 자녀의 선택으로 맺어진 혈연관계가 아니므로 급·만성적 갈등을 유발할 수 있으며 계부모와 자녀관계에서 두터운 정서적 유대를 맺기까지는 많은 시간의 소요와 배려의 마음이 요구된다고 할 수 있다.

그에 대한 인내와 기다림이 없는 당위성은 때로 부작용을 유발할 수 있으며 스트레스로 작용하게 되는 요인이 될 수 있다. 따라서 현재의 상태를 있는 그대로 수용하고 긍정적이며 현재의 상태에 충실하게 반응하는 것이 중요하다고 할 수 있다. 특히, 아무리 어린 자녀라고 할지라도 서로의 인권과 개별적인 개성 및 인격을 존중하는 태도가 중요하다.

(2) 부부 갈등

재혼 부부는 초혼 부부에서와 같이 아이의 잉태를 통한 과정을 생략하고 일정기간의 성장기간을 지낸 후 혈연관계에 의하지 않은 가족관계를 형성하게 되는 경우도 있다. 이는 이미 자녀가 있기 때문에 인위적으로 형성된 가족체계 속으로 편입해야 하는 부담감에 적응해야 하는 과정이 요구되는 것이다. 따라서 경우에 따라 더욱 불안정한 관계를 형성할 가능성이 있다. 이러한 재혼가족의 경우 가정의 규칙과 교육 및 가치관에 대한 상호존중은 때로 부모의 몫만이 아닐 수 있으며 이는 재혼 부부의 새로운 갈등요인으로 작용할 여지가 있으므로 적응과정에서의 지원이 필요하다.

(3) 재혼에 따른 가족 경계의 재성립

재혼가족의 새로운 당면과제는 새로운 가족에 적응하는 건강한 가족경계선의 확립과 그에 따른 건강성의 확립일 것이다. 가족은 상호 영향을 주고받는 관계이다. 그러므로 재혼가족의 특징은 갑작스럽고 애매모호한 상황에서 어떤 가족원은 상실되고 어떤 가족원은 추가되는 것이므로 이에 발생할 수 있는 스트레스나 우울감 및 역기능적인 의사소통의 방식으로 악순환되지 않도록 이에 대한 가족정책적인 지원이 필요하다.

5) 재혼가족의 기대

재혼가족은 재혼으로 맺어질 때 초혼의 경험을 바탕으로 이혼을 통하여 고통의 시간을 겪고 다시 선택하는 결정이므로 재혼에서는 초혼의 갈등이 극복될 수 있으리라는 기대감을 갖게 된다.

그러나 만일 이러한 결정 역시 불합리성을 지니며 모순과 모호성과 또 다른 갈등을 유발하는 경우에 내재된 좌절감을 가질 수 있다. 이는 재혼가족이 더욱 쉽게 깨어지는 원인이 될 수 있으므로 다음의 보상 기대, 흑백 논리, 착한 역할의 콤플렉스에 대한 사전의 점검과 자기성찰이 필수적인 선행요건이다.

(1) 보상기대

보상기대는 첫 번째 배우자에게 불만족했던 경우 재혼에서 그 보상을 찾으려고 하는 기대감이라 할 수 있다. 그러나 이러한 기대감은 새로운 배우자에게 더 많은 기대감으로 작용하게 하여 스트레스를 줄 수 있으며 새 배우자에게 친절과 진실 및 성실감을 기대하게 하나, 이는 양쪽 당사자가 갖추어야 하는 상호 관계성을 전제하는 덕목으로 기대와 책임이 함께 따른다.

(2) 흑백논리의 적용 가능성

흑백논리의 적용 가능성은 인간관계에 있어서 위험한 적용이 될 수 있다. 이는 특히 아동과 계부 혹은 계모의 관계에 있어서 상대방을 규정하는 논리로 자칫 자신의 선입견과 편견에 의하여 형성될 수 있으므로 이에 대한 세밀한 관찰이 요구된다. 인간관계는 상호성이 존재함을 인식하는 것이 필요하다.

(3) 착한 부모 혹은 착한 자녀 콤플렉스

재혼가족이 형성되면서 각 당사자는 착한 부모 혹은 착한 자녀 콤플렉스가 형성될 수 있음을 인지하는 것이 필요한데, 이것은 재혼에 대한 기대감에서 비롯될 수 있다. 즉, 자기분화가 없는 상태에서의 착한 역할 콤플렉스는 올바른 관계형성에 도움이 되지 않을 뿐 아니라 관계의 진실성을 저해하는 요인이 될 수 있음에 유념하여야 한다. 그러므로 자녀에게 이러한 관점에서 행동할 것을 요구하기보다는 개별성을 존중하고 자녀가 느끼는 혼란의 감정을 스스로 정리할 기회와 적응의 시간을 주는 것이 바람직하다.

6) 재혼가족을 위한 가족정책

재혼가족은 이혼이라는 개인 및 사회문제를 겪은 이후 다시 선택하게 된 결정으로 초혼가족에서 발견하지 못했던 부가적인 문제를 복합적으로 내포할 가능성이 있다. 따라서 재혼가족의 가족 응집력이 거짓 친밀감이 되지 않도록 하는 과정에서 정책적 차원의 지지와 지원체계의 지지가 필요하다. 이는 재혼이라는 중요한 결정이 다시 실패를 겪지 않도록 함에 있어서 중요하다.

(1) 재혼가족을 위한 가족 프로그램

재혼은 초혼보다 더 많은 사려 깊은 신중함을 필요로 하고 있으나 재혼가족이 보다 복합적인 문제를 안고 있음에도 불구하고 재혼가족을 위한 정책적 차원의 프로그램과 지원은 체계적으로 구축되어 있지 않은 것이 현실이다. 그러므로 재혼가족이 건강한 결혼생활을 구축하고 상호 역할을 충실히 이행하며 가족 간의 응집력과 유대감을 건전히 형성해 가기 위해서는 재혼가족을 위한 자녀양육과 부부 의사소통 등의 사회적 지원과 다양한 정책의 마련이 필요하다.[3)]

(2) 재혼가족에 대한 자녀상담

우리나라의 한국 가정법률상담소 및 건강가정지원센터에서는 재혼가족에서 일반적으로 발생하는 다양하고 복합적인 갈등에 관하여 예방 및 사후 해결방안을 모색하여 사회 내에서 재혼가족이 행복하고 건강한 가족을 형성할 수 있도록 교육 프로그램을 지원하고 있다.

여기에는 재혼가족의 다양한 상황에 대한 다양한 대처방법과 법률적 관계, 갈등 중재방법, 스트레스 대처법 및 성숙한 부부의 역할과 자녀양육에 대한 이해 등의 과정이 포함되어 있다. 재혼이라는 어려운 적응의 시기와 역할을 성공적으로 수행할 수 있도록 사회적으로 지원하기 위함이다.

또한 자녀로 하여금 새로운 가족의 의미를 받아들이고 스트레스 발생 등의 상황에 대처하는 방법, 원가족과 새로운 가족의 관계 정립과 환경이 바뀌었다고 할지라도 본인에 대한 애정관계의 변화가 있는 것은 아니며, 미래의 성장과정에 재혼이 긍정적인 영향을 줄 가능성도 있다는 믿음이 필요하다. 따라서 다소 어려움이 있더라고 부모님과 함께 상호관계를 통하여 신뢰를 바탕으로 해결해 나갈 수 있다는 믿음을 형성하기까지, 부모님과 사회적 지원체계의 상담 및 가족정책적 프로그램의

3) 「건강가정지원법」 부록 참조

지원 등이 지속적으로 이루어져야 할 것이다.

3. 입양

1) 입양의 개념

카두신(Kadushin, 1980)에 의하면 입양이란 생물학적 과정이 아닌 법적 과정이며 사회적인 과정을 통하여 친권관계를 성립하는 행위라고 하였다. 따라서 입양의 의미는 비록 혈연관계에 있지는 않지만, 부모의 권리와 의무를 다하여 법적인 과정을 통해 입양아동과 부모와 자녀관계를 맺는 것을 뜻한다.

즉, 이는 인위적인 형태의 대리보호 중에서 가장 친부모와 유사한 권리와 의무를 갖는다고 할 수 있다. 또한 아동의 친부모가 아동을 직접 키울 능력이나 의사가 없는 경우 아동에게 이를 대체하는 가정을 제공하는 합법적인 가족의 형태이다. 따라서 법적 관계에 의하여 합법적으로 부모와 자녀의 관계를 형성하게 되는 경우에 입양된 아동은 출산에 의한 자녀와 동등하게 자녀로서의 혜택과 자격을 부여받게 된다.

그러므로 입양은 다양한 사유에 의하여 정상적인 가정의 보호를 받을 수 없는 아동에게 새로운 가정과 가족 구성원으로 성장할 수 있는 기회를 제공받는 것이다.

우리나라의 경우는 과거 해외로 유아와 아동을 보내는 입장이 대세였다면 최근에는 해외입양보다 국내입양이 추세라 할 수 있다. 이는 사회적으로 입양에 대한 긍정적인 인식이 확대되었고, 여성이 출산을 통하지 않고 사회에 기여하거나 혹은 불임 부부에게 희망을 주며 아동의 입장에서는 비록 친부모는 아니나 건강한 가정에서 양부모를 갖게 되는 의미 있는 합법적 정당성이다.

2) 입양촉진 및 절차에 관한 특례법

(1) 양자의 자격

「입양촉진 및 절차에 관한 특례법」[4]에 따르면 양자의 자격으로는 첫째, 보호자로부터 이탈된 자로서 특별시장 · 광역시장 · 도지사 또는 시장 · 군수 · 구청장이 부양 의무자를 확인할 수 없어 「국민기초생활보장법」에 의하여 보장시설에 보호 의뢰한 자이다.

둘째, 부모(부모의 사망이나 기타 사유로 동의할 수 없는 경우는 다른 직계존속) 혹은 후견인이 입양에 동의하여 보장시설 또는 제10조의 규정에 의하여 입양기관에 보호 의뢰한 자이다.

셋째, 법원에 의하여 친권 상실의 선고를 받은 자의 자로서 시 · 도지사 또는 시장 · 군수 · 구청장이 보장시설에 보호 의뢰한 자이다.

넷째, 기타 부양 의무자를 알 수 없는 경우로 시 · 도지사 또는 시장 · 군수 · 구청장이 보장시설에 보호 의뢰한 자이다.

(2) 양친의 자격

첫째, 양친이 될 사람은 양자를 부양함에 충분한 재산이 있어야 한다.

둘째, 양친이 될 사람은 양자에 대하여 종교의 자유를 인정하며 사회의 일원으로서 그에 상응한 양육과 교육을 할 수 있어야 한다.

셋째, 양친이 될 사람은 가정이 화목하고 정신적 · 신체적으로 양자를 부양함에 현저한 장애가 없어야 한다.

넷째, 양친이 될 자는 대한민국 국민이 아닌 경우에 본국법에 의하여 양친이 될 수 있는 자격이 있어야 한다.

다섯째, 양친이 될 사람은 양자로 될 자의 복지를 위하여 보건복지부령이 정하는

4) 입양촉진 및 절차에 관한 특례법 [시행 2010. 3.19] [법률 제9932호, 2010. 1.18, 타법개정]

필요한 요건을 갖추어야 한다. 또한 양친은 양자를 복리에 반하는 직업이나 그 밖에 인권침해의 우려가 있는 직업에 종사하지 아니하도록 하여야 한다.

(3) 입양의 동의

첫째, 양자를 삼고자 할 시에는 부모의 동의를 받아야 하고, 부모가 사망 등 기타 사유로 동의할 수 없는 경우에는 다른 직계존속의 동의를 받아야 한다. 또한 부모나 다른 직계존속을 알 수 없는 경우에는 후견인의 동의를 받아야 한다. 다만, 제4조 제2호에 해당하는 자를 양자로 삼고자 할 시에는 보호 의뢰 시의 입양동의로 입양의 동의를 갈음할 수 있다.

둘째, 15세 이상인 자를 양자로 삼고자 할 때에는 제1항의 규정에 의한 입양동의 외에 양자로 될 자의 동의도 함께 얻어야 한다.

셋째, 후견인은 가정법원의 허가를 받지 아니하고 제1항의 규정에 의한 입양에 동의를 할 수 있다.

넷째, 제1항이나 제3항의 규정에 의한 입양의 동의는 서면에 의하는 것을 원칙으로 하되, 동의에 필요한 서류 및 기타 필요한 사항은 보건복지부령으로 정한다.

4. 양자의 법적 성립요건

첫째, 「민법」 제883조 제1호에 의하여 당사자 사이에 입양의 합의가 있어야 한다. 이에 「민법」 제869조에 의하면 양자가 될 것인지의 의사를 표시할 수 있는 능력은 민법상의 미성년자라 하더라도 만 15세 이상이면 독립적인 의사결정을 할 수 있으며, 만 15세 미만인 미성년자는 법정대리인의 허락을 받아 입양을 할 수 있다.

둘째, 「민법」 제866조에 의하여 양친은 성년자이어야 하며 「민법」 제869조에 의하여 양부모가 될 자가 성년자이면 기혼 및 미혼이거나 남성이나 여성을 불문한다.

셋째, 양자로 되는 자가 15세 미만인 경우는 법정 대리인이 갈음하여 입양의 승낙을 받는다.

넷째, 「민법」 제869조에 의하여 양자가 될 자는 부모의 동의를 받아야 한다. 부모가 사망 기타 사유로 동의를 할 수 없을 때에는, 다른 직계존속이 있으면 그 동의를 얻어야 한다. 이때 적모나 계모는 동의권이 없다. 만약 직계존속이 수인인 경우에는 「민법」 제871조에 의하여 최근 존속을 선순위로 하며 동순위자가 수인인 경우에는 연장자를 선순위로 한다.

다섯째, 「민법」 제872조에 의하여 후견인이 피후견인을 양자로 하는 경우에는 가정법원의 허가를 받도록 한다.

여섯째, 「민법」 제874조에 의하여 배우자 있는 자는 공동으로 양자를 하여야 하며, 양자가 될 때에는 다른 일방의 동의를 얻어야 한다.

일곱째, 「민법」 제877조 제1항에 의하여 양자는 양친의 존속이나 연장자가 아니어야 한다.

5. 양자성립의 형식요건

첫째, 「민법」 제878조 제1항에 의하여 입양의 신고를 하여야 한다.

둘째, 입양의 무효와 취소에 관하여도 혼인의 신고 및 무효 · 취소와 거의 동일하다. 셋째, 입양이 성립되면 양자는 「가족법」에서 규정한 바에 의하여 신고함으로써 효력이 발생하게 되며, 「민법」 제878조 제2항에 의하여 신고는 당사자 쌍방과 성년

자인 증인 2명이 연서(連書)한 서면으로 하여야 한다.

이러한 과정을 통하여 입양의 법적인 성립조건 및 절차에 의해 법정친자관계(法定親子關係)의 효력이 발생하며 혈연관계의 경우와 동일하게 권리와 의무관계가 인정되게 된다.

6. 입양의 역사

1) 해외입양의 역사

입양의 역사를 살펴보면 고대시대에도 기원을 찾을 수 있으며 고대시대는 전통적 사고의 계승의 개념으로 가계의 계승이나 인력의 확보 등의 이유로 입양이 이루어지는 경우가 많았다. 그러나 고대시대에는 입양아동의 인권이나 아동의 복지가 법적으로 보장되지는 않았다. 또한 가계 계승의 차원에서 여아보다는 남아 중심으로 입양이 이루어졌다고 볼 수 있다. 입양에 대한 법적 근거는 함무라비 법전 및 프랑스의 나폴레옹 법전에서도 입양에 관한 기본 조항이 발견되었으며, 이후 각국에서 입양에 관한 법률을 마련하고 있는 추세이다.

미국에서는 1851년 메사추세츠 주에서 최초로 양자법이 제정되었으며 그 후 영국에서 1926년 입양법이 제정되었고 프랑스에서는 1928년 양자법이 제정된 바 있었다.

그리고 제2차 세계대전 이후의 전쟁고아의 발생은 가족학과 함께 입양서비스에 대한 수요의 증가로 이어졌으며, 입양서비스를 담당하는 전문가 및 법 제도의 구체적 보완 등의 필요성이 요구되었다.

2) 국내입양의 역사

국내입양은 우리나라의 남아 선호사상과 가계의 대를 잇는다는 전통적 사상에 의하여 그 효시는 매우 오래전부터 발견되었다. 가부장적 대가족제도가 확립되었던 고려시대 이후로부터 조선시대에 이르기까지 가계의 계승뿐 아니라 조상의 제사 등을 위한 양자제도가 확립되었던 것으로 나타난다.

그리고 해외의 사례에서와 같이 국내에서도 6 · 25 전쟁으로 인한 전쟁고아 및 혼혈아동이 해외로 입양되었던 사례들이 발견되고 있다. 이러한 국내입양은 1954년에 우리나라 정부가 사회부 산하에 혼혈 전쟁고아들의 국외전담기관을 설립하여 전문적으로 추진한 바 있다.

이후 우리나라에서 1961년 「고아입양 특례법」을 제정하였으며 1970년대에 국외입양에 대한 유기 사건 등에 의한 우려의 목소리가 높아지면서 일부 국가에 대한 입양을 중단하고 국내로의 입양을 유도하기 시작하였다.

그러나 취지와는 달리 국내입양 활성화가 되지 못하자 1994년 해외입양 중단 정책을 취소하기도 하였다. 이후 1994년에 국내입양의 활성화를 위하여 「입양특례법」이 「입양 촉진 및 절차에 관한 특례법」으로 개정되고 1996년 1월부터 시행되었으며 우리나라 입양에 관한 법률의 근간이 되었다.

7. 입양의 유형

입양의 유형을 살펴보면 입양의 주체에 따라 친족입양에 의한 입양과 비친족입양으로 나눌 수 있다. 그리고 입양되는 지역에 따라 해외입양과 국내입양으로 분류할 수 있으며 입양의 사실 공개의 여부에 따라 공개입양과 비밀입양으로 나눌 수 있다.

1) 친족입양과 비친족입양

친족입양의 경우는 아동이 혈연관계의 친척에게 입양이 되는 경우를 의미한다. 혹은 부모의 사별이나 재혼 등으로 인하여 가족관계가 있는 친지 등에 의해 입양되는 경우가 이에 해당한다.

이에 반하여 비친족입양의 의미는 아동이 가족관계가 없는 타인에게 입양되는 경우를 뜻한다. 과거에는 혈연관계가 있는 가족에게 입양이 되는 경우도 흔한 일이었으나, 최근에는 불임 등으로 인하여 혈연관계를 넘어 입양이 이루어지고 있다.

2) 해외입양과 국내입양

해외입양은 우리나라가 6·25 전쟁 고아 및 혼혈아의 출생으로 인하여 국내에 입양 여력이 없던 시기에 해외로 입양을 보내는 형식으로 이루어졌다. 이후 우리나라의 아동을 외국으로 보내는 것에 관한 자성 및 국내입양에 대한 사회적 인식이 확산되면서 아동이 우리나라 자국민에게 입양되는 건수가 늘어나기 시작하였다. 결국 해외입양이란 아동이 자신이 태어난 국가로부터 다른 국가로 입양되는 경우라고 할 수 있으며 국내입양은 태어난 나라와 동일한 나라로 입양되는 경우라고 할 수 있다.

3) 공개입양과 비밀입양

어릴 때 입양되어 입양 사실을 모르고 성장한 아동의 입장에서는 매우 혼란스러운 일이 아닐 수 없을 것이다. 또한 입양이 보편화되지 않은 사회에서는 입양으로 인한 교우 간 및 사회로부터의 낙인감이 형성될 수도 있다. 그럼에도 이러한 입양 사실을 미리 공개함으로써 아동과의 관계를 보다 건실한 관계로 가꾸어 가는 것을 선택할 수 있다.

중요한 것은 어떻게 관계를 형성해나가는 지에 관한 것인데 성숙한 부모의 인격으로 아동이 어렵고 힘든 상황에서도 일관적으로 부모로서 책임감을 다하며 상호 존중되는 분위기에서 성장할 수 있다면 바람직한 경우가 될 것이다. 이러한 경우 입양의 사실에 대하여 가까운 친지나 이웃 등 입양 아동의 사회적 환경에서의 지지를 받는 것도 중요한 부분이다. 그러나 입양이 보편화된 서구 사회와 달리 우리나라에서는 아직까지 아동의 입양 사실을 성년이나 그 이후까지도 알리지 않는 경우가 더 많은 편이라고 할 수 있다.

우리나라는 전통적으로 혈연을 중심으로 하여 가족이 형성되어 왔으므로 입양의 사례가 많지 않으며 현실적으로 입양 사실을 숨기면서 입양 사실에 대한 비밀을 유지하는 것이 더 많으나 이는 개선되어야 할 사항으로 성숙한 사회와 개인을 통한 바람직한 선례가 다양하게 구축될 필요가 있을 것이다.

8. 입양의 법적 절차

1) 해외입양

외국인이 해외로 우리나라의 아동을 입양하는 경우에는 국내입양의 절차와 거의 동일하다. 다만, 국외 출국의 이전 보건복지부 장관으로부터 해외 이주에 대한 허가를 받는 과정이 필요하며, 미아 등 친권자 확인의 절차 없이 보호시설이나 입양기관에 입소한 기간이 6개월이 넘지 않은 경우에는 이주 허가가 제한되고 있다.

2) 국내입양

국내입양의 경우에는 요보호아동 수용 인증, 입양 대상 아동의 확인서 발급, 기아인 경우 기아발견 신고서·후견인 선정·부양 의무자의 확인 공고, 무적아인 경우의 성씨·본적의 창설, 입양 희망 부부의 입양 신청에 대한 정보의 제공, 가정의 적격성 조사, 부부의 개별 면접, 사후 관리 등의 절차가 법적으로 요구된다.

① 입양기관이나 보호시설의 장이 요보호아동을 인수하게 되거나, 미혼모나 결함 가정의 자녀의 상담을 통해서 인수하면 시장, 군수, 구청장에게 수용보호에 대한 의뢰를 요청한다. 입양의 과정은 생부모의 동의를 원칙으로 한다.

② 입양기관이나 보호시설에 수용된 아동에 관련하여 입양기관이나 보호시설의 장이 시장, 군수, 구청장에게 후견인의 지정을 요청하여 아동을 인수한 날로부터 입양이 완료되기 전까지 후견인으로서 직무를 수행하도록 하고 있다.

③ 후견인이 보호하고 있는 아동에 관하여 부양의무자 확인공고를 관할 행정기관에 신청하여 증명을 받는 절차를 수행한다. 확인공고방법으로 공문을 관할 시·군·구에 15일 동안 공고하도록 하고 있다.

④ 입양할 아동이 호적이 없는 경우에는 성씨와 본의 창설을 관할 행정기관에 의뢰하며 관할 행정관청에 입양 대상 아동에 대한 확인서의 발급을 의뢰한다.

⑤ 입양기관 및 공립 아동상담소는 양친 될 자의 입양 알선 신청서 접수를 한 이후에는 양친의 가정의 적합성 조사를 실시하게 된다.

⑥ 양친이 될 자격이 확인된 양부모에게 입양 대상 아동과 소유물품을 인계 및 인수하도록 한다.

⑦ 양부모는 양부모의 적격성이 인정된 이후 후견인의 협조를 받아 행정기관에 입양 신고를 하여 입양이 성립된다.

⑧ 입양 후 1개월 이내 아동상담원은 입양가정을 방문하여 아동의 적응 정도를 평가하도록 하고 있으며, 6개월 이내에는 양부모의 호적에 입적 여부를 확인하는 등 사후관리를 하도록 한다.

9. 입양사업의 현황 및 문제점

아동입양의 통계자료를 보면 해외 및 국내입양아동의 비율적 변화가 있는 것을 알 수 있는데, 국내입양의 비율이 높아지는 반면 해외입양의 비율은 줄어들고 있으며 이는 바람직한 현상일 것이다. 즉, 정부의 국내입양 활성화 정책 추진과 입양에 관한 사회적 인식의 개선으로 인하여 전체 입양아동에서 국내입양이 차지하는 비율이 매년 증가하는 추세이다.

1) 국내입양 및 해외입양

- '19년까지 총 248,728명 입양
  - '06년 이전까지는 국외입양이 전체 69.8%로 월등한 비중을 차지하고 있으나, '07년 이후부터 국내입양 증가 추세 지속

〈표 11-8〉 전체 입양건수 (단위 : 명)

구분	계	2009년 이전	2010	2011	2012	2013	2014	2015	2016	2017	2018	2019
계	248,728	235,630	2,475	2,464	1,880	922	1,172	1,057	880	863	681	704
국내	80,864 (32.5%)	72,947 (31.0%)	1,462 (59.1%)	1,548 (62.8%)	1,125 (59.8%)	686 (74.4%)	637 (54.4%)	683 (64.6%)	546 (62.0%)	465 (53.9%)	378 (55.5%)	387 (55.0%)
국외	167,864 (67.5%)	162,683 (69.0%)	1,013 (40.9%)	916 (37.2%)	755 (40.2%)	236 (25.6%)	535 (45.6%)	374 (35.4%)	334 (38.0%)	398 (46.1%)	303 (44.5%)	317 (45.0%)

출처 : 보건복지부(2013).

〈표 11-9〉 입양아동비율

(단위 : %)

	2012	2013	2014	2015	2016	2017	2018	2019
국내	59.8	74.4	54.4	64.6	62.0	53.9	55.5	55.0
국외	40.2	25.6	45.6	35.4	38.0	46.1	44.5	45.0
계	100.0	100.0	100.0	100.0	100.0	100.0	100.0	100.0

국내·외 입양 모두 미혼모 아동이 압도적으로 많았으며, 국내입양의 경우 유기아동(13.2%)과 가족해체 등(1.8%) 순으로 그 뒤를 이었다.

〈표 11-10〉 국내 및 해외입양의 아동 특징

(단위 : 명)

연도	국내입양				국외입양			
	계	미혼모아동	유기아동	가족해체등	계	미혼모아동	기아동	가족해체
2017	465	417 (89.7%)	35 (7.5%)	13 (2.8%)	398	397 (99.7%)	-	1 (0.3%)
2018	378	315 (83.3%)	47 (12.5%)	16 (4.2%)	303	302 (99.7%)	1 (0.3%)	-
2019	387	329 (85.0%)	51 (13.2%)	7 (1.8%)	317	317 (100%)	-	-

출처 : 보건복지부(2013).

미국이 73.2%로 가장 많았고 비중은 전년대비 증가('18년 62.0%, 11.2%P↑), 영국의 경우 1명으로 '90년(1명) 이후 재진입하였다.

〈표 11-11〉 입양국가별 해외입양 현황

(단위 : 명)

년도	계	미 국	스웨덴	캐나다	노르웨이	호주	룩셈부르크	덴마크	프랑스	이탈리아	영국	독일.
2017	398	274	25	28	20	24	5	6	5	11	–	–
		(68.8%)	(6.3%)	(7.0%)	(5.0%)	(6.0%)	(1.3%)	(1.5%)	(1.3%)	(2.8%)		
2018	303	188	28	22	19	14	5	7	7	12	–	1
		(62.0%)	(9.2%)	(7.3%)	(6.3%)	(4.6%)	(1.7%)	(2.3%)	(2.3%)	(4.0%)		(0.3%)
2019	317	232	13	23	12	10	3	3	5	15	1	–
		(73.2%)	(4.1%)	(7.3%)	(3.8%)	(3.2%)	(0.9%)	(0.9%)	(1.6%)	(4.7%)	(0.3%)	

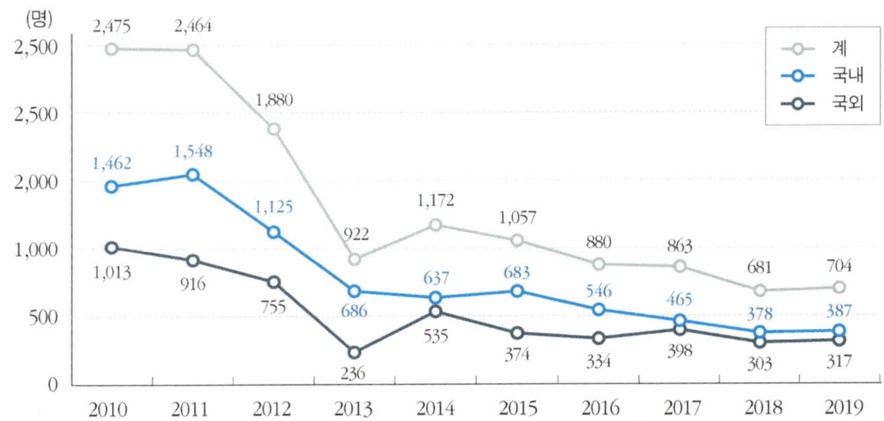

[그림 11-6] 입양 아동 수

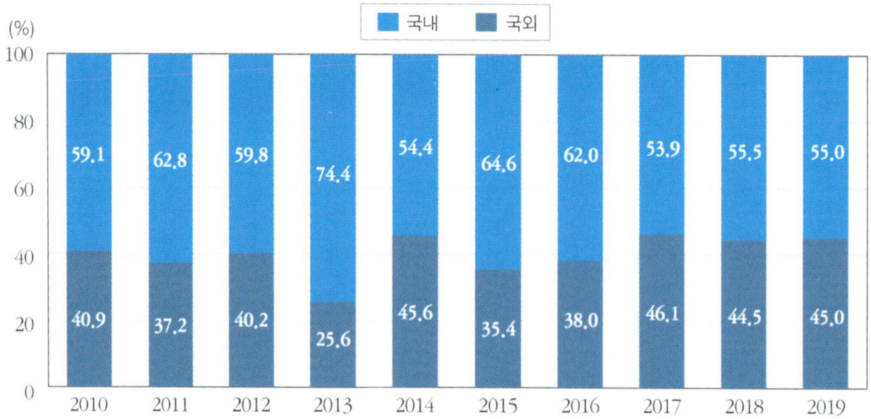

[그림 11-7] **입양 아동 비율**

2) 입양에 대한 제도 및 정책적 지원

우리나라에서 입양을 보다 활성화하고 지지하기 위해서는 정책적으로 보다 장애아동에 대한 양육 보조금과 의료 실비 등을 확대하여 지원할 필요가 있다. 그 밖에도 일반 아동 입양에 대한 비용을 지원하고 입양 관련정보 및 홍보 그리고 입양 이후의 적응에 대한 지속적인 모니터링과 상담 등의 지원이 정책적으로 이루어지는 것이 바람직하다.

입양의 날은 매년 가정의 달인 5월 11일로 지정되어 입양의 날로부터 1주일이 입양 주간으로 선정되고 있다. 한편, 해외입양아에 대하여 이들이 모국을 방문할 경우의 게스트 하우스 등의 지원과 함께 한국의 언어 및 문화에 대한 체험이 이루어지는 것도 중요할 것이다. 이것은 낯선 해외에서 성장하다가 자신의 정체성에 대한 뿌리를 찾는 과정에서 모국이 수행하여야 할 중요한 과업으로 비록 해외에 입양되었다 할지라도 이들이 한국의 문화를 배우기 위한 국가적 차원의 지원은 중요하다 할 것이다.

3) 입양 관련 사업의 논의점

(1) 비밀입양

비밀입양의 경우 부모는 사회적 낙인이나 편견으로부터 아동을 보호하기 위해 입양의 사실을 비밀로 하여 양육을 하는 경우가 있다. 그러나 자신이 혈연관계의 가족으로 내면화되어 성장한 입양아동이 성장하여 이후 자신이 입양되었다는 사실을 알게 되는 경우에는 더욱 부작용이 클 수 있다. 그것은 가장 신뢰해온 부모로부터의 신뢰가 깨어지면서 정체감의 혼란이 가중되어 충격과 방황 그리고 친부모로부터 버려진 것에 대한 혹은 뿌리를 알 수 없는 것 등에 대한 양가감정은 감당하기 어려운 경우도 있다.

(2) 입양의 조건 및 동기

국내입양에서 큰 비중을 차지하는 것이 불임인 경우에는 오랜 경우 임신을 시도한 이후에 이루어지는 경우가 많으므로 법적인 양친과 입양자 간의 연령의 차이가 큰 경우가 있다. 그런데 고령사회인 현대사회에서 양친의 연령에 제한을 두는 것은 선의를 가지고 입양의 능력을 갖추고 있는 사람들에게 선택의 자유를 제한하는 일이 될 수 있기에 이에 대한 제고가 필요하다.

또한 여타의 상황을 복합적으로 평가하여 적합성을 판정하는 대신 자녀 수에 대한 규정을 두는 것은 제고될 필요가 있다. 또한 현대사회의 추세에 따라 가족의 정의와 범위도 다양하므로, 혼인 중에 있거나 그렇지 않거나 능력이 닿는 한 입양을 허가할 수 있도록 하는 것도 바람직할 것이다. 이것은 독신가족에서도 입양을 희망하는 수요가 늘어나고 있다는 점에서 이들의 행복추구권도 존중이 될 필요가 있을 것이다.

(3) 입양기관

우리나라의 경우에 입양은 공식적인 허가를 받은 전문적인 입양기관에 의하여 이루어져야 한다는 것을 명시하고 있으나 불법적인 입양과 파양이 행해지고 있다. 이와 같이 음성적인 입양은 정부정책의 지원 자격을 부여받을 수 없고, 입양의 사후관리도 어렵게 하여 부작용을 초래하기 쉽다. 따라서 입양아동의 권익이나 복지를 향상시키기 위해서 국가적인 차원에서 공식적인 입양 절차에 따른 개선과 정책의 홍보와 다양한 차원의 지원이 필요할 것이다.

(4) 입양 취소 및 파양

건강한 입양이 우리 사회에서 정착하기 위해서는 양친이 부모의 역할에 부적당한 처우를 입양 아동에게 하는 경우 취소의 기간에 제한을 두지 않고 즉각적이고 강력한 개입을 실시하는 것이 필요하다. 그리고 입양아동이 부당한 인권의 침해를 받지 않도록 국가 차원의 개입이 중요하다.

10. 입양의 향후과제 및 개선방향

1) 입양아동의 발생 예방

우리나라에서 입양 대상 아동의 발생 원인은 미혼모의 자녀나 결손가정 및 빈곤가정의 아동의 비율이 높은 것으로 조사되고 있다. 그러므로 입양아동의 발생을 줄이는 방안으로는 가정을 책임질 준비가 되지 않은 미혼모의 발생을 예방하는 성교육 등 각종 교육이 성장과정에서 적절히 이루어질 필요가 있다. 또한 미혼모라 하더라도 출산 이후 정부의 보조나 보호기관으로부터의 가정 및 학교의 복귀 등에 대한 전폭적 지원이 필요하다.

2) 국내입양사업의 활성화 및 입양가정에 대한 지원

국내입양사업의 활성화를 위해서 국가로부터 입양기관에 대한 국고 보조금의 개선이 필요하다. 인구의 감소로 인하여 다문화사회를 표방하고 있는 현실에 비추어 볼 때 출생한 유아 및 아동에 대한 돌봄의 사회화는 적극적으로 고려될 필요가 있다. 그러나 입양 대상의 아동도 건강한 가정에서 성장할 권리가 있고 양육의 뜻을 지닌 위탁가정 및 양부모의 희망가정에 있어서도 과도한 양육비용으로 인하여 양육을 포기하지 않도록 정부의 적폭적 지원이 제고되어야 할 필요가 있다. 또한 장애아동도 건전하고 건강한 가정에서 성장할 수 있도록 지원을 강화하고 확대할 필요가 있다.

3) 공개입양의 지원

공개입양의 확산은 그 만큼 사회가 건전하고 떳떳하며 자신의 의지를 자유롭게 표현하고 다양성을 존중하는 건강하게 성장하고 있다는 것을 의미한다. 비밀입양은 그것이 선의에 의한 결정이더라도 무엇인가를 숨기고자 하는 의도에 준하는 생활을 장기간 유지하는 데서 심리적 부담감과 불안감이 내재될 수 있다.

또한 향후 미래에 발생할지 모르는 진실의 발언과 관련한 고민을 평생 짐으로 안고 갈 수 있다는 의미이다. 입양은 선한 일이며 입양아동은 행복할 권리가 있음을 사회의 구성원이 이해하는 분위기라면 양부모가 이러한 고민을 하지 않을 것이다. 따라서 국가의 정책도 이러한 가정을 적극 권장하고 지원할 필요가 있다.

4) 위탁가정제도의 활성화

위탁가정은 잠재적인 입양가정이 될 수 있는데, 그 이유로 위탁가정은 양부모를 기다리는 많은 입양 대상 아동들을 양육한 풍부한 경험이 이미 있으며 입양에 대한 과중한 부담으로 위탁이라는 선의로 실천하기도 한다. 경우에 따라 위탁이 입양으로 이어지는 경우도 종종 있으므로 위탁가정의 활성화는 입양을 고려하는 대상자의 확대를 뜻하는 것이기도 하다.

Chapter 12

장애인가족과 아동

1. 장애인가족에 관련한 제도
2. 장애의 유형
3. 장애인에 관한 모델과 이론
4. 장애인가족의 유형
5. 장애가족의 문제
6. 장애인가족에 대한 정책적 서비스
7. 장애아동을 위한 전문 가족 단위 프로그램의 활성화
8. 지역사회를 통한 사회통합

본 장에서는 장애에 대한 사회적 모델을 중심으로 하여 중요한 관점을 살펴볼 것이며 다양한 장애아동에 대한 특성과 가족정책적 개입에 대하여 살펴볼 것이다. 우리나라에서 장애아동의 인권과 권리가 정책으로 보장되기 위해서는 관련 종사자들뿐 아니라 사회적 인식도 개선되어야 할 필요가 있다.

1. 장애인가족에 관련한 제도

장애인의 정의에 대하여 유엔의 장애인 권리선언 제1조에서의 정의를 살펴보면, 장애인이란 선천적이나 후천적으로 신체 및 정신적 능력의 불완전으로 인하여 일상의 개인적 혹은 사회생활에서 필요한 것을 확보하는 것에 있어서, 자기 자신으로서는 완전하게 또는 부분적으로 할 수 없는 사람을 의미한다.

우리나라에서는 1988년 이후 장애인등록제도를 실시해 왔으며 2010년도 "장애인 경제활동 실태조사"를 통하여 1차 및 2차 장애의 범주를 확대하고 이를 통하여 파악된 등록 장애인의 수가 지속적으로 증대됨에 따라 등록 장애인 비율이 2000년 2.0%에서 2009년 4.9%로 약 2.5배 이상 증가하여 이에 대한 국가적인 차원의 개입을 실시하고 있는 추세이다.

1997년 세계보건기구(International Classification of Impairment, Activities & Participation : ICIDH-2)는 장애 개념의 사회적 측면을 보다 강조하고 있다. 여기에서 손상(impairment)의 의미는 신체구조나 심리적·기능상의 상실이나 비정상성을 의미하며, 활동(activities)은 일상에서 기대되는 개인의 통합된 활동으로 일상생활의 걷기부터 쇼핑,

직무 완수 등의 복합적 활동을 의미한다. 한편, 참여(participation)란 손상, 활동, 상황요인과 관한 생활상황에서 개인의 연관 정도를 뜻한다. 2001년 세계보건기구는 ICF(International Classification of Functioning)를 제시한 바 있는데, 이는 장애인에게만 적용되는 개념이 아니라 모든 사람의 건강 관련 요인을 설명하는 보편적 준거 틀로 장애와 비장애의 개념을 사회적 관점에서 바라볼 수 있게 하였다.

한편, 2003년부터 장애인 분류영역은 총 15개로 나뉘고 있으며 기존의 장애에 안면, 간질, 폐기능, 장루, 요루, 간기능장애가 추가로 포함되었다. 장애인의 인구는 현재 전체인구에서 차지하는 비중이 5%에 육박하고 있다(p. 258 참조).

2. 장애의 유형

장애인이란 신체나 정신적 장애로 생활의 불편함을 갖는 사람으로 사회적 측면에서 연령, 인종, 성 등에 있어 사회여건에 의하여 다수 집단과 분리되어 차별이나 소외를 받을 수 있는 소수집단(minor group)이란 의미 혹은 사회적인 약자(the socially underprivileged)로 불리기도 하였다.

우리나라의 국어사전을 살펴보면 장애인이란, 신체 및 정신의 충분한 기능 미비로 신체가 본래의 기능을 못하거나 정신적 능력의 결함을 지니고 있는 상태의 사람의 의미이다. 그러나 장애인도 인간의 천부적 권리를 가지며 따라서 장애인의 권리에 대하여 재활의 의미가 정상인을 기준으로 설정되는 경우가 많아왔던 것에 많은 지적이 있었으며, 이것은 곧 장애인의 관점에서 장애인의 선택과 의사를 존중하여 서비스를 제공하는 것에 정책적인 보완의 여지가 있다.

다음을 보면 장애와 관련한 예상 장애범주가 나와 있는데, 소화기장애, 비뇨기장애, 만성통증, 기타 암, 만성알코올·약물중독, 기질성뇌증후군, 치매, 기타 정신자폐성장애 등으로 분류되고 있다.

〈표 12-1〉「장애인복지법」에 따른 장애 유형 분류

대분류	중분류	소분류	세분류	확대 예상 장애범주
신체적 장애	외부 신체 기능의 장애	지체장애	절단장애, 관절장애, 지체기능장애, 변형 등의 장애	
		뇌병변장애	중추신경의 손상으로 인한 복합적인 장애	
		시각장애	시력장애, 시야결손장애	
		청각장애	청력장애, 평형기능장애	
		언어장애	언어장애, 음성장애, 구어장애	
		안면장애	안면부의 추상, 함몰, 비후 등 변형으로 인한 장애	
	내부 기관의 장애	신장장애	투석치료 중이거나 신장을 이식받은 경우	소화기장애, 비뇨기장애, 만성통증, 기타 암
		심장장애	일상생활이 현저히 제한되는 심장기능 이상	
		간장애	일상생활이 현저히 제한되는 만성·중증의 간기능 이상	
		호흡기장애	일상생활이 현저히 제한되는 만성·중증의 호흡기 기능 이상	
		장루·요루 장애	일상생활이 현저히 제한되는 장루·요루	
		간질장애	일상생활이 현저히 제한되는 만성·중증의 간질	
정신적 장애	지적장애		지능지수가 70 이하인 경우	
	정신장애		정신분열병, 분열형 정동장애, 양극성 정동장애, 반복성 우울장애	만성알코올·약물중독, 기질성뇌증후군, 치매
	자폐성장애		소아자폐 등 자폐성 장애	기타 정신자폐성장애

출처 : 김희진(2013)

현재 장애학의 발전 패러다임은 의료학적 시각에서 정상인을 기준한 결핍의 개념에서 사회적인 패러다임의 통합적 장애학의 패러다임으로 변화하고 있다. 즉, 장애인의 상황의 초점과 기준은 정상인의 상태보다는 장애인 당사자의 현재상태가 보다 중심이 되어야 하며 이들이 건강하게 사회와 소통하는 모습과 방향을 정책적으로 지향해야 한다는 것이다.

장애가 재활을 통하여 비장애인의 기능과 가깝게 회복되어야 한다는 재활 패러다임에서 벗어나 장애인이 장애를 갖고도 스스로 자립생활을 영위할 수 있도록 하는 사회적 모델의 관점인 자립생활 패러다임으로의 전환이 필요하다.

3. 장애인에 관한 모델과 이론

1) 과거의 의료적 모델

의료학적 모델은 장애를 의료적이며 개인적인 문제로 바라보아 의료적인 정상화적 기능의 기준을 가지고 의료적 관점에서 보는 모델이라 할 수 있다. 이 모델의 특징은 장애를 정상과 비교하여 극복 대상으로 간주하며 이를 위하여 전문적인 치료나 신체기능 강화를 도입하는 재활 패러다임의 맥락이다. 이것은 장애의 근본적인 원인을 개인의 결함으로 간주하므로 장애를 열등요인으로 인식하게 하여 이러한 인식이 사회 전반까지 확산되어 사회에서의 교육 등에서 배제되는 결과가 초래되기도 한다(김희진, 2013).

2) 미래지향적인 사회적 모델

사회적 모델은 영국에서 시작되었다. 영국의 배경은 사회복지의 역사적인 맥락에서 장애인을 위한 수용시설을 통한 보호정책을 실시하여 온 바 있다. 그러나 이들 수용인으로서 장애인들은 일찍이 비인간적인 차별과 대우에 관한 처우개선을 요구하는 노력을 계속하였다.

이러한 결실로 1976년 UPIAS(Union of Physically Impaired Against Segregation)이 제정되고 장애인에 대한 기본 원칙이 설립되었으며 이것은 사회적인 모델의 시초가 되었다. 다음은 UPIAS가 명시한 장애에 관련한 기본 원칙으로 사회적 모델에 입각한 장애운동은 세계장애인연맹인 DPI에 의해 채택되게 되었다(김희진, 2013).

> "장애(Disability)란 신체적 손상을 입은 이에게는 책임이 없으며 이것은 시대적인 사회조직에 의한 활동의 불이익, 제약 그리고 이로 인한 사회활동의 배제를 의미한다. 따라서 신체적인 장애는 사회 억압의 특정 형태를 의미한다"(UPIAS, 1976 ; 김희진, 2013 재구성).

이것은 장애인에 대한 사회의 억압체계를 의미하며 이를 위한 해결로는 사회체계의 변화가 되어야 한다는 입장으로 우리나라에서도 이를 도입하여 「장애인 차별금지법」과 「권리구제에 관한 법률」을 제정하기에 이르렀으며 이는 장애아동에게도 적용될 필요가 있다.

3) 사회학적 차원에서 바라본 장애인 등에 특수교육법과 접근성

다음은 「장애인 등에 대한 특수교육법」상 특수교육 대상자의 선정기준을 정리하여 제시한 것이다.

〈표 12-2〉 「장애인 등에 대한 특수교육법」상 특수교육 대상자 선정기준

법률	법안	시행령
장애인 등에 대한 특수교육법	제15조 (특수교육 대상자의 선정) ① 교육장 또는 교육감은 다음 각 호의 어느 하나에 해당하는 사람 중 특수교육을 필요로 하는 사람으로 진단·평가된 사람을 특수교육 대상자로 선정한다. 1. 시각장애 2. 청각장애 3. 정신지체 4. 지체장애 5. 정서·행동 장애 6. 자폐성장애(이와 관련된 장애를 포함한다) 7. 의사소통장애 8. 학습장애 9. 건강장애 10. 발달지체 11. 그 밖에 대통령령으로 정하는 장애	제10조(특수교육 대상자의 선정기준) 법 제15조에 따라 특수교육 대상자를 선정하는 기준은 별표와 같다. [별표] 특수교육 대상자 선정기준(제10조 관련) 1. 시각장애를 지닌 특수교육 대상자 시각계의 손상이 심하여 시각기능을 전혀 이용하지 못하거나 보조공학기기의 지원을 받아야 시각적 과제를 수행할 수 있는 사람으로서 시각에 의한 학습이 곤란하여 특정의 광학기구·학습매체 등을 통하여 학습하거나 촉각 또는 청각을 학습의 주요 수단으로 사용하는 사람 2. 청각장애를 지닌 특수교육 대상자 청력 손실이 심하여 보청기를 착용해도 청각을 통한 의사소통이 불가능 또는 곤란한 상태이거나, 청력이 남아 있어도 보청기를 착용해야 청각을 통한 의사소통이 가능하여 청각에 의한 교육적 성취가 어려운 사람 3. 정신지체를 지닌 특수교육 대상자 지적 기능과 적응행동상의 어려움이 함께 존재하여 교육적 성취에 어려움이 있는 사람 4. 지체장애를 지닌 특수교육 대상자 기능·형태상 장애를 가지고 있거나 몸통을 지탱하거나 팔다리의 움직임 등에 어려움을 겪는 신체적 조건이나 상태로 인해 교육적 성취에 어려움이 있는 사람 5. 정서·행동장애를 지닌 특수교육 대상자 장기간에 걸쳐 다음 각 목의 어느 하나에 해당하여, 특별한 교육적 조치가 필요한 사람 가. 지적·감각적·건강상의 이유로 설명할 수 없는 학습상의 어려움을 지닌 사람 나. 또래나 교사와의 대인관계에 어려움이 있어 학습에 어려움을 겪는 사람 다. 일반적인 상황에서 부적절한 행동이나 감정을 나타내어 학습에

		어려움이 있는 사람
		라. 전반적인 불행감이나 우울증을 나타내어 학습에 어려움이 있는 사람
		마. 학교나 개인문제에 관련된 신체적인 통증이나 공포를 나타내어 학습에 어려움이 있는 사람
		6. 자폐성장애를 지닌 특수교육 대상자
		사회적 상호작용과 의사소통에 결함이 있고, 제한적이고 반복적인 관심과 활동을 보임으로써 교육적 성취 및 일상생활 적응에 도움이 필요한 사람
		7. 의사소통장애를 지닌 특수교육 대상자
		다음 각 목의 어느 하나에 해당하여 특별한 교육적 조치가 필요한 사람
		가. 언어의 수용 및 표현능력이 인지능력에 비하여 현저하게 부족한 사람
		나. 조음능력이 현저히 부족하여 의사소통이 어려운 사람
		다. 말 유창성이 현저히 부족하여 의사소통이 어려운 사람
		라. 기능적 음성장애가 있어 의사소통이 어려운 사람
		8. 학습장애를 지닌 특수교육 대상자
		개인의 내적 요인으로 인하여 듣기, 말하기, 주의집중, 지각(知覺), 기억, 문제해결 등의 학습기능이나 읽기, 쓰기, 수학 등 학업 성취 영역에서 현저하게 어려움이 있는 사람
		9. 건강장애를 지닌 특수교육 대상자
		만성질환으로 인하여 3개월 이상의 장기입원 또는 통원치료 등 계속적인 의료적 지원이 필요하여 학교생활 및 학업 수행에 어려움이 있는 사람
		10. 발달지체를 보이는 특수교육 대상자
		신체, 인지, 의사소통, 사회·정서, 적응행동 중 하나 이상의 발달이 또래에 비하여 현저하게 지체되어 특별한 교육적 조치가 필요한 영아 및 9세 미만의 아동

출처 : 장애인 등에 대한 특수교육법

우리 사회에서는 장애 관련 문제를 관리하거나 해결하기 위해서, 사회행동(social action)을 필요로 하며 장애인이 전 생활영역에서 완전한 참여를 할 수 있도록 환경적 개정을 필수요건으로 하여 이것이 사회적인 집합적 책임으로 보고 있다(최진섭 외, 1999), 이것은 사회 변화를 요구하는 이데올로기적이며 정치적으로 인권과 연관된 것으로 장애를 바라보는 사회적·정치적 정의에 해당되는 것이다(최진섭 외, 1999).

그러므로 사회적인 접근성을 개선하기 위해서는 장애인의 의사를 고려한 시설의 정비 및 경제적 지원이 절실히 필요하다. 이와 관련하여 장애인과 같은 사회적 약자의 물리적 접근권의 중요성을 강조하고 장애인이 받게 되는 차별에 관하여 사회적 약자에게 있어서 물리적 접근권리의 부여는 자유권을 좀 더 자유권답게 만드는 권리가 필요하며, 이것은 사회권을 좀 더 사회권답게 만들기 위한 권리라 하였다(박덕규, 2004). 다음은 이를 위한 접근권의 종류 및 내용이다.

〈표 12-3〉 접근권의 종류 및 내용

종류	내용
사회적 접근	• 사회조직의 정비를 통한 균등한 기회 제공 • 편의시설은 모든 사람에게 편리한 것이라는 인식으로의 전환 • 지속적인 학교교육과 사회교육 실시 • 사회적 약자의 활동영역 확대를 위한 계획 수립
경제적 접근	• 생활보호, 국민연금 등 사회보험을 통한 직접적인 소득보장 • 각종 시설의 이용요금할인, 세제우대, 교통비 경감 등 간접적인 소득 보장
물리적 접근	• 사회적 약자의 주거지를 고려한 공공시설의 입지조건 재설정 • 보행시설 정비 • 교통시설 정비 • 가로시설물 및 교통시스템 등 정비

출처 : 박덕규(2004)

4) 사회학적 차원의 장애인 지역사회중심재활

지역사회중심재활(Community Based Rehabilitation : CBR)은 장애인의 재활 및 사회통합을 위하여 매우 중요하다. 이것은 장애인과 가족 및 지역사회가 인적 및 물적 자원을 활용하고 지역사회를 기초로 정상화나 탈 시설화의 발전적 결과로 지역사회중심 재활이론이 구상되고 있다. 이 이론은 1981년 이후 세계보건기구(WHO)의 중요한 재활정책으로 권장되어 왔다.

이것은 장애인이 정상인과 같이 지역사회의 생활을 건강하게 영위하는 것을 목적으로 하므로, 지역사회를 기반으로 하는 재활서비스가 장애인을 위한 정책으로 필요하다는 것이다.

5) 장애인에 대한 권리옹호제도의 도입

우리나라의 장애학은 의료학적 기준의 모델이 향후 사회 모델(social model)로서 자리 잡고 성장해 가야 하며, 이것은 인간의 진정한 욕구에 부응하는 삶의 질 변화에서 볼 때 반드시 성취되어야 하는 과정이다. 따라서 자활 패러다임보다는 자립생활 패러다임이 보다 바람직한 모델로 자리 잡아 인간과 환경을 함께 생각하여 소비자 중심의 상담, 옹호, 자조집단의 구성, 사회와 환경의 조화 등이 고려되어야 한다.

이는 장애아동에게도 해당하며 따라서 전인적인 재활을 의미하고 의료적 재활, 심리적 재활, 교육적 재활, 사회적 재활, 직업적 재활이 유기적으로 연계되는 장애아동을 위한 서비스가 정책적으로 구축되어야 함을 의미한다. 이것은 과거의 능력주의에서 비롯된 정상인의 기능 위주의 개념정의로부터 사회복지적인 차원에서 장애인을 소비자로 보고 이들의 권리와 의사결정과 선택을 보다 존중하는 패러다임으로 나아가야 함을 의미하는 것이다.

또한 이것은 사회적인 장애인에 관한 호칭에 있어서도 불구자, 기형아, 장애자, 장애우와 같은 호칭보다는 장애인으로 보다 인권을 존중하는 호칭과 그에 걸맞는 대우가 이 사회에 자리 잡아야 한다는 것이다.

그 동안 장애학은 탈 시설화(deinstitutionalization), 정상화(normalization)와 의료화의 개념에서 사회적 역할 강화(social valorization) 그리고 자립생활론(independent living model)

으로 발전을 거듭해나가고 있다. 따라서 장애인문화와 정책 역시 수요자 중심의 욕구를 존중하고 의사결정의 선택권을 다양하게 할 수 있는 장애인복지서비스가 되어야 하며, 장애를 바라보는 우리 사회의 이분법적 사고에서 탈피하여 다원적인 패러다임으로 장애인도 문화의 생산자와 소비자로서 사회적으로 인권적인 존중을 받는 분위기가 정착되어야 할 것이다.

이것은 그 동안 장애인이 문화사회의 객체로서 인식되었으나 이제는 장애인의 정체성을 가지고 보다 주체적인 사회의 주권을 향유하는 계층이 되어야 함을 뜻하며 이러한 사회적 인식이 수렴될 때 우리나라의 장애학도 진보가 이루어질 것이다. 즉, 장애인은 기존의 사고와 같은 동정의 대상이 아니라 장애문화, 장애 정체성, 장애 개성을 지닌 새로운 이미지로 정착될 필요가 있으며 이러한 장애문화는 정책적으로도 적극 지원될 필요가 있을 것이다. 장애인은 신체적으로 잘못된 개념이 아니라 다름의 개념으로 수용되어야 하며 인간으로서의 자부심과 위엄이 존중되어야 한다. 이렇게 될 때에 장애인은 자연스럽게 사회의 구성원으로 인정될 수 있으며 각종 장애인 인식 역시 긍정적이고 평등한 개념으로 전환될 수 있을 것이다.

사회복지정책 속에서 장애학이 올바르게 정착되기 위해서는 장애인가족에 관한 서비스와 전달체계 그리고 실천현장의 변화가 수요자 중심으로 선택적 정책이 보다 다양하게 개발되고 활성화되어야 한다. 또한 장애인의 특성을 감안하여 보다 접근성, 다양성, 통합성 및 연계성을 개선하는 노력이 심도 있게 기울여져야 할 것이다.

4. 장애인가족의 유형

장애인가족이란 지체장애, 시각장애, 청각장애, 음성-언어장애, 정신지체장애가 있는 가족 구성원을 가진 가족을 뜻한다.

1) 지체장애인

지체장애인이란 신체적으로 지체부자유 상태, 즉 신체의 골격, 근육, 신경 중 어느 한 부분 이상에 외상으로 인하여 기능장애가 영구적으로 남아 있는 경우를 뜻하며 주로 운동기능장애, 감각장애의 상태로 증상이 관찰된다.

지체장애인의 범주는 뇌성마비, 소아마비, 척추손상, 뇌졸중, 관절염, 절단 등으로 야기되는 기능성장애가 포함된다. 지체장애아동의 특성은 운동발달의 지체로 인한 행동반경의 제한으로 언어와 인지발달이 정상 아동과 차이가 없음에도 성장과정 중에 사회성발달의 지체가 수반된다는 것에 유념해야 한다. 반면, 뇌성마비 아동의 경우에는 전체적인 영역에서 지체를 보이는 특징이 있다. 이들은 지속적인 운동기능의 장애, 근육 약화와 무기력, 자세의 불균형, 불수의적 동작, 경련을 보일 수 있으며 이로 인하여 사회적인 참여의 제약을 받을 수 있는 점을 감안하여야 한다.

2) 정신지체장애인

정신지체인이란 지능의 작용이 불완전한 사유로 인하여 지능이 낮거나 불완전한 상태를 뜻한다. 이와 같이 지능의 작용이 불완전하거나 지능의 발달이 늦거나 한정된 상태를 정신지체라고 한다. 정신지체인의 증상은 운동기능의 장애, 감각장애의 상태를 호소한다. 특히, 정신지체아동은 개인차가 심하지만 일반적으로 언어발달 지체, 낮은 학업성취도, 기본 사회생활의 어려움 등이 있으며 이로 인한 열등감도 많이 느끼는 편이고 운동기능도 차이를 보이는 특성이 있다.

3) 시각장애인

시각장애의 의미는 눈으로 물체를 식별하는 기능의 장애를 의미하며, 의학적으로 시각손상, 시각 불능을 의미하는 개념이다.

세계보건기구(WHO)는 시각장애의 범주에 눈, 각막, 망막, 수정체, 황반, 전방 등의 기능장애를 포함하여 제시하고 있다. 시각장애아동의 발달특성으로 공간 이동, 보행에 제한을 받아 운동기능이 저하될 수 있으며 이로 인한 사회성발달이 위축될 수 있다. 또한 시각의 손상에 의하여 정보 습득에 제한을 받으므로 개념발달이 지체될 수 있으며 추상적 사고를 요하는 과정에서 개념정의가 늦어질 수 있다. 그러나 손가락의 촉각을 사용하며 사물과 사상을 인지하거나 청각이 뛰어난 경우가 있으며 그 밖의 언어나 인지발달, 신체발달은 정상인과 큰 차이가 없다고 보아야 할 것이다.

4) 청각장애인

청각장애란 소리를 듣는 청각기관의 이상으로 들리는 소리의 의미 구분이 어렵고 의사소통에 지장이 있는 경우를 의미하는데, 장애의 정도와 성격에 따라서 난청을 분류한다. 난청의 종류는 전음성 난청, 외이의 기형에 의한 난청과 염증에 의한 난청, 그리고 이경화증에 의한 난청, 감음성 난청으로서 약제에 의한 난청, 음행의 자극에 의한 난청, 질환에 의한 난청, 원인 불명의 감음성 난청으로 구분될 수 있다.

특히, 청각장애아동의 발달특성은 언어발달 지체의 특성을 보이며 그중에서도 말하기의 장애를 보일 수 있고, 이로 인하여 대인관계가 어려우나 수화 등을 이용하여 의사소통이 가능하며 인지발달에 있어서는 언어발달 지체의 영향으로 인하여 정상아동과 큰 차이가 없으며, 신체 및 운동기능도 정상 아동과 비슷하다고 할 수 있다. 그러나 이로 인하여 언어장애를 겪을 수 있으며 사회적응에 문제를 초래할 수 있다.

언어장애아동의 발달특성으로는 청각장애 이외의 언어중추신경 손상에 의한 언어장애와 목젖 부분 손상 및 성대 손상 등으로 인한 장애, 말더듬에 의한 장애, 난청 등으로 인한 언어장애와 지능지체에 의한 언어장애 등이 있으며 이는 언어발달이 늦어질 뿐 아니라 사회생활에 장애를 줄 수 있다. 따라서 각 장애아동의 발달적 특성을 잘 관찰하고 이들에게 재활 및 향후 적절한 직업활동의 지도가 지원되는 것이 정책적으로 필요하며 각 장애의 정도별로 어떤 발달 가능성이 있는지 살펴보아 일반아동교육으로 충분히 교육성과나 사회성의 성취가 어려운 경우에는 특수교육을 받는 것이 권장되며 이를 위한 지원이 필요하다.

5. 장애가족의 문제

장애가족의 문제는 복합적이라 할 수 있다. 첫째, 장애인을 부모로 두고 있는 일반아동은 부모 간의 불화를 호소할 수 있으며 부모의 죄책감이 있을 수 있다. 또한 자녀양육과 관련한 부모의 **자녀양육의 역할분담문제**, **사회생활의 부적응** 등으로 인하여 부부간의 갈등을 증가시킬 수 있다. 이때 아동은 부모에 대한 수치감을 느낄 수 있으며 부모의 역할을 대신하며 미래에 대한 보상심리 등의 부담이 과중될 수 있다.

둘째, 장애인을 형제를 둔 경우나 자매로 둔 경우는 부모들로부터 받는 시간과 관심의 양에 의하여 영향을 받을 수 있다. 자칫 정상인이라는 이유로 소홀한 경우, 특히 장애아가 위 형제일 경우 부모의 정서적 상태에 따라서 관심을 받지 못할 수도 있으므로 아동에게 적절한 관심과 정서적인 돌봄을 제공하는 것이 중요하다. 또한 사회적으로 수치심을 가질 수 있으므로 장애 형제를 둔 아동에게 사회에서 적절한 반응과 대처를 할 수 있도록 정책 및 프로그램 지원을 통하여 돕는 것이 중요하다. 특히, 장애에 대해 개방적인 의사소통을 통하여 장애에 대한 객관적인 정보를 제공할 필요가 있을 것이다.

셋째, 평균수명의 연장에 따라 주 보호 제공자인 부모나 형제의 사망 이후 장애아동에 대한 보호나 자립문제 등은 **평생계획**의 구상과 지원에 의하여 이루어져야 한다. 이에 대해서는 **사회적인 돌봄**을 고려해 볼 수 있고 각종 기관과 단체 등의 지원을 통하여 지속적인 접촉이 있도록 하는 것이 바람직하다. 즉, 정책적으로는 **후견인제도, 위탁보호 및 그룹 홈 등의 주거보호서비스** 등이 있으며 재정적인 지원이 취약한 경우에 적절한 지원책이 필요하다.

6. 장애인가족에 대한 정책적 서비스

장애아동을 둔 가족에 대한 정책적 서비스는 다음과 같다. 첫째, 부모교육으로 장애아동의 자녀를 둔 부모를 위한 교육이 필요한데, 부모가 장애아동에게 바람직한 양육자로서의 기능을 담당할 수 있도록 돕는 특별교육과정이 필요하다. 이를 위한 부모집단 프로그램에서는 장애아동을 둔 부모가 느끼는 공통적인 문제와 경험에 대하여 교육하고 장애아동의 일상생활 대처에 도움이 되는 심리교육과 사회적인 지지의 정보 등을 제공하여야 한다.

둘째, 가정에서 필요한 연계 치료서비스 지원을 제공한다. 장애아동에 대한 치료 및 교육효과를 사회와 교육기관이 협력하여 지속적으로 제공하기 위하여 가정에서 적절하게 정보를 활용하고 체계화시킬 수 있도록 하는 것이 필요하다. 이를 위하여 장애아동의 가족들은 장애아동을 위한 치료 및 교육의 내용과 방법에 관하여 숙지하면서 장애아동을 가정 내에서도 수용하고 이해하는 분위기가 중요하다 할 것이다.

또한 장애아동을 위한 프로그램에 가족들도 적극적으로 협조하고 참여하는 협력적인 자세가 중요하다. 이를 위하여 장애아동의 치료와 심리 및 발달단계를 이해하는 것이 중요하며 현재 장애아동이 독립적으로 성장하는 것에 필요한 도움을 적절하게 제공하는 것이 중요하다. 이를 위해서 일관성 있는 태도과 행동이 중요하며 장애아동의 성장에 필요한 기술로 독립적 거주나 지역사회 참여기술 및 직업 등에 대하여 가르치는 것은 중요한 과업이다.

셋째, 가족의 심리적 건강성을 위하여 정기적인 가족 사정이나 가족상담이 함께 이루어지는 것이 바람직하다. 가족 사정은 장애아동의 복지에서 중요한 기능이며 대개 아동의 욕구와 잠재력의 발현을 도와 향후 전인적인 성장을 할 수 있도록 하기 위한 것이라 할 수 있다. 함께 이루어지는 가족상담의 경우는 가족이 장애아동을 수용할 수 있도록 도우며, 가족과의 상호작용에서 발생할 수 있는 문제의 해결과 가족 구성원이 체감하는 정서적 스트레스를 해소하면서 함께 성장할 수 있도록 돕는 기능을 한다. 이를 위하여 각종 건강 및 재활정보와 타 기관의 정보 제공 등을 활용하여 가족이 필요로 하는 정보와 기술을 제공하는 기능을 수행하기도 한다.

이를 위하여 가족관계의 강화 서비스로 가족 캠프의 제공에 따르는 홍보 서비스도 중요한 부분이다. 현대사회에서는 개인보다는 가족을 하나의 단위로 보아 개입하는 프로그램을 진행하고 있다. 이는 건강한 가족 응집력을 원활하게 가능하게 하여 상호 가족 구성원에 대한 이해, 올바른 의사소통 기술과 갈등해결방법의 습득 및 부모와 형제의 역할훈련 등을 통하여 가족과 개인의 기능을 함께 향상시키는 것이 중요하다.

7. 장애아동을 위한 전문 가족 단위 프로그램의 활성화

장애아동 프로그램은 기존에는 주로 특수교사, 사회복지사, 작업치료사, 물리치료사, 언어치료사 등이 한 팀으로 프로그램에 함께 개입하였다. 프로그램의 활동 내용은 다양하며 아동의 근육운동, 인지성발달, 사회성 함양, 언어영역의 개선 등 복합적인 영역에 관하여 포괄적인 예방과 치료의 목적을 달성하도록 하였다. 즉, 장애아동의 교육 프로그램은 전문가 등이 포괄적인 팀을 이루어 아동의 발달 측면을 세심하게 파악하고, 발달 가능성을 고취하여 적응능력을 함양시키기 위한 서비스 제공이라 할 수 있다.

그러나 최근 장애아동에 대한 치료 및 교육 프로그램이 변화하고 있는데, 이는 부모 및 지인 등의 참여를 통하여 상호 협력적인 개입이 강조되었고, 가족으로 하여금 장애아동의 치료 및 교육 프로그램에 적극적으로 참여하여 조력자의 역할을 하도록 하고, 프로그램이 가정과의 연계성 속에서 이루어지도록 하고 있는 추세이다.

그 밖에 의료 및 정신보건 분야로, 특히 장애아동의 정신보건을 다루는 정신보건 사회복지사는 슈퍼비전에서 갖추어야 할 기본지식으로는 아동의 장애, 외상의 신체적 특징의 이해, 아동의 특징적 반응 양태와 행동의 이해, 장애아동에게 사회문화적 태도의 이해, 장애별 특수문제에 대한 이해가 필수적으로 선행되기를 권장한다. 이를 위해 정신장애의 진단은 DSM-Ⅳ에 근거한 다양한 진단으로 그 밖에도 개인력 조사, 사회조사를 실시하며 강점과 자원을 사정하는 것은 사회복지사의 심리사회적 개입에 있어서 이루어져야 하는 매우 중요한 작업이다.

과업의 범위로는 개인상담, 가족상담, 집단상담, 위기개입, 자원연결, 교육 및 옹호 등의 방법이 활용될 수 있으며, 다양한 재활, 가족교육, 가족치료, 사회기술훈련, 집단치료 및 직업훈련, 사례관리 등이 전문 프로그램에 적용된다. 이러한 영역은 다학제적인 관점으로 이루어지며 의료 및 정신보건 사회복지정책에 있어서 다양한 영역이 협력적으로 일하는 팀 접근방식으로 전문성과 책임성에 있어서 효과적이다. 이때 장애인정책과 관계된 윤리적 이슈가 중요하며 동료 간과 다학제 간 협력에서의 관계 기술은 매우 중요하다.

한편, 장애아동의 개인생활을 보조하는 서비스에 대한 수요가 증대하고 있으며 성년 후견제 등 성년이 되었을 경우의 법률적 지원서비스의 수요의 확산, 차별의 금지, 인권, 가사지원서비스, 문화생활 등에 대한 욕구도 높은 수준이며 중도 장애인을 포함하여 장애인 인구의 새로운 복지수요에 효과적으로 대응할 수 있는 합리적인 서비스 전달체계의 모색이 매우 중요하다.

그 밖에도 재가서비스의 전략이 개발되어야 하며 현재의 장애아동에 대한 다양한 욕구를 충족시키기 위하여 장애아동과 부모가 의사결정을 할 수 있도록 돕는 것이 필요하고 향후 성년이 되어 자립의 준비도 필요하다. 또한 서비스 통합기능의 향상으로 장애아동의 욕구에 포괄적으로 접근하기 위한 사례관리체계가 사회통합적 관점에서 지역사회의 연계적인 노력으로 이루어질 필요가 있으며 장애인에 대한 복지 패러다임의 재정립 요구가 대두되고 있다.

8. 지역사회를 통한 사회통합

장애인으로 하여금 이웃사람들이 장애인을 잘 수용하고 이해할 수 있게 장애인에게 낙인감이 형성되지 않도록 함께 하는 적절한 라포가 형성되는 것은 매우 중요하다. 이를 위하여 장애아동이 다양한 이웃들과 접할 수 있는 기회를 늘려 나갈 수 있도록 하는 것이 중요하다. 또한 자녀의 문제를 솔직하게 이웃과 공유하며 필요시에는 도움을 요청하도록 하는 네트워크를 형성하는 것도 중요하다.

이를 위하여 이웃에게 장애인을 적절히 대하는 방법에 대하여 사전에 정보를 주고 사회교육하여 장애인의 올바른 사회성발달에 도움이 되도록 한다. 그 밖에 간단한 일상생활을 할 수 있도록 물건의 구매나, 음식배달, 외식, 도서관 이용, 은행업무, 우체국 등의 업무, 지하철 등의 대중교통 이용 등의 기회를 더욱 확대하고 지역사회에서 이루어지는 다양한 사회적응 프로그램에도 적극적으로 참여시키는 것이 중요하며 사회로부터의 자원봉사인력 활용을 통해 사회통합을 촉진하는 것은 중요하다.

이러한 활동은 장애인과 더불어 함께 사는 사회의 구축 및 장애아동에 대한 사회의 관심과 배려에 도움을 주고, 특히 장애인 당사자가 낙인과 편견 및 고정관념에서 탈피하여 사회와의 접촉을 통해 사회적으로 성장하는 발판형성에 도움이 된다. 특히, 장애아동은 향후 자신의 직업을 찾고 부모로부터 독립하여 자신의 성년의 삶을 독자적으로 개척하고 살아갈 권리가 있다. 그러므로 사회적 지지망과 필요한 자원과의 연계할 수 있는 지원정책이 필요하다.

| 부록 |

건강가정기본법

[시행 2016. 12. 20] [법률 제17280호, 2020. 05. 19, 일부개정]

여성가족부

제1장 총칙

제1조(목적) 이 법은 건강한 가정생활의 영위와 가족의 유지 및 발전을 위한 국민의 권리·의무와 국가 및 지방자치단체 등의 책임을 명백히 하고, 가정문제의 적절한 해결방안을 강구하며 가족구성원의 복지증진에 이바지할 수 있는 지원정책을 강화함으로써 건강가정 구현에 기여하는 것을 목적으로 한다.

제2조(기본이념) 가정은 개인의 기본적인 욕구를 충족시키고 사회통합을 위하여 기능할 수 있도록 유지·발전되어야 한다.

제3조(정의) 이 법에서 사용하는 용어의 정의는 다음과 같다. 〈개정 2018. 1. 16.〉

1. "가족"이라 함은 혼인·혈연·입양으로 이루어진 사회의 기본단위를 말한다.
2. "가정"이라 함은 가족구성원이 생계 또는 주거를 함께 하는 생활공동체로서 구성원의 일상적인 부양·양육·보호·교육 등이 이루어지는 생활단위를 말한다.

2의2. "1인가구"라 함은 1명이 단독으로 생계를 유지하고 있는 생활단위를 말한다.

3. "건강가정"이라 함은 가족구성원의 욕구가 충족되고 인간다운 삶이 보장되는 가정을 말한다.
4. "건강가정사업"이라 함은 건강가정을 저해하는 문제(이하 "가정문제"라 한다)의 발생을 예방하고 해결하기 위한 여러 가지 조치와 가족의 부양·양육·보호·교육 등의 가정기능을 강화하기 위한 사업을 말한다.

[시행일 : 2018.7.17.] 제3조

제4조(국민의 권리와 의무) ① 모든 국민은 가정의 구성원으로서 안정되고 인간다운 삶을 유지할 수 있는 가정생활을 영위할 권리를 가진다.

② 모든 국민은 가정의 중요성을 인식하고 그 복지의 향상을 위하여 노력하여야 한다.

제5조(국가 및 지방자치단체의 책임) ① 국가 및 지방자치단체는 건강가정을 위하여 필요한 제도와 여건을 조성하고 이를 위한 시책을 강구하여 추진하여야 한다.

② 국가 및 지방자치단체는 제1항의 시책을 강구함에 있어 가족구성원의 특성과 가정유형을 고려하여야 한다.

③ 국가 및 지방자치단체는 민주적인 가정형성, 가정친화적 환경조성, 양성평등한 가족가치 실현 및 가사노동의 정당한 가치평가를 위하여 노력하여야 한다.

제6조(다른 법률과의 관계) 국가는 건강가정사업과 관련되는 다른 법률을 제정 또는 개정하는 경우에는

이 법에 부합되도록 하여야 한다.

제7조(가족가치) 가족구성원은 부양·자녀양육·가사노동 등 가정생활의 운영에 함께 참여하여야 하고 서로 존중하며 신뢰하여야 한다.

제8조(혼인과 출산) ① 모든 국민은 혼인과 출산의 사회적 중요성을 인식하여야 한다.

② 국가 및 지방자치단체는 출산과 육아에 대한 사회적 책임을 인식하고 모·부성권 보호 및 태아의 건강보장 등 적절한 출산·육아환경을 조성하기 위하여 적극적으로 지원하여야 한다. 〈개정 2016. 5. 29.〉

제9조(가족해체 예방) ① 가족구성원 모두는 가족해체를 예방하기 위하여 노력하여야 한다.

② 국가 및 지방자치단체는 가족해체를 예방하기 위하여 필요한 제도와 시책을 강구하여야 한다.

제10조(지역사회자원의 개발·활용) 국가 및 지방자치단체는 건강한 가정구현에 기여할 수 있도록 지역사회자원을 최대한 개발하고 활용하여야 한다.

제11조(정보제공) 국가 및 지방자치단체는 자녀양육, 가족교육·상담 등 가족구성원에게 건강한 가정생활을 영위하는데 도움이 되는 정보를 최대한 제공하고 가정생활에 관한 정보관리체계를 확립하여야 한다. 〈개정 2020. 5. 19.〉

제12조(가정의 날) 가정의 중요성을 고취하고 건강가정을 위한 개인·가정·사회의 적극적인 참여분위기를 조성하기 위하여 매년 5월을 가정의 달로 하고, 5월 15일을 가정의 날로 한다.

제2장 건강가정정책

제13조 삭제 〈2011. 9. 15.〉

제14조 삭제 〈2011. 9. 15.〉

제15조(건강가정기본계획의 수립) ① 여성가족부장관은 관계 중앙행정기관의 장과 협의하여 건강가정기본계획(이하 "기본계획"이라 한다)을 5년마다 수립하여야 한다. 〈개정 2005. 3. 24., 2008. 2. 29., 2010. 1. 18., 2011. 9. 15.〉

② 기본계획에는 다음 각호의 사항이 포함되어야 한다. 〈개정 2018. 7. 17.〉

1. 가족기능의 강화 및 가정의 잠재력개발을 통한 가정의 자립 증진 대책
2. 사회통합과 문화계승을 위한 가족공동체문화의 조성
3. 다양한 가족의 욕구충족을 통한 건강가정 구현
4. 민주적인 가족관계와 양성평등적인 역할분담
5. 가정친화적인 사회환경의 조성
6. 가족의 양육·부양 등의 부담완화와 가족해체예방을 통한 사회비용 절감
7. 위기가족에 대한 긴급 지원책
8. 가족의 건강증진을 통한 건강사회 구현
9. 가족지원정책의 추진과 관련한 재정조달 방안

10. 1인가구의 복지 증진을 위한 대책

③ 기본계획은 국무회의의 심의를 거쳐 확정한다.

④ 여성가족부장관은 확정된 기본계획을 지체없이 국회 소관 상임위원회에 보고하고, 관계 중앙행정기관의 장 및 지방자치단체의 장에게 통보하여야 한다. 〈개정 2005. 3. 24., 2008. 2. 29., 2010. 1. 18., 2011. 9. 15., 2020.05. 19〉

제16조(연도별 시행계획의 수립·시행 등) ① 여성가족부장관, 관계중앙행정기관의 장 및 지방자치단체의 장은 매년 기본계획에 따라 건강가정시행계획(이하 "시행계획"이라 한다)을 수립·시행 및 평가하여야 한다. 이 경우 관계중앙행정기관의 장 및 지방자치단체의 장은 그 시행계획 및 추진실적을 매년 여성가족부장관에게 제출하여야 한다. 〈개정 2005. 3. 24., 2008. 2. 29., 2010. 1. 18., 2011. 9. 15.〉

② 시행계획의 수립·추진 및 평가에 관하여 필요한 사항은 대통령령으로 정한다.

제17조(시·도별 시행계획의 조정 등) ① 여성가족부장관은 기본계획에 기초하여 지방자치단체별 시행계획을 조정하고 그 이행상황을 점검하여야 한다. 〈개정 2005. 3. 24., 2008. 2. 29., 2010. 1. 18., 2011. 9. 15.〉

② 여성가족부장관은 지방자치단체별 시행계획이 기본계획 및 중앙행정기관의 시행계획에 위배되는 경우에는 해당 지방자치단체의 장에게 이를 변경하도록 요구할 수 있다. 〈개정 2005. 3. 24., 2008. 2. 29., 2010. 1. 18., 2011. 9. 15., 2016. 12. 20.〉

제18조(계획수립의 협조) ① 여성가족부장관, 관계중앙행정기관의 장 및 지방자치단체의 장은 기본계획 또는 시행계획의 수립·시행을 위하여 필요한 때에는 관계공공기관·사회단체 그 밖의 민간기업체의 장에게 협조를 요청할 수 있다. 〈개정 2005. 3. 24., 2008. 2. 29., 2010. 1. 18., 2011. 9. 15.〉

② 제1항의 규정에 의하여 협조요청을 받은 자는 특별한 사유가 없는 한 이에 응하여야 한다.

제19조(교육·연구의 진흥) ① 국가 및 지방자치단체는 건강가정과 관련된 연구를 진흥하고 전문가를 양성하여야 한다.

② 국가 및 지방자치단체는 건강가정을 위한 교육프로그램을 지속적으로 개발·제공하여야 한다.

제20조(가족실태조사) ① 국가 및 지방자치단체는 개인과 가족의 생활실태를 파악하고, 건강가정 구현 및 가정문제 예방 등을 위한 서비스의 욕구와 수요를 파악하기 위하여 3년마다 가족실태조사를 실시하고 그 결과를 발표하여야 한다. 〈개정 2020. 5. 19.〉

② 제1항에 따른 가족실태조사에는 1인가구의 연령별·성별·지역별 현황과 정책 수요 등에 관한 사항이 포함되어야 한다. [신설 2018.1.16] [[시행일 2018.7.17]] 〈신설 2018. 1. 16.〉

③ 제1항의 규정에 의한 가족실태조사를 위하여 필요한 사항은 여성가족부령으로 정한다. 〈개정 2005. 3. 24., 2008. 2. 29., 2010. 1. 18., 2018. 1. 16.〉

제3장 건강가정사업

제21조(가정에 대한 지원) ① 국가 및 지방자치단체는 가정이 원활한 기능을 수행하도록 지원하여야 한다.

② 제1항의 규정에 의하여 지원하여야 할 사항은 다음 각호와 같다.

1. 가족구성원의 정신적·신체적 건강지원
2. 소득보장 등 경제생활의 안정
3. 안정된 주거생활
4. 태아검진 및 출산·양육의 지원
5. 직장과 가정의 양립
6. 음란물·유흥가·폭력 등 위해환경으로부터의 보호
7. 가정폭력으로부터의 보호
8. 가정친화적 사회분위기의 조성
9. 그 밖에 건강한 가정의 기능을 강화·지원할 수 있는 관련 사항

③ 국가 및 지방자치단체는 임신·출산·수유 및 육아와 관련된 모·부성권 보장을 위한 육아휴직 및 유급휴가시책이 확산되도록 노력하여야 한다. 〈개정 2016. 5. 29.〉

④ 국가 및 지방자치단체는 한부모가족, 노인단독가정, 장애인가정, 미혼모가정, 공동생활가정, 자활공동체 등 사회적 보호를 필요로 하는 가정에 대하여 적극적으로 지원하여야 한다. 〈개정 2007. 10. 17.〉

⑤ 제2항 및 제4항의 규정에 의한 국가 및 지방자치단체의 지원에 관한 세부적 사항은 관계법률이 정하는 바에 의한다.

제21조의2(위기가족긴급지원) ① 국가와 지방자치단체는 「재난 및 안전관리 기본법」 제3조제1호에 따른 재난 중 대통령령으로 정하는 재난에 의하여 가족의 부양·양육·보호·교육 등 가족기능이 현저하게 저하된 경우 원활한 가족기능을 수행하는 데에 긴급하게 필요한 범위에서 지원(이하 "위기가족긴급지원"이라 한다)을 하여야 한다.

② 위기가족긴급지원의 종류 및 내용은 다음 각 호와 같다.

1. 아이돌봄지원, 가사돌봄지원 등 가족돌봄
2. 가족상담, 집단프로그램, 자조모임 운영 등 가족의 심리·정서지원
3. 법률구조, 의료지원, 복지서비스 등 연계
4. 그 밖에 여성가족부장관이 필요하다고 인정하는 지원

③ 제2항의 지원기간은 1년 이내로 한다. 다만, 제2항제2호의 심리·정서지원의 지원기간은 3년 이내로 하되, 필요한 경우 1년의 범위에서 한 번 연장할 수 있다.

④ 위기가족긴급지원의 절차 및 방법 등에 필요한 사항은 대통령령으로 정한다.

⑤ 「긴급복지지원법」 등 다른 법률에 따른 이 법의 지원내용과 동일한 내용의 지원을 받고 있는 경우에는 이 법에 따른 지원을 하지 아니한다.

[본조신설 2016. 5. 29.]

제21조의3(위기가족긴급지원에 관한 정보의 이용) 여성가족부장관 또는 지방자치단체의 장은 위기가족긴급지원을 위하여 필요한 경우 국가 및 지방자치단체, 공공기관에서 확보하고 있는 위기가족긴급지원 관련 성명, 주소, 연락처 등의 정보를 요청할 수 있으며, 수집된 정보를 가공 또는 이용할 수 있다.

[본조신설 2016. 5. 29.]

제21조의4(위기가족긴급지원에 대한 비용의 지원) 국가와 지방자치단체는 위기가족긴급지원에 필요한 비

용의 전부 또는 일부를 지원할 수 있다.
[본조신설 2016. 5. 29.]

제22조(자녀양육지원의 강화) ① 국가 및 지방자치단체는 자녀를 양육하는 가정에 대하여 자녀양육으로 인한 부담을 완화하고 아동의 행복추구권을 보장하기 위하여 보육, 방과후 서비스, 양성이 평등한 육아휴직제 등의 정책을 적극적으로 확대 시행하여야 한다. 〈개정 2011. 9. 15.〉
② 국가 및 지방자치단체는 다양한 가족형태를 고려하여 아동양육지원사업 시책(아이돌보미 서비스를 포함한다. 이하 같다)을 수립·시행하여야 한다. 〈신설 2011. 9. 15.〉
③ 국가 및 지방자치단체는 아동양육지원사업을 예산의 범위에서 지원할 수 있다. 〈신설 2011. 9. 15.〉
④ 국가 및 지방자치단체는 가사노동의 가치에 대한 사회적 인식을 제고하고 이를 관련 법·제도 및 가족정책에 반영하도록 노력하여야 한다. 〈개정 2011. 9. 15.〉

제23조(가족단위 복지증진) ① 국가 및 지방자치단체는 사회보험·공공부조 등 사회보장제도의 운용과 관련하여 보험료의 산정·부과, 급여 등을 운용함에 있어서 가족을 지지하는 시책을 개발·추진하여야 한다.
② 국가 및 지방자치단체는 경제·사회, 교육·문화, 체육, 지역사회개발 등 각 분야의 제도·정책 및 사업을 수립·추진함에 있어 가족을 우대하는 방안을 강구하여야 한다.

제24조(가족의 건강증진) 국가 및 지방자치단체는 영·유아, 아동, 청소년, 중·장년, 노인 등 생애주기에 따르는 가족구성원의 종합적인 건강증진대책을 마련하여야 한다. 〈개정 2011. 9. 15.〉

제25조(가족부양의 지원) ① 국가 및 지방자치단체는 영·유아 혹은 노인 등 부양지원을 요하는 가족구성원이 있는 가정에 대하여 부양부담을 완화하기 위한 시책을 적극적으로 강구하여야 한다.
② 국가 및 지방자치단체는 질환이나 장애로 가족내 수발을 요하는 가족구성원이 있는 가정을 적극 지원하며, 보호시설을 이용할 수 있도록 전문보호시설을 확대하여야 한다.
③ 국가 및 지방자치단체는 가족구성원중 장기요양을 필요로 하는 질병이나 사고로 간병을 요할 경우 가족간호를 위한 휴가 등의 시책을 마련하여야 한다.

제26조(민주적이고 양성평등한 가족관계의 증진) ① 국가 및 지방자치단체는 부부 및 세대간에 가족갈등이 있는 경우 이를 예방·상담하고, 민주적이고 양성평등한 가족관계를 증진시킬 수 있도록 가족지원서비스를 확대하고, 다양한 가족생활교육·부모교육·가족상담·평등가족홍보 등을 추진하여야 한다.
② 국가 및 지방자치단체는 가정폭력이 있는 가정의 경우 가정폭력피해자와 피해자 가족에 대한 개입에 있어 전문가의 체계적인 개입과 서비스가 이루어지도록 노력하여야 한다.

제27조(가족단위의 시민적 역할증진) ① 국가 및 지방자치단체는 가족의 결속력과 가족구성원의 발전을 위하여 가족이 시민으로서의 역할을 증진할 수 있는 기회와 서비스를 제공하여야 한다.
② 국가 및 지방자치단체는 가족단위의 자원봉사참여가 확대되도록 노력하여야 한다.

제28조(가정생활문화의 발전) ① 국가 및 지방자치단체는 건강가정의 생활문화를 고취하고 그에 대한 지원정책을 수립하여야 한다.
② 국가 및 지방자치단체가 지원하여야 하는 건강가정의 생활문화는 다음 각호의 사항을 포함한다.

1. 가족여가문화
2. 양성평등한 가족문화
3. 가족단위 자원봉사활동
4. 건강한 의식주 생활문화
5. 합리적인 소비문화
6. 지역사회 공동체문화
7. 그 밖에 건강가정의 생활문화와 관련된 사항

제29조(가정의례) ① 개인과 가정은 건전한 가정의례를 확립하도록 노력하여야 한다.

② 국가 및 지방자치단체는 건전한 가정의례를 확립하기 위한 지원정책을 수립하여야 한다.

제30조(가정봉사원) ① 국가 및 지방자치단체는 건강한 가정을 유지하기 위하여 필요한 경우에는 가정을 방문하여 가사·육아·산후조리·간병 등을 돕는 가정봉사원(이하 "가정봉사원"이라 한다)을 지원할 수 있다.

② 가정봉사원은 여성가족부령이 정하는 바에 따라 교육을 받아야 한다. 〈개정 2005. 3. 24., 2008. 2. 29., 2010. 1. 18.〉

③ 국가 및 지방자치단체는 가정봉사원에게 예산의 범위안에서 일정금액을 지급할 수 있다.

④ 가정봉사원의 지원에 관하여 필요한 사항은 여성가족부령으로 정한다. 〈개정 2005. 3. 24., 2008. 2. 29., 2010. 1. 18.〉

제31조(이혼예방 및 이혼가정지원) ① 국가 및 지방자치단체는 이혼하고자 하는 부부가 이혼전 상담을 받을 수 있게 하는 등 이혼조정을 내실화 할 수 있도록 필요한 조치를 강구하여야 한다.

② 국가 및 지방자치단체는 이혼의 의사가 정해진 가족에 대하여 이들 가족이 자녀양육·재산·정서 등의 제반문제를 준비할 수 있도록 도움을 주는 지원서비스를 제공하도록 하여야 한다.

③ 국가 및 지방자치단체는 이혼한 가족에 대하여 양육비에 대한 집행력의 실효성을 강화하고 그 적용대상을 확대하도록 하여야 한다.

제32조(건강가정교육) ① 국가 및 지방자치단체는 건강가정교육을 실시하여야 한다.

② 제1항의 규정에 의한 교육내용에는 다음 각호의 사항이 포함되어야 한다.

1. 결혼준비교육
2. 부모교육
3. 가족윤리교육
4. 가족가치실현 및 가정생활관련 교육 등

③ 제1항의 규정에 의한 건강가정교육에 관하여 필요한 사항은 여성가족부령으로 정한다. 〈개정 2005. 3. 24., 2008. 2. 29., 2010. 1. 18.〉

제33조(자원봉사활동의 지원) 국가 및 지방자치단체는 건강가정과 관련되는 자원봉사활동사업을 육성하고 장려하여야 한다.

제4장 건강가정전담조직 등

제34조(건강가정사업의 전담수행) 여성가족부 및 지방자치단체는 건강가정사업에 관한 업무를 전담하여 수행할 수 있도록 하여야 한다. 〈개정 2005. 3. 24., 2008. 2. 29., 2010. 1. 18., 2011. 9. 15.〉

제34조의2(한국건강가정진흥원의 설립 등) ① 다양한 가족의 삶의 질 제고 및 가족역량 강화를 위한 가족정책을 효율적이고 체계적으로 지원하기 위하여 한국건강가정진흥원(이하 "진흥원"이라 한다)을 설립한다.

② 진흥원은 법인으로 한다.

③ 진흥원은 그 주된 사무소의 소재지에서 설립등기를 함으로써 성립한다.

④ 진흥원의 정관에는 다음 각 호의 사항이 포함되어야 한다. 〈신설 2020. 5. 19.〉

1. 목적
2. 명칭
3. 주된 사무소가 있는 곳
4. 자산에 관한 사항
5. 임원 및 직원에 관한 사항
6. 이사회의 운영
7. 사업범위 및 내용과 그 집행
8. 회계
9. 공고의 방법
10. 정관의 변경
11. 그 밖에 진흥원의 운영에 관한 중요 사항

⑤ 진흥원이 정관의 기재사항을 변경하려는 경우에는 여성가족부장관의 인가를 받아야 한다. 〈신설 2020. 5. 19.〉

⑥ 진흥원에는 정관으로 정하는 바에 따라 임원과 필요한 직원을 둔다. 〈개정 2020. 5. 19.〉

⑦ 진흥원은 다음 각 호의 사업을 한다. 〈개정 2020. 5. 19.〉

1. 가족상담 및 가족교육 사업
2. 가족친화 사회환경 조성사업
3. 아이돌봄 및 자녀양육지원 사업
4. 「양육비 이행확보 및 지원에 관한 법률」에 따른 양육비 이행 전담기관 운영
5. 다문화가족, 한부모가족, 조손가족 등 취약 가족의 역량강화 지원 사업
6. 다문화가족의 사회통합지원 사업
7. 제35조의 건강가정지원센터, 「다문화가족지원법」 제12조의 다문화가족지원센터 및 「가족친화 사회환경의 조성 촉진에 관한 법률」 제19조의 가족친화지원센터의 사업 관리 및 종사자 교육훈련
8. 가족사업 관련 대내외 교류 및 협력 사업
9. 가족정책 및 사업개발을 위한 조사, 연구

10. 제1호부터 제9호까지의 사업에 부수되는 사업 또는 이와 관련하여 국가기관 등으로부터 위탁받은 사업

11. 그 밖에 진흥원의 목적달성을 위하여 정관으로 정하는 사항

⑧ 정부는 예산의 범위에서 진흥원의 사업과 운영에 필요한 경비를 출연할 수 있다. 〈개정 2020. 5. 19.〉

⑨ 진흥원은 「기부금품의 모집 및 사용에 관한 법률」에도 불구하고 자발적으로 기탁되는 금품을 사업목적에 부합하는 범위에서 접수할 수 있으며 접수 절차 등에 관한 사항은 진흥원의 장이 별도로 정한다. 〈신설 2016. 3. 2., 2020. 5. 19.〉

⑩ 진흥원에 관하여는 이 법에서 규정한 것을 제외하고는 「민법」 중 재단법인에 관한 규정을 준용한다. 〈개정 2016. 3. 2., 2020. 5. 19.〉

[본조신설 2014. 3. 24.]

제35조(건강가정지원센터의 설치) ① 국가 및 지방자치단체는 가정문제의 예방·상담 및 치료, 건강가정의 유지를 위한 프로그램의 개발, 가족문화운동의 전개, 가정관련 정보 및 자료제공 등을 위하여 건강가정지원센터(이하 "센터"라 한다)를 설치·운영하여야 한다. 〈개정 2011. 9. 15.〉

② 센터에는 건강가정사업을 수행하기 위하여 관련분야에 대한 학식과 경험을 가진전문가(이하 "건강가정사"라 한다)를 두어야 한다.

③ 건강가정사는 대학 또는 이와 동등 이상의 학교에서 사회복지학·가정학·여성학 등 여성가족부령이 정하는 관련교과목을 이수하고 졸업한 자이어야 한다. 〈개정 2005. 3. 24., 2008. 2. 29., 2010. 1. 18.〉

③ 건강가정사는 다음 각 호의 요건을 모두 갖춘 사람이어야 한다. 〈개정 2018. 1. 16.〉

1. 대학 또는 이와 동등 이상의 학교를 졸업할 것(법령에 따라 이와 같은 수준 이상의 학력이 있다고 인정되는 경우를 포함한다)
2. 제1호에 따른 학력 취득과정이나 그 밖에 여성가족부장관이 인정하는 방법으로 사회복지학·가정학·여성학 등 여성가족부령으로 정하는 관련 교과목을 이수할 것

④ 센터의 조직·운영 및 건강가정사의 자격·직무에 관하여 필요한 사항은 대통령령으로 정한다.

⑤ 센터의 운영은 여성가족부령이 정하는 바에 의하여 민간에 위탁할 수 있다. 〈개정 2005. 3. 24., 2008. 2. 29., 2010. 1. 18.〉

⑥ 국가 및 지방자치단체는 센터의 설치·운영에 필요한 비용의 전부 또는 일부를 지원할 수 있다. 〈신설 2020. 5. 19.〉

제35조의2(유사명칭의 사용금지) 이 법에 따른 센터가 아닌 자는 건강가정지원센터 또는 이와 유사한 명칭을 사용하지 못한다.

[본조신설 2011. 9. 15.]

제5장 보칙

제36조(민간단체 등의 지원) 국가 및 지방자치단체는 건강가정사업을 수행하는 단체 또는 개인에 대하여

필요한 비용의 전부 또는 일부를 보조하거나 그 업무수행에 필요한 지원을 할 수 있다.

제37조(과태료) ① 제35조의2를 위반한 자에게는 300만 원 이하의 과태료를 부과한다.

② 제1항에 따른 과태료는 대통령령으로 정하는 바에 따라 여성가족부장관 또는 지방자치단체의 장이 부과·징수한다.

[본조신설 2011. 9. 15.]

부칙 〈제14440호, 2016. 12. 20.〉

이 법은 공포한 날부터 시행한다.

부칙 〈제17280호, 2020. 5. 19.〉

이 법은 공포한 날부터 시행한다.

한부모가족지원법(약칭 : 한부모가족법)

[시행 2018. 6. 13] [법률 제17540호, 2020. 10. 20, 일부개정]

여성가족부

제1장 총칙 〈개정 2007. 10. 17.〉

제1조(목적) 이 법은 한부모가족이 안정적인 가족 기능을 유지하고 자립할 수 있도록 지원함으로써 한부모가족의 생활 안정과 복지 증진에 이바지함을 목적으로 한다. 〈개정 2018. 1. 16.〉

[전문개정 2007. 10. 17.]

[시행일 : 2018.7.17.] 제1조

제2조(국가 등의 책임) ① 국가와 지방자치단체는 한부모가족의 복지를 증진할 책임을 진다.

② 국가와 지방자치단체는 한부모가족의 권익과 자립을 지원하기 위한 여건을 조성하고 이를 위한 시책을 수립·시행하여야 한다. 〈신설 2011. 4. 12., 2014. 1. 21., 2018. 1. 16.〉

③ 국가와 지방자치단체는 한부모가족에 대한 사회적 편견과 차별을 예방하고, 사회구성원이 한부모가족을 이해하고 존중할 수 있도록 교육 및 홍보 등 필요한 조치를 하여야 한다. 〈신설 2013. 3. 22., 2016. 12. 20.〉

④ 교육부장관과 특별시·광역시·특별자치시·도·특별자치도의 교육감은 「유아교육법」 제2조제2호의 유치원, 「초·중등교육법」 제2조 및 「고등교육법」 제2조의 학교에서 한부모가족에 대한 이해를 돕는 교육을 실시하기 위한 시책을 수립·시행하여야 한다. 〈신설 2016. 12. 20.〉

⑤ 국가와 지방자치단체는 청소년 한부모가족의 자립을 위하여 노력하여야 한다. 〈신설 2014. 1. 21., 2016. 12. 20.〉

⑥ 모든 국민은 한부모가족의 복지 증진에 협력하여야 한다. 〈개정 2011. 4. 12., 2013. 3. 22., 2014. 1. 21., 2016. 12. 20.〉

[시행일 : 2018.7.17.] 제2조

제3조(한부모가족의 권리와 책임) ① 한부모가족의 모(母) 또는 부(父)는 임신과 출산 및 양육을 사유로 합리적인 이유 없이 교육·고용 등에서 차별을 받지 아니한다. 〈신설 2011. 4. 12.〉

② 한부모가족의 모 또는 부와 아동은 한부모가족 관련 정책결정과정에 참여할 권리가 있다. 〈신설 2018. 1. 16.〉

③ 한부모가족의 모 또는 부와 아동은 그가 가지고 있는 자산과 노동능력 등을 최대한으로 활용하여 자립과 생활 향상을 위하여 노력하여야 한다. 〈개정 2011. 4. 12., 2018. 1. 16.〉

[전문개정 2007. 10. 17.]

[제목개정 2011. 4. 12.]

[시행일 : 2018.7.17.] 제3조

제4조(정의) 이 법에서 사용하는 용어의 뜻은 다음과 같다. 〈개정 2008. 2. 29., 2010. 1. 18., 2011. 4. 12., 2012. 2. 1., 2014. 1. 21.〉

1. "모" 또는 "부"란 다음 각 목의 어느 하나에 해당하는 자로서 아동인 자녀를 양육하는 자를 말한다.
   가. 배우자와 사별 또는 이혼하거나 배우자로부터 유기(遺棄)된 자
   나. 정신이나 신체의 장애로 장기간 노동능력을 상실한 배우자를 가진 자
   다. 교정시설·치료감호시설에 입소한 배우자 또는 병역복무 중인 배우자를 가진 사람
   라. 미혼자(사실혼(事實婚) 관계에 있는 자는 제외한다)
   마. 가목부터 라목까지에 규정된 자에 준하는 자로서 여성가족부령으로 정하는 자

1의2. "청소년 한부모"란 24세 이하의 모 또는 부를 말한다.

2. "한부모가족"이란 모자가족 또는 부자가족을 말한다.
3. "모자가족"이란 모가 세대주(세대주가 아니더라도 세대원(世代員)을 사실상 부양하는 자를 포함한다)인 가족을 말한다.
4. "부자가족"이란 부가 세대주(세대주가 아니더라도 세대원을 사실상 부양하는 자를 포함한다)인 가족을 말한다.
5. "아동"이란 18세 미만(취학 중인 경우에는 22세 미만을 말하되, 「병역법」에 따른 병역의무를 이행하고 취학 중인 경우에는 병역의무를 이행한 기간을 가산한 연령 미만을 말한다)의 자를 말한다.
6. "지원기관"이란 이 법에 따른 지원을 행하는 국가나 지방자치단체를 말한다.
7. "한부모가족복지단체"란 한부모가족의 복지 증진을 목적으로 설립된 기관이나 단체를 말한다.

[전문개정 2007. 10. 17.]

제5조(지원대상자의 범위) ① 이 법에 따른 지원대상자는 제4조제1호·제1호의2 및 제2호부터 제5호까지의 규정에 해당하는 자로서 여성가족부령으로 정하는 자로 한다. 〈개정 2008. 2. 29., 2010. 1. 18., 2011. 4. 12., 2014. 1. 21.〉

② 제1항에 따른 지원대상자 중 아동의 연령을 초과하는 자녀가 있는 한부모가족의 경우 그 자녀를 제외한 나머지 가족구성원을 지원대상자로 한다. 〈신설 2011. 4. 12., 2014. 1. 21.〉

[전문개정 2007. 10. 17.]

[제목개정 2014. 1. 21.]

제5조의2(지원대상자의 범위에 대한 특례) ① 혼인 관계에 있지 아니한 자로서 출산 전 임신부와 출산 후 해당 아동을 양육하지 아니하는 모는 제5조에도 불구하고 제19조제1항제3호의 미혼모자가족복지시설을 이용할 때에는 이 법에 따른 지원대상자가 된다. 〈개정 2011. 4. 12., 2014. 1. 21., 2018. 1. 16.〉

② 다음 각 호의 어느 하나에 해당하는 아동과 그 아동을 양육하는 조부 또는 조모로서 여성가족부령으로 정하는 자는 제5조에도 불구하고 이 법에 따른 지원대상자가 된다. 〈개정 2008. 2. 29., 2010. 1. 18., 2011. 4. 12., 2014. 1. 21.〉

1. 부모가 사망하거나 생사가 분명하지 아니한 아동
2. 부모가 정신 또는 신체의 장애·질병으로 장기간 노동능력을 상실한 아동
3. 부모의 장기복역 등으로 부양을 받을 수 없는 아동

4. 부모가 이혼하거나 유기하여 부양을 받을 수 없는 아동
5. 제1호부터 제4호까지에 규정된 자에 준하는 자로서 여성가족부령으로 정하는 아동

③ 국내에 체류하고 있는 외국인 중 대한민국 국적의 아동을 양육하고 있는 모 또는 부로서 대통령령으로 정하는 사람이 제5조에 해당하면 이 법에 따른 지원대상자가 된다. 〈개정 2014. 1. 21., 2020. 10. 20.〉

[전문개정 2007. 10. 17.]

[제목개정 2014. 1. 21.]

제5조의3(자료 또는 정보의 제공과 홍보) 국가와 지방자치단체는 이 법에 따른 지원대상자를 발굴하기 위하여 필요한 자료 또는 정보의 제공과 홍보에 노력하여야 한다.

[본조신설 2018. 1. 16.]

[시행일 : 2018.7.17.] 제5조의3

제5조의4(한부모가족의 날) ① 한부모가족에 대한 국민의 이해와 관심을 제고하기 위하여 매년 5월 10일을 한부모가족의 날로 한다.

② 국가와 지방자치단체는 한부모가족의 날의 취지에 맞는 행사 등 사업을 실시할 수 있다.

[본조신설 2018. 1. 16.]

[시행일 : 2018.7.17.] 제5조의4

제5조의5**(한부모가족 정책에 관한 기본계획의 수립)** ① 여성가족부장관은 한부모가족 지원을 위하여 한부모가족 정책에 관한 기본계획(이하 "기본계획"이라 한다)을 5년마다 수립하여야 한다.

② 기본계획에는 다음 각 호의 사항이 포함되어야 한다.

1. 한부모가족 지원 정책의 기본방향
2. 한부모가족 지원을 위한 분야별 발전시책과 평가에 관한 사항
3. 한부모가족 지원을 위한 제도 개선에 관한 사항
4. 한부모가족 구성원의 경제 · 사회 · 문화 등 각 분야에서의 활동 증진에 관한 사항
5. 한부모가족 지원을 위한 재원 확보 및 배분에 관한 사항
6. 그 밖에 한부모가족 지원을 위하여 필요한 사항

③ 여성가족부장관은 기본계획을 수립하려는 경우에는 특별시장 · 광역시장 · 특별자치시장 · 도지사 · 특별자치도지사(이하 "시 · 도지사"라 한다)의 의견을 들은 후 관계 중앙행정기관의 장과 협의하여야 한다.

④ 여성가족부장관은 제1항에 따라 기본계획을 수립한 때에는 지체없이 국회 소관 상임위원회에 보고하고, 관계 중앙행정기관의 장과 시 · 도지사에게 알려야 한다.

⑤ 여성가족부장관은 기본계획을 수립하기 위하여 필요하다고 인정하는 경우 관계 기관의 장에게 기본계획의 수립에 필요한 자료의 제출을 요구할 수 있다. 이 경우 자료의 제출을 요구받은 관계 기관의 장은 정당한 사유가 없으면 이에 따라야 한다.

[본조신설 2020. 10. 20.]

[시행일 : 2021. 4. 21.] 제5조의5

제5조의6**(연도별 시행계획의 수립·시행 등)** ① 여성가족부장관, 관계 중앙행정기관의 장과 시 · 도지사는

매년 기본계획에 따라 한부모가족정책에 관한 시행계획(이하 "시행계획"이라 한다)을 수립·시행하여야 한다.

② 관계 중앙행정기관의 장과 시·도지사는 전년도의 시행계획에 따른 추진실적 및 다음 연도의 시행계획을 대통령령으로 정하는 바에 따라 매년 여성가족부장관에게 제출하여야 한다.

③ 시행계획의 수립·시행 및 추진실적의 평가 등에 필요한 사항은 대통령령으로 정한다.

[본조신설 2020. 10. 20.]

[시행일 : 2021. 4. 21.] 제5조의6

제6조(실태조사 등) ① 여성가족부장관은 한부모가족 지원을 위한 정책수립에 활용하기 위하여 3년마다 한부모가족에 대한 실태조사를 실시하고 그 결과를 공표하여야 한다. 또한, 여성가족부장관은 필요한 경우 여성가족부령으로 정하는 바에 따라 청소년 한부모 등에 대한 실태를 조사·연구할 수 있다. 〈개정 2017. 12. 12.〉

② 여성가족부장관은 제1항에 따른 실태조사를 위하여 관계 공공기관 또는 관련 법인·단체에 대하여 필요한 자료의 제출 등 협조를 요청할 수 있으며, 요청받은 관계 공공기관 또는 관련 법인·단체는 특별한 사유가 없으면 이에 협조하여야 한다.

③ 제1항에 따른 실태조사의 대상 및 방법, 그 밖에 필요한 사항은 여성가족부령으로 정한다.

[본조신설 2011. 4. 12.]

제6조의2(한부모가족 지원업무 관련 공무원의 교육) 국가와 지방자치단체는 한부모가족 지원 관련 업무에 종사하는 공무원의 한부모가족에 대한 이해 증진과 전문성 향상을 위하여 교육을 실시할 수 있다.

[본조신설 2016. 12. 20.]

제7조 삭제 〈2011. 4. 12.〉

제8조 삭제 〈2011. 4. 12.〉

제9조(한부모가족복지단체에 대한 지원 등) ① 국가와 지방자치단체는 한부모가족복지단체에 대하여 필요한 비용의 전부 또는 일부를 보조하거나 그 업무수행에 필요한 행정적 지원을 할 수 있다.

② 국가와 지방자치단체는 한부모가족 간의 정보 공유와 상부상조 등을 위한 자조모임 단체의 사업 등을 지원할 수 있다.

[전문개정 2018. 1. 16.]

[시행일 : 2018.7.17.] 제9조

제2장 복지의 내용과 실시 〈개정 2007. 10. 17.〉

제10조(지원대상자의 조사 등) ① 특별자치시장·특별자치도지사·시장·군수·구청장(자치구의 구청장을 말한다. 이하 같다)은 매년 1회 이상 관할구역 지원대상자의 가족상황, 생활실태 등을 조사하여야 한다. 〈개정 2010. 5. 17., 2011. 4. 12., 2014. 1. 21.〉

② 특별자치시장·특별자치도지사·시장·군수·구청장은 제1항에 따른 조사 결과를 대장(臺帳)으로 작

성·비치하여야 한다. 다만, 「사회복지사업법」 제6조의2제2항에 따른 정보시스템을 활용할 때에는 전자적으로 작성하여 관리할 수 있다. 〈개정 2011. 4. 12., 2014. 1. 21.〉

③ 제1항 및 제2항에 따른 조사 및 대장의 작성·관리에 필요한 사항은 여성가족부령으로 정한다. 〈개정 2011. 4. 12.〉

④ 삭제 〈2011. 4. 12.〉

⑤ 삭제 〈2011. 4. 12.〉

[전문개정 2007. 10. 17.]

[제목개정 2011. 4. 12., 2014. 1. 21.]

제11조(복지 급여의 신청) ① 지원대상자 또는 그 친족이나 그 밖의 이해관계인은 제12조에 따른 복지 급여를 관할 특별자치시장·특별자치도지사·시장·군수·구청장에게 신청할 수 있다. 〈개정 2010. 5. 17., 2014. 1. 21.〉

② 제1항에 따라 복지 급여 신청을 할 때에는 다음 각 호에 따른 자료 또는 정보의 제공에 대한 지원대상자의 동의 서면을 제출하여야 한다. 〈개정 2012. 2. 1., 2014. 1. 21.〉

1. 「금융실명거래 및 비밀보장에 관한 법률」 제2조제2호 및 제3호에 따른 금융자산 및 금융거래의 내용에 대한 자료 또는 정보 중 예금의 평균잔액과 그 밖에 대통령령으로 정하는 자료 또는 정보(이하 "금융정보"라 한다)
2. 「신용정보의 이용 및 보호에 관한 법률」 제2조제1호에 따른 신용정보 중 채무액과 그 밖에 대통령령으로 정하는 자료 또는 정보(이하 "신용정보"라 한다)
3. 「보험업법」 제4조제1항 각 호에 따른 보험에 가입하여 납부한 보험료와 그 밖에 대통령령으로 정하는 자료 또는 정보(이하 "보험정보"라 한다)

③ 제1항에 따른 급여의 신청 방법·절차와 제2항에 따른 동의의 방법·절차 등 필요한 사항은 대통령령으로 정한다. 〈신설 2012. 2. 1.〉

[전문개정 2007. 10. 17.]

제12조(복지 급여의 내용) ① 국가나 지방자치단체는 제11조에 따른 복지 급여의 신청이 있으면 다음 각 호의 복지 급여를 실시하여야 한다. 〈개정 2011. 4. 12., 2014. 1. 21., 2020. 10. 20〉 [시행일 2021. 4. 21.]

1. 생계비
2. 아동교육지원비
3. 삭제 〈2011. 4. 12.〉 [시행일 2012. 1. 1.]
4. 아동양육비
5. 그 밖에 대통령령으로 정하는 비용

② 이 법에 따른 지원대상자가 「국민기초생활 보장법」 등 다른 법령에 따라 지원을 받고 있는 경우에는 그 범위에서 이 법에 따른 급여를 하지 아니한다. 다만, 제1항제4호의 아동양육비는 지급할 수 있다. 〈신설 2020. 10. 20〉 [시행일 2021. 4. 21.]

③ 제1항제4호의 아동양육비를 지급할 때에 다음 각 호의 어느 하나에 해당하는 경우에는 예산의 범위에서 추가적인 복지 급여를 실시하여야 한다. 이 경우 모 또는 부의 직계존속이 5세 이하의 아동을 양육

하는 경우에도 또한 같다. 〈개정 2011. 4. 12., 2020. 10. 20.〉 [시행일 2021. 4. 21.]

1. 미혼모나 미혼부가 5세 이하의 아동을 양육하는 경우
2. 34세 이하의 모 또는 부가 아동을 양육하는 경우

④ 국가나 지방자치단체는 이 법에 따른 지원대상자의 신청이 있는 경우에는 예산의 범위에서 직업훈련비와 훈련기간 중 생계비를 추가적으로 지급할 수 있다. 〈신설 2011. 4. 12., 2014. 1. 21., 2020. 10. 20.〉 [시행일 2021. 4. 21.]

⑤ 제1항부터 제4항까지의 규정에 따른 복지 급여의 기준 및 절차, 그 밖에 필요한 사항은 여성가족부령으로 정한다. 〈개정 2011. 4. 12., 2020. 10. 20.〉 [시행일 2021. 4. 21.] [전문개정 2007. 10. 17.]

제12조의2(복지 급여 사유의 확인 등) ① 여성가족부장관 또는 특별자치시장·특별자치도지사·시장·군수·구청장은 제11조에 따라 복지 급여를 신청한 지원대상자 또는 제12조에 따른 복지 급여를 받고 있는 지원대상자에 대하여 급여 사유의 발생·변경 또는 상실을 확인하기 위하여 필요한 소득·재산 등에 관한 자료의 제출을 요구할 수 있으며, 소속 공무원으로 하여금 지원대상자의 주거 등에 출입하여 생활환경 및 소득자료 등을 조사하게 하거나 지원대상자의 고용주 등 관계인에게 필요한 질문을 하게 할 수 있다. 〈개정 2014. 1. 21.〉

② 여성가족부장관 또는 특별자치시장·특별자치도지사·시장·군수·구청장은 제1항에 따른 확인을 위하여 필요한 국세·지방세, 토지·건물, 건강보험·고용보험·국민연금, 출국·입국, 교정시설·치료감호시설의 입소·출소, 병무, 주민등록·가족관계등록 등에 관한 자료의 제공을 관계 기관의 장에게 요청할 수 있다. 이 경우 자료의 제공을 요청받은 관계 기관의 장은 정당한 사유가 없으면 이에 응하여야 한다. 〈개정 2014. 1. 21.〉

③ 제1항에 따라 출입·조사·질문을 하는 공무원은 그 권한을 표시하는 증표를 지니고 이를 관계인에게 보여주어야 한다.

④ 제1항 또는 제2항에 따른 업무에 종사하거나 종사하였던 사람은 업무를 수행하면서 받은 자료와 그 밖에 알게 된 사실을 이 법에서 정한 목적과 다르게 사용하거나 누설하여서는 아니 된다.

[본조신설 2012. 2. 1.]

제12조의3(금융정보등의 제공) ① 여성가족부장관은 제11조에 따라 복지 급여를 신청한 지원대상자의 급여 사유의 발생을 확인하기 위하여 필요하다고 인정하는 경우 「금융실명거래 및 비밀보장에 관한 법률」 제4조제1항과 「신용정보의 이용 및 보호에 관한 법률」 제32조제2항에도 불구하고 지원대상자가 제11조제2항에 따라 제출한 동의 서면을 전자적 형태로 바꾼 문서에 의하여 금융기관등(「금융실명거래 및 비밀보장에 관한 법률」 제2조제1호에 따른 금융회사등 및 「신용정보의 이용 및 보호에 관한 법률」 제2조제6호에 따른 신용정보집중기관을 말한다. 이하 같다)의 장에게 금융정보, 신용정보 또는 보험정보(이하 "금융정보등"이라 한다)의 제공을 요청할 수 있다. 〈개정 2014. 1. 21.〉

② 여성가족부장관은 제12조에 따라 복지 급여를 받고 있는 지원대상자의 급여 사유의 변경·상실을 확인하기 위하여 필요하다고 인정하는 경우 「금융실명거래 및 비밀보장에 관한 법률」 제4조제1항과 「신용정보의 이용 및 보호에 관한 법률」 제32조제2항에도 불구하고 대통령령으로 정하는 기준에 따라 인적사항을 적은 문서 또는 정보통신망으로 금융기관등의 장에게 금융정보등을 제공하도록 요청할 수 있다.

〈개정 2014. 1. 21.〉

③ 제1항 및 제2항에 따라 금융정보등의 제공을 요청받은 금융기관등의 장은 「금융실명거래 및 비밀보장에 관한 법률」 제4조제1항과 「신용정보의 이용 및 보호에 관한 법률」 제32조에도 불구하고 명의인의 금융정보등을 제공하여야 한다.

④ 제3항에 따라 금융정보등을 제공한 금융기관등의 장은 금융정보등의 제공사실을 명의인에게 통보하여야 한다. 다만, 명의인의 동의가 있는 경우에는 「금융실명거래 및 비밀보장에 관한 법률」 제4조의2제1항과 「신용정보의 이용 및 보호에 관한 법률」 제32조제7항에도 불구하고 통보하지 아니할 수 있다. 〈개정 2015. 3. 11.〉

⑤ 제1항부터 제3항까지의 규정에 따른 금융정보등의 제공 요청과 제공은 「정보통신망 이용촉진 및 정보보호 등에 관한 법률」 제2조제1항제1호에 따른 정보통신망을 이용하여야 한다. 다만, 정보통신망의 손상 등 불가피한 경우에는 그러하지 아니하다.

⑥ 제1항부터 제3항까지의 규정에 따른 업무에 종사하거나 종사하였던 사람은 업무를 수행하면서 취득한 금융정보등을 이 법에서 정한 목적 외의 다른 용도로 사용하거나 다른 사람 또는 기관에 제공하거나 누설하여서는 아니 된다.

⑦ 제1항부터 제3항까지의 규정 및 제5항에 따른 금융정보등의 제공 요청과 제공 등 필요한 사항은 대통령령으로 정한다.

[본조신설 2012. 2. 1.]

제12조의4(복지 급여의 거절 · 변경 등) ① 여성가족부장관 또는 특별자치시장 · 특별자치도지사 · 시장 · 군수 · 구청장은 제11조에 따라 복지 급여를 신청한 지원대상자가 제12조의2제1항에 따른 자료의 제출을 거부하거나 조사 · 질문을 거부 · 방해 또는 기피하는 경우에는 복지 급여의 지급을 거절할 수 있다. 〈개정 2014. 1. 21.〉

② 여성가족부장관 또는 특별자치시장 · 특별자치도지사 · 시장 · 군수 · 구청장은 제12조에 따른 복지 급여를 받고 있는 지원대상자에 대하여 다음 각 호의 구분에 따른 조치를 할 수 있다. 〈개정 2014. 1. 21.〉

1. 지원대상자가 제12조의2제1항에 따른 자료의 제출을 거부하거나 조사 · 질문을 거부 · 방해 또는 기피하는 경우 : 복지 급여 지급의 정지
2. 지원대상자의 복지 급여 사유가 변경되거나 상실된 경우 : 복지 급여의 변경 또는 지급 중지

[본조신설 2012. 2. 1.]

제12조의5(복지급여수급계좌) ① 국가나 지방자치단체는 제12조에 따른 복지 급여를 받는 지원대상자의 신청이 있는 경우에는 복지 급여를 지원대상자 명의의 지정된 계좌(이하 “복지급여수급계좌”라 한다)로 입금하여야 한다. 다만, 정보통신장애나 그 밖에 대통령령으로 정하는 불가피한 사유로 복지급여수급계좌로 이체할 수 없을 때에는 현금 지급 등 대통령령으로 정하는 바에 따라 복지 급여를 지급할 수 있다.

② 복지급여수급계좌의 해당 금융기관은 이 법에 따른 복지 급여만이 복지급여수급계좌에 입금되도록 관리하여야 한다.

③ 제1항에 따른 신청 방법 · 절차와 제2항에 따른 복지급여수급계좌의 관리에 필요한 사항은 대통령령으로 정한다.

[본조신설 2014. 1. 21.]

제13조(복지 자금의 대여) ① 국가나 지방자치단체는 한부모가족의 생활안정과 자립을 촉진하기 위하여 다음 각 호의 어느 하나의 자금을 대여할 수 있다.

1. 사업에 필요한 자금
2. 아동교육비
3. 의료비
4. 주택자금
5. 그 밖에 대통령령으로 정하는 한부모가족의 복지를 위하여 필요한 자금

② 제1항에 따른 대여 자금의 한도, 대여 방법 및 절차, 그 밖에 필요한 사항은 대통령령으로 정한다.

[전문개정 2007. 10. 17.]

제14조(고용의 촉진) ① 국가 또는 지방자치단체는 한부모가족의 모 또는 부와 아동의 직업능력을 개발하기 위하여 능력 및 적성 등을 고려한 직업능력개발훈련을 실시하여야 한다.

② 국가 또는 지방자치단체는 한부모가족의 모 또는 부와 아동의 고용을 촉진하기 위하여 적합한 직업을 알선하고 각종 사업장에 모 또는 부와 아동이 우선 고용되도록 노력하여야 한다.

[전문개정 2007. 10. 17.]

제14조의2(고용지원 연계) ① 국가 및 지방자치단체는 한부모가족의 모 또는 부와 아동의 취업기회를 확대하기 위하여 한부모가족 관련 시설 및 기관과 「직업안정법」 제2조의2제1호에 따른 직업안정기관간 효율적인 연계를 도모하여야 한다. 〈개정 2009. 10. 9.〉

② 고용노동부장관은 한부모가족의 모 또는 부와 아동을 위한 취업지원사업 등이 효율적으로 추진될 수 있도록 여성가족부장관과 긴밀히 협조하여야 한다. 〈개정 2008. 2. 29., 2010. 1. 18., 2010. 6. 4.〉

[본조신설 2007. 10. 17.]

제15조(공공시설에 매점 및 시설 설치) 국가나 지방자치단체가 운영하는 공공시설의 장은 그 공공시설에 각종 매점 및 시설의 설치를 허가하는 경우 이를 한부모가족 또는 한부모가족복지단체에 우선적으로 허가할 수 있다.

[전문개정 2007. 10. 17.]

제16조(시설 우선이용) 국가나 지방자치단체는 한부모가족의 아동이 공공의 아동 편의시설과 그 밖의 공공시설을 우선적으로 이용할 수 있도록 노력하여야 한다.

[전문개정 2007. 10. 17.]

제17조(가족지원서비스) 국가나 지방자치단체는 한부모가족에게 다음 각 호의 가족지원서비스를 제공하도록 노력하여야 한다. 〈개정 2011. 4. 12.〉

1. 아동의 양육 및 교육 서비스
2. 장애인, 노인, 만성질환자 등의 부양 서비스
3. 취사, 청소, 세탁 등 가사 서비스
4. 교육·상담 등 가족 관계 증진 서비스

5. 인지청구 및 자녀양육비 청구 등을 위한 법률상담, 소송대리 등 법률구조서비스
6. 그 밖에 대통령령으로 정하는 한부모가족에 대한 가족지원서비스

[전문개정 2007. 10. 17.]

제17조의2(청소년 한부모에 대한 교육 지원) ① 국가나 지방자치단체는 청소년 한부모가 학업을 할 수 있도록 청소년 한부모의 선택에 따라 다음 각 호의 어느 하나에 해당하는 지원을 할 수 있다.

1. 「초·중등교육법」 제2조에 따른 학교에서의 학적 유지를 위한 지원 및 교육비 지원 또는 검정고시 지원
2. 「평생교육법」 제31조제2항에 따른 학력인정 평생교육시설에 대한 교육비 지원
3. 「초·중등교육법」 제28조에 따른 교육 지원
4. 그 밖에 청소년 한부모의 교육 지원을 위하여 여성가족부령으로 정하는 사항

② 제1항제3호에 따른 교육 지원을 위하여 특별시·광역시·특별자치시·도·특별자치도의 교육감은 제19조에 따른 한부모가족복지시설에 순회교육 실시를 위한 지원을 할 수 있다. 〈개정 2014. 1. 21.〉

③ 국가와 지방자치단체는 청소년 한부모의 학업과 양육의 병행을 위하여 그 자녀가 청소년 한부모가 속한 「고등교육법」 제2조에 따른 학교에 설치된 직장어린이집을 이용할 수 있도록 지원할 수 있다. 〈신설 2018. 1. 16.〉

④ 여성가족부장관은 청소년 한부모가 학업을 계속할 수 있도록 교육부장관에게 협조를 요청하여야 한다. 〈개정 2013. 3. 23., 2018. 1. 16.〉

[본조신설 2011. 4. 12.]

[시행일 : 2018.7.17.] 제17조의2

제17조의3(자녀양육비 이행지원) 여성가족부장관은 자녀양육비 산정을 위한 자녀양육비 가이드라인을 마련하여 법원이 이혼 판결 시 적극 활용할 수 있도록 노력하여야 한다.

[본조신설 2012. 2. 1.]

제17조의4(청소년 한부모의 자립지원) ① 국가나 지방자치단체는 청소년 한부모가 주거마련 등 자립에 필요한 자산을 형성할 수 있도록 재정적인 지원을 할 수 있다.

② 제1항에 따른 지원으로 형성된 자산은 청소년 한부모가 이 법에 따른 지원대상자에 해당하는지 여부를 조사·확인할 때 이를 포함하지 아니한다.

③ 제1항에 따른 자립 지원의 대상과 기준은 대통령령으로 정하고, 자립 지원의 신청, 방법 및 지원금의 반환절차 등에 필요한 사항은 여성가족부령으로 정한다.

[본조신설 2014. 1. 21.]

제17조의5(청소년 한부모의 건강진단) ① 국가와 지방자치단체는 청소년 한부모의 건강증진을 위하여 건강진단을 실시할 수 있다.

② 국가와 지방자치단체는 제1항에 따른 건강진단의 결과를 청소년 한부모 본인에게 알려주어야 한다.

③ 국가와 지방자치단체는 제1항과 제2항에 따른 건강진단의 실시와 그 결과 통보를 전문기관 또는 단체에 위탁할 수 있다.

④ 제1항에 따른 건강진단의 대상과 기준은 대통령령으로 정하고, 건강진단의 신청, 방법 및 제2항에 따른 결과의 통보 등에 필요한 사항은 여성가족부령으로 정한다.

[본조신설 2017. 12. 12.]

[종전 제17조의5는 제17조의6으로 이동 〈2017. 12. 12.〉]

제17조의6(미혼모 등의 건강관리 등 지원) ① 국가와 지방자치단체는 미혼모 또는 미혼부와 그 자녀가 건강하게 생활할 수 있도록 산전(産前) · 분만 · 산후(産後)관리, 질병의 예방 · 상담 · 치료, 영양 · 건강에 관한 교육 등 건강관리를 위한 지원을 할 수 있다.

② 국가와 지방자치단체는 제19조제1항제3호가목의 기본생활지원 미혼모자가족복지시설에 입소한 미혼모 등의 신청이 있는 경우에는 미혼모 등 본인 및 함께 생활하는 자녀에 대한 의료비를 추가적으로 지원할 수 있다.

③ 제1항에 따른 건강관리와 제2항에 따른 의료비 지원의 기준 및 절차, 그 밖에 필요한 사항은 대통령령 또는 조례로 정한다.

〈본조신설 2018. 12. 18. 종전의 제17조의6은 제17조의7로 이동〉

[시행일 2019. 6. 19]

제17조의7**(아동·청소년 보육·교육)** 국가와 지방자치단체는 아동 · 청소년 보육 · 교육을 실시함에 있어서 한부모가족 구성원인 아동 · 청소년을 차별하여서는 아니 된다.

〈본조신설 2016. 12. 20〉

[본조개정 2018.12.18 제17조의6에서 이동] [시행일 2019.6.19]

제18조(국민주택의 분양 및 임대) 국가나 지방자치단체는 「주택법」에서 정하는 바에 따라 국민주택을 분양하거나 임대할 때에는 한부모가족에게 일정 비율이 우선 분양될 수 있도록 노력하여야 한다.

[전문개정 2007. 10. 17.]

제18조의2**(한부모가족 상담전화의 설치)** ① 여성가족부장관은 한부모가족 지원에 관한 종합정보의 제공과 지원기관 및 시설의 연계 등에 관한 전문적이고 체계적인 상담서비스를 제공하기 위하여 한부모가족 상담전화를 설치 · 운영할 수 있다.

② 제1항에 따른 한부모가족 상담전화의 설치 · 운영에 필요한 사항은 여성가족부령으로 정한다.

〈본조신설 2018. 1. 16.〉

[시행일 2018. 7. 17]

제3장 한부모가족복지시설 〈개정 2007. 10. 17.〉

제19조(한부모가족복지시설) ① 한부모가족복지시설은 다음 각 호의 시설로 한다. 〈개정 2018. 1. 16.〉

1. 모자가족복지시설 : 모자가족에게 다음 각 목의 어느 하나 이상의 편의를 제공하는 시설
   가. 기본생활지원 : 생계가 어려운 모자가족에게 일정 기간 동안 주거와 생계를 지원
   나. 공동생활지원 : 독립적인 생활이 어려운 모자가족에게 일정 기간 동안 공동생활을 통하여 자립을

준비할 수 있도록 주거 등을 지원

다. 자립생활지원 : 자립욕구가 강한 모자가족에게 일정 기간 동안 주거를 지원

2. 부자가족복지시설 : 부자가족에게 다음 각 목의 어느 하나 이상의 편의를 제공하는 시설

가. 기본생활지원 : 생계가 어려운 부자가족에게 일정 기간 동안 주거와 생계를 지원

나. 공동생활지원 : 독립적인 생활이 어려운 부자가족에게 일정 기간 동안 공동생활을 통하여 자립을 준비할 수 있도록 주거 등을 지원

다. 자립생활지원 : 자립욕구가 강한 부자가족에게 일정 기간 동안 주거를 지원

3. 미혼모자가족복지시설 : 미혼모자가족과 출산 미혼모 등에게 다음 각 목의 어느 하나 이상의 편의를 제공하는 시설

가. 기본생활지원 : 미혼 여성의 임신·출산 시 안전 분만 및 심신의 건강 회복과 출산 후의 아동의 양육 지원을 위하여 일정 기간 동안 주거와 생계를 지원(제5조에 따른 지원대상자 중 미혼이 아닌 여성의 임신·출산 시 안전 분만과 출산 후 양육 지원을 포함한다)

나. 공동생활지원 : 출산 후 해당 아동을 양육하지 아니하는 미혼모 또는 미혼모와 그 출산 아동으로 구성된 미혼모자가족에게 일정 기간 동안 공동생활을 통하여 자립을 준비할 수 있도록 주거 등을 지원

4. 일시지원복지시설 : 배우자(사실혼 관계에 있는 사람을 포함한다)가 있으나 배우자의 물리적·정신적 학대로 아동의 건전한 양육이나 모의 건강에 지장을 초래할 우려가 있을 경우 일시적 또는 일정 기간 동안 모와 아동 또는 모에게 주거와 생계를 지원하는 시설

5. 한부모가족복지상담소 : 한부모가족에 대한 위기·자립 상담 또는 문제해결 지원 등을 목적으로 하는 시설

② 제1항제1호부터 제4호까지의 규정에 따른 복지시설의 입소기간 및 그 기간의 연장 등에 필요한 사항은 여성가족부령으로 정한다. 〈개정 2014. 1. 21.〉

[전문개정 2011. 4. 12.]

[시행일 : 2018.7.17.] 제19조

제20조(한부모가족복지시설의 설치) ① 국가나 지방자치단체는 한부모가족복지시설을 설치할 수 있다.

② 제19조에 따른 한부모가족복지시설의 장은 청소년 한부모가 입소를 요청하는 경우에는 우선 입소를 위한 조치를 취하여야 한다. 〈신설 2011. 4. 12.〉 [시행일 2012. 1. 1.]

③ 국가나 지방자치단체 외의 자가 한부모가족복지시설을 설치·운영하려면 특별자치시장·특별자치도지사·시장·군수·구청장에게 신고하여야 한다. 신고한 사항 중 여성가족부령으로 정하는 중요 사항을 변경하려는 경우에도 또한 같다. 〈개정 2010. 5. 17., 2011. 4. 12., 2014. 1. 21.〉

④ 특별자치시장·특별자치도지사·시장·군수·구청장은 제3항에 따른 설치·운영 신고 또는 변경 신고를 받은 날부터 여성가족부령으로 정하는 기간 내에 신고수리 여부를 신고인에게 통지하여야 한다. 〈신설 2020. 10. 20.〉 [시행일 2021. 4. 21.]

⑤ 「입양특례법」 제20조에 따른 입양기관을 운영하는 자는 제19조제1항제3호가목에 해당하는 편의제공시설을 설치·운영할 수 없다. 〈신설 2011. 4. 12., 2018. 12. 18., 2020. 10. 20.〉 [시행일 2021. 4. 21.]

⑥ 한부모가족복지시설의 시설 설치·운영 기준, 시설 종사자의 직종(職種)과 수(數) 및 자격기준, 그 밖에 설치신고에 필요한 사항은 여성가족부령으로 정한다. 〈개정 2011. 4. 12., 2020. 10. 20.〉

[시행일 2021. 4. 21.]

[전문개정 2007. 10. 17.]

제21조(폐지 또는 휴지) ① 제20조제3항에 따라 한부모가족복지시설의 설치 신고를 한 자가 그 시설을 폐지하거나 그 시설의 운영을 일시적으로 중단하려면 여성가족부령으로 정하는 바에 따라 미리 특별자치시장·특별자치도지사·시장·군수·구청장에게 신고하여야 한다. 〈개정 2008. 2. 29., 2010. 1. 18., 2010. 5. 17., 2011. 4. 12., 2014. 1. 21., 2016. 3. 2.〉

② 한부모가족복지시설의 장은 한부모가족복지시설을 폐지하거나 그 시설의 운영을 일시적으로 중단하는 경우에는 여성가족부령으로 정하는 바에 따라 그 시설에 입소하고 있는 사람이 다른 한부모가족복지시설로 옮길 수 있도록 하는 등 입소자의 권익을 보호하기 위한 조치를 하여야 한다. 〈신설 2016. 3. 2.〉

③ 특별자치시장·특별자치도지사·시장·군수·구청장은 제1항에 따른 신고를 받은 경우 그 신고받은 내용을 검토하여 이 법에 적합하면 신고를 수리하여야 한다. 이 경우 시설의 폐지 또는 일시적 운영중단 신고를 받은 경우에는 한부모가족복지시설의 장이 제2항에 따른 입소자의 권익을 보호하기 위한 조치를 하였는지 여부를 확인하는 등 여성가족부령으로 정하는 조치를 한 후 수리하여야 한다.

〈신설 2016. 3. 2., 2020. 10. 20.〉

[전문개정 2007. 10. 17.]

제22조(수탁 의무) 한부모가족복지시설을 설치·운영하는 자는 시·도지사 또는 시장·군수·구청장으로부터 한부모가족복지시설에 한부모가족을 입소하도록 위탁받으면 정당한 사유 없이 이를 거부하지 못한다. 〈개정 2014. 1. 21., 2020. 10. 20〉 [시행일 2021. 4. 21.]

[전문개정 2007. 10. 17.] [시행일 2008. 1. 18.]

제23조(감독) ① 여성가족부장관, 시·도지사 또는 시장·군수·구청장은 한부모가족복지시설을 설치·운영하는 자에게 그 시설에 관하여 필요한 보고를 하게 하거나, 관계 공무원에게 시설의 운영 상황을 조사하게 하거나 장부 등 그 밖의 서류를 검사하게 할 수 있다. 〈개정 2008. 2. 29., 2010. 1. 18.〉

② 제1항에 따라 그 직무를 수행하는 관계 공무원은 그 권한을 표시하는 증표를 지니고 이를 관계인에게 내보여야 한다.

[전문개정 2007. 10. 17.]

제24조**(시설 폐쇄 등)** ①특별자치시장·특별자치도지사·시장·군수·구청장은 한부모가족복지시설이 다음 각 호의 어느 하나에 해당하면 그 사업의 정지나 폐지를 명하거나 시설을 폐쇄할 수 있다. 〈개정2010. 5. 17., 2011. 4. 12., 2014. 1. 21., 2016. 3. 2., 2020. 10. 20.〉 [시행일 2021. 4. 21.]

1. 제20조제6항의 시설 기준에 미달하게 된 경우
2. 제22조를 위반한 경우
3. 정당한 이유 없이 제23조제1항에 따른 보고를 하지 아니하거나 거짓으로 한 경우 또는 조사·검사를 거부하거나 기피한 경우

② 특별자치시장 · 특별자치도지사 · 시장 · 군수 · 구청장은 한부모가족복지시설이 제1항에 따라 그 사업이 정지 또는 폐지되거나 시설이 폐쇄되는 경우에는 해당 시설에 입소하고 있는 사람이 다른 한부모가족복지시설로 옮길 수 있도록 하는 등 여성가족부령으로 정하는 바에 따라 입소자의 권익을 보호하기 위하여 필요한 조치를 하여야 한다. 〈신설 2016. 3. 2.〉 [시행일 2016. 9. 3.]

[전문개정 2007. 10. 17.] [시행일 2008. 1. 18.]

제24조의2(청문) 특별자치시장 · 특별자치도지사 · 시장 · 군수 · 구청장은 제24조제1항에 따라 사업의 폐지를 명하거나 시설을 폐쇄하려면 청문을 하여야 한다. 〈개정 2010. 5. 17., 2014. 1. 21., 2016. 3. 2.〉

[전문개정 2007. 10. 17.]

제4장 비용 〈개정 2007. 10. 17.〉

제25조(비용의 보조) 국가나 지방자치단체는 대통령령으로 정하는 바에 따라 한부모가족복지사업에 드는 비용을 보조할 수 있다.

[전문개정 2007. 10. 17.]

제25조의2(부정수급자에 대한 비용의 징수) ① 거짓이나 그 밖의 부정한 방법으로 복지 급여를 받거나 타인으로 하여금 복지 급여를 받게 한 경우 복지 급여를 지급한 지원기관은 그 비용의 전부 또는 일부를 그 복지 급여를 받은 자 또는 복지 급여를 받게 한 자(이하 “부정수급자”라 한다)로부터 징수할 수 있다. 〈개정 2014. 1. 21.〉

② 제1항에 따라 징수할 금액은 부정수급자에게 통지하여 징수하고, 부정수급자가 이에 응하지 아니하는 경우 국세 또는 지방세 체납처분의 예에 따라 징수한다.

[본조신설 2007. 10. 17.]

제26조(보조금 등의 반환명령) ① 국가나 지방자치단체는 한부모가족복지시설의 장이나 한부모가족복지단체의 장이 다음 각 호의 어느 하나에 해당하면 이미 내준 보조금의 전부 또는 일부의 반환을 명할 수 있다.

1. 보조금의 교부 조건을 위반한 경우
2. 거짓이나 그 밖의 부정한 방법으로 보조금을 받은 경우
3. 한부모가족복지시설을 경영하면서 개인의 영리를 도모하는 행위를 한 경우
4. 이 법 또는 이 법에 따른 명령을 위반한 경우

② 지원기관은 복지 급여의 변경 또는 복지 급여의 정지 · 중지에 따라 지원대상자에게 이미 지급한 복지 급여 중 과잉지급분이 발생한 경우에는 즉시 지원대상자에 대하여 그 전부 또는 일부의 반환을 명하여야 한다. 다만, 이를 소비하였거나 그 밖에 지원대상자에게 부득이한 사유가 있는 경우에는 그 반환을 면제할 수 있다. 〈개정 2014. 1. 21.〉

[전문개정 2007. 10. 17.]

제5장 보칙 〈개정 2007. 10. 17.〉

제27조(양도·담보 및 압류 금지) ① 이 법에 따라 지급된 복지급여와 이를 받을 권리는 다른 사람에게 양도하거나 담보로 제공할 수 없으며, 다른 사람은 이를 압류할 수 없다. 〈개정 2014. 1. 21.〉

② 제12조의5제1항에 따라 지정된 복지급여수급계좌의 예금에 관한 채권은 압류할 수 없다. 〈신설 2014. 1. 21.〉

[전문개정 2011. 4. 12.]

제28조(심사 청구) ① 지원대상자 또는 그 친족이나 그 밖의 이해관계인은 이 법에 따른 복지 급여 등에 대하여 이의가 있으면 그 결정을 통지받은 날부터 90일 이내에 서면으로 해당 복지실시기관에 심사를 청구할 수 있다. 〈개정 2014. 1. 21.〉

② 복지실시기관은 제1항의 심사 청구를 받으면 30일 이내에 이를 심사·결정하여 청구인에게 통보하여야 한다.

[전문개정 2007. 10. 17.]

제29조(벌칙) ① 제12조의3제6항을 위반하여 금융정보등을 사용 또는 누설한 사람은 5년 이하의 징역 또는 5천만 원 이하의 벌금에 처한다. 〈신설 2012. 2. 1., 2014. 1. 21.〉

② 제12조의2제4항을 위반하여 자료 등을 사용 또는 누설한 사람은 3년 이하의 징역 또는 3천만 원 이하의 벌금에 처한다. 〈신설 2012. 2. 1., 2014. 1. 21.〉

③ 다음 각 호의 어느 하나에 해당하는 자는 1년 이하의 징역 또는 1천만 원 이하의 벌금에 처한다. 〈개정 2011. 4. 12., 2012. 2. 1., 2014. 1. 21., 2016. 3. 2.〉

1. 제20조제3항에 따른 신고를 하지 아니하고 한부모가족복지시설을 설치한 자
2. 제24조제1항에 따라 시설의 폐쇄, 사업의 정지 또는 폐지의 명령을 받고 사업을 계속한 자

④ 거짓이나 그 밖의 부정한 방법으로 복지 급여를 받거나 타인으로 하여금 복지 급여를 받게 한 자는 1년 이하의 징역, 1천만 원 이하의 벌금, 구류 또는 과료에 처한다. 〈개정 2012. 2. 1., 2014. 1. 21.〉

[전문개정 2007. 10. 17.]

제30조(양벌규정) 법인의 대표자나 법인 또는 개인의 대리인, 사용인, 그 밖의 종업원이 그 법인 또는 개인의 업무에 관하여 제29조의 위반행위를 하면 그 행위자를 벌하는 외에 그 법인 또는 개인에게도 해당 조문의 벌금 또는 과료의 형을 과(科)한다. 다만, 법인 또는 개인이 그 위반행위를 방지하기 위하여 해당 업무에 관하여 상당한 주의와 감독을 게을리하지 아니한 경우에는 그러하지 아니하다.

[전문개정 2010. 5. 17.]

제30조의2(과태료) ① 다음 각 호의 어느 하나에 해당하는 자에게는 300만 원 이하의 과태료를 부과할 수 있다. 〈개정 2011. 4. 12.〉

1. 제22조를 위반하여 정당한 사유 없이 수탁을 거부한 자
2. 정당한 이유 없이 제23조제1항에 따른 보고를 하지 아니하거나 거짓으로 한 자 또는 조사·검사를 거부하거나 기피한 자

② 제1항에 따른 과태료는 대통령령으로 정하는 바에 따라 여성가족부장관이 부과·징수한다.

[본조신설 2010. 5. 17.]

제31조(권한의 위임) 여성가족부장관이나 시·도지사는 대통령령으로 정하는 바에 따라 이 법에 따른 권한의 일부를 시장·군수·구청장에게 위임할 수 있다. 〈개정 2008. 2. 29., 2010. 1. 18.〉

[전문개정 2007. 10. 17.]

부칙 〈제15212호, 2017. 12. 12.〉

이 법은 공포 후 6개월이 경과한 날부터 시행한다.

부 칙 〈제17540호, 2020. 10. 20.〉

제1조(시행일) 이 법은 공포 후 6개월이 경과한 날부터 시행한다. 다만, 제21조제1항 및 제3항의 개정규정은 공포한 날부터 시행한다.

제2조(급여 지급에 관한 적용례) 제12조제2항 단서의 개정규정에 따른 아동양육비의 병급은 이 법 시행 이후 도래하는 급여 지급일에 지급하는 경우부터 적용한다.

제3조(한부모가족복지시설의 설치 신고 등에 관한 적용례) 제20조제4항의 개정규정은 이 법 시행 이후 한부모가족복지시설의 설치 신고 또는 변경 신고를 하는 경우부터 적용한다.

참고문헌

강진호, 유형근, 손현동(2009). 마음챙김 명상을 활용한 고등학생의 심리저 안녕감 증진 프로그램 개발. **중등교육연구**, 57(1), 213-243.

강진호, 유형근, 손현동(2009). 마음챙김 명상을 활용한 고등학생의 심리적 안녕감 증진 프로그램.

강해자, 이길자(2001). 청소년이 지각한 부모와의 의사소통과 가족기능, 정신건강과의 관계. **스트레스연구**, 9(2), 61-60.

강혜정 임은미(2012). "대학생용 다문화태도 척도의 한국판 타당화 연구". **아시아교육연구**, 13(4), 35-57.

고경은(2001), 빈공아동이 지각한 가족기능과 학교 적응과의 관계, 가톨릭대학교 대학원 석사학위논문.

고재흥, 조기영(2003). 청소년의 긍정적 착각과 심리적 안녕감간의 관계. **청소년상담연구**, 11(1), 166-181.

곽윤영, 정문자(2010). 부모의 양육태도 및 대학생의 경제적 자립도가 대학생의 심리적 안녕감 및 자기효능감에 미치는 영향. **한국청소년연구**, 21(3), 121-141.

교육학사전편찬위원회(1995). 교육학사전 대한교육연합회.

권순용(2006). 청소년의 학교적응 관련변인의 인과적 구조분석. **중등교육연구**, 54(3), 329-349.

김경순(2006). "대학생의 심리적 안녕감 증진을 위한 프로그램 개발과 적용". 경성대학교 대학원 박사학위논문.

김경신(1993). "가족학의 이론적 관점과 적용". **대한가정학회지**, 31(1), 137-151.

김경아(2002). "청소년의 예절수행 세대전이 및 가정생활 건강성", 숙명여자대학교 대학원 박사학위논문.

김기형(2006). 고등학생과 대학생의 가족관계, 교우관계, 학교적응도와 심리적 안녕감과의 관계. 부산대학교 교육대학원 석사학위논문.

김명소, 김혜원, 차경호(2001). 심리적 안녕감의 구성개념분석 : 한국 성인 남녀 대상으로. **한국심리학회지; 여성**, 15(2), 19-39.

김명희(2009). Bennett의 다문화 교육과정 모형에 근거한 다문화 교육 프로그램이 다문화인식과 자아존중감에 미치는 영향. 경인교육대학교 대학원 석사학위논문.

김선미(2000). "다문화 교육의 개념과 사회과 적용에 따른 문제". **사회과교육**, 4, 63-81.

김여옥, 한민자(1996). "가족캠프", 한국청소년개발원 편(1996). 『**청소년 수련거리 시연 강습회**』. 한국청소년개발원.

김영훈(2008). "청소년의 여가활동참여가 학교생활만족에 미치는 영향연구". 안양대학교 대학원 박사학위논문.

김진철, 장봉석(2010). "초등 예비 교사의 다문화 태도와 다문화 효능감에 대한 연구". **시민교육연구**, 42(3), 39-60.

김현미, 방희정, 소유경, 옥정, 김은경(2006). 한국남녀 대학생 집단에서 자아해석이 심리적 안녕감에 미치는 영향. **한국심리학회지**, 11(4), 437-458.

김현숙, 최송식, 김희재(2011). "국민정체성과 다문화태도의 관계-한, 중, 일 대학생을 중심으로". **국제지역연구**, 15(2), 141-168.

김현주(2010). 부모-자녀 의사소통 및 기본 심리적 욕구 척도개발을 통한 청소년 심리적 안녕감 설명변인연구, 충남대학교 대학원 박사학위논문.

김형태(1996). "가정과 청소년 문제". 한국청소년개발원 편. 『**청소년 문제론**』. 한국청소년개발원, pp. 329-354.

김혜원, 김명소(2000). 우리나라 기혼여성들의 심리적 안녕감의 구조분석 및 주관적 안녕감과의 관계분석. **한국심리학회지**, 5(1), 27-41.

김혜원, 홍미애(2007). 우리나라 청소년들의 삶의 질 정도와 설명요인 분석. **청소년학연구**, 14(2), 269-297.

김희재, 김현숙(2012). "한국과 일본 대학생의 국민정체성과 다문화태도". **동북아 문화연구**, 33, 83-104.

남희경(2002), 가족관계, 자아강도 및 대인관계의 부정적 정서 간의 관계, 가톨릭대학교 대학원 석사학위논문.

류정희, 이명자(2007). 청소년의 심리적, 사회적 안녕감 : 그 구조 및 주관적 안녕감과의 관계. **한국심리학회지 학교**, 4(1), 55-77.

모경환, 황혜원(2007). 사회과 교사의 다문화교육에 대한 인식과 교사교육의 과제. **한국교원 교육연구**, 24(2), 199-219.

민경미, 송현종(2004). 고등학생의 지각된 사회적 지지와 정서 표현성이 심리적 안녕감에 미치는 영향. **인문사회과학연구**, 1, 35-51.

박선미, 성민선(2011). 교사의 다문화교육 경험이 다문화적 인식에 미친 영향 : 인천시 다문화교육 지정학교 교사를 대상으로. **한국사회과 교육연구학회**, 50(3), 1-15.

서현아, 천희영, 위수정(2011). "한국과 미국 예비 유아교사의 다문화 관련 경험에 따른 다문화 이해 및 다문화교육 관련 특성에 대한 연구". **한국보육지원학회지**, 7(4), 69-94.

석말숙(1989), 문제행동청소년 가족과 일반가족간의 가족 역동 비교 연구. 이화여자대학교 대학원 석사학위논문.

선곡유화, 박순덕, 이영선(2013). 한국 대학생의 다문화 인식 및 태도에 관한 연구 동향. **한국 다문화와 평화학회**, 173-203

송성자(1996). 청소년의 심리 · 정서적 욕구와 단기가족치료의 접근. **연세사회복지연구**, 3, 77-102.

송진영(2009). 중년 취업남성의 다중역할 몰입과 심리적 안녕감 간의 관계. **한국사회복지조사연구**. 22, 59-81.

신경숙(2009). 예비유아교사의 학과적응, 진로결정도 및 종교활동과 심리적 안녕감과의 관계. **교사교육연구**, 48(2), 78-98.

신정인, 강영걸, 김영호(2010). 대학생의 대상관계가 분리개별화, 자기효능감, 심리적 안녕감에 미치는 영향. **청소년학연구**, 17(10), 189-212.

신주연, 이윤아, 이기학(2005). 삶의 의미와 정서조절 양식이 청소년의 심리적 안녕에 미치는 영향. **한국심리학회지**, 17(4), 1035-1057.

신현정, 박진성(2010). 유아교사의 심리적 안영감에 영향을 주는 관련변인 탐색연구, 14(2), 147-170.

안윤일(2000), 아동이 지각한 가족관계, 대인관계 해결력과 사회적 선호도와의 관계, 가톨릭대학교 대학원 석사학위논문.

안향림(1974), 가족치료를 통한 가족 역동에 관한 연구, 이화여자대학교 대학원 석사학위논문.

양정남, 최은정, 문란영, 박건영, 박순희(2011). "자기효능감, 사회복지 옹호태도가 사회복지 전공대학생의 다문화 수용성에 미치는 영향". **한국사회복지교육**, 16, 24-47.

어은주(1996). "한국도시가정의 건강성 및 관련변인고찰". 경희대학교 대학원 박사학위논문.

유주연, 박경(2010). 자기애와 심리적 안녕감 간의 관계에서 감사성향의 매개효과. **청소년학연구**, 17(4), 1-23.

이길자(2007). "청소년들의 가족개념에 대한 질적 연구-중학생을 중심으로-", 중앙대학교 대학원 석사학위논문.

이명자, 신현숙, 염시창(2009). 대학생의 자원과 심리적 안녕감과의 관계. **청소년학연구**, 16(9), 53-79.

이미화, 조증열(2003). 청소년의 인기도와 심리적 안녕감에 관련된 행동특성. **경남대학교인문과학연구소**, 17, 25-38.

이민아(2010). 이민 전후의 연결망이 결혼이민자여성의 심리적 안녕감에 미치는 영향. **보건사회과학**, 27, 31-61.

이연수(1999), 충동성과 가족 응집력이 청소년들의 가출의도 및 가출행동에 미치는 영향. 가톨릭대학교 대학원 석사학위논문.

이유리(2009). "청소년의 부모-자녀 의사소통, 정서지능, 부모화 경험이 심리적 안녕감에 미치는 영향". 명지대학교 대학원 석사학위논문.

이은우(2005). 대학생의 정서지능, 자기효능감, 심리적 안녕감이 대학생활 적응에 미치는 영향. 계명대학교 대학원 석사학위논문.

이정민, 이유리(2010). 청소년의 부모-자녀의사소통, 정서지능 및 부모화경험이 심리적 안녕감에 미치는 영향. **한국가정간리학회지**, 28(3), 13-26.

이종신, 문혁준(2010). 장애아 어머니의 역할행동 연구. **유아교육연구**, 30(3), 5-24.

이진희, 김욱(2008). 노인교육 참여가 노인의 심리적 안녕감에 미치는 영향. **한국노년학**, 28(4), 887-905.

이채호, 고태순(2008). 보육교사의 직무만족도와 심리적 안녕감과의 관계. **아동교육**, 17(3), 173-185.

이현주, 이미나, 최인수(2008). 한국 청소년 안녕감 척도(K-WBSA)의 타당화 및 삶의 질 분석. **교육심리연구**, 22(1), 301-315.

이혜진(2009). 초등학생의 다문화 인식에 영향을 미치는 변인 연구. 경인교육대학교 대학원 석사학위논문.

장임숙, 이원일(2012). "대학생의 다문화인식과 이주인권 정책에 대한 태도". **지방정부연구**, 15(4), 177-199.

전해숙(2010). 초고령 노인의 스트레스와 대처방안이 심리적 안녕감에 미치는 영향. **노인복지연구**, 51-69.

정 민, 노안영(2008). 대학생의 외향성 및 신경증적 경향성과 심리적 안녕감 간의 관계. **한국심리학회지**, 27(2), 373-387.

정대영, 최정아(2010). 장애아동 부모와 일반아동 부모의 심리적 안녕감 비교. **한국정서・행동장애연구**, 26(3), 319-343.

정주향(1993), 경계선성격 비행청소년에 대한 가족치료 사례 연구 : 대상관계이론을 중심으로, 대구대학교 대학원 석사학위논문.

조명한, 차경호(1998). 『**삶의 질에 대한 국가 간 비교**』. 집문당.

주현숙, 방희정(2006). 청소년의 관계적-상호의존적 자아해석과 대인관계 스트레스, 스트레스 대처 방식이 심리적 안녕감에 미치는 영향. **한국심리학회 논문집**, 284-285.

차경호(2004). 한국과 미국 대학생의 주관적 안녕감과 심리적 안녕감과의 관계. **청소년학연구**, 11(3), 321-337.

최성학(2012). "일반청소년과 비행청소년이 지각한 가족의 의사소통비교연구", 백석대학교 상담대학원 석사학위논문.

최연실(2003). 『**가족학이론 : 관점과 쟁점**』. 하우출판사.

최충옥(1996), "가정과 청소년 문제", 한국청소년개발원 편, 『**청소년 문제론**』, 한국청소년개발원, pp. 16-29.

최현정, 우민정(2012). "예비유아교사의 다문화 태도 및 다문화 효능감에 관한 연구". **유아교육학논집**, 16(5), 315-338.

한국청소년연구원(1992). 『**청소년 심리학**』. 한국청소년연구원.

허승연(2009). "청소년의 행복에 영향을 미치는 생태체계 변인", 숙명여자대학교 대학원 박사학위논문.

홍봉선, 남미애(2010). 『**청소년복지론**』. 공동체, pp. 19-42.

Adelmann, P. K.(1994). Multiple Role and Psychological Well-being in a National Sample of Older Adults. *Journal of Gerontology : Social Sciences, 49*(6), 227-285.

Ahrens, C. J., and Ryff, C. D.(2006). *Multiple Roles and Well-being : Sociodemographic and Psychological Moderators.* Springer Science Business Media, Inc.

Bandura, A.(1977). Self-efficacy : Toward a Unifying Theory of Behavioral Change. *Psychological Review, 84, 191-215.*

Butcher, D. A.(2000). *The relationship among engagement in youth development programs, risk and protective factors, and problem behaviors* : An exploratory study. Unpublished doctoral dissertation, Utah university.

Diener, E., Suh , E. M., Smith, H., & Shao, L.(1995). National differences in subjective well-being : Why do the occur? *Social Indicators Research, 34, 7-32.*

Irene Levin & Jan Trost(1992). Understanding the Concept of Family, *Family Relation, vol. 41*(3), 348-351.

Jahoda, M.(1959). *Current concepts of positive mental health.* New York : Basic Books.

Kazdin, A. E.(1987). Parent management training evidence, outcomes and issues, *Journal of American Academy of Child and Adolescent Psychiatry, 36,* 1349-1356.

Kleiman, J.(1981). Optimal and normal family functioning. *The American Journal of Family Therapy, 19,* 37-44.

Klein, K., Forehand, R., Armastead, L., & Long, P.(1997). Delinquency during the transition to early adulthood : Family and parenting predictors from early adolescence. *Adolescence, 32*(125), 61-80.

McDowell, I., & Newell, C.(1990). *Measuring Health.* A Guide to Rating Scales and Questionnaires. Oxford.

Munroe, A. and Perarson, C.(2005). The multicultural attitude scale questionnaire : A new instrument for multicultural studies. *Education and Psychological Measurement, 66*(5), 819-834.

Park, N.(2004). The Role of Subjective Well-being in Positive Youth Development.

Ponterotto, J. G., Baluch, S., Greig, T., & Rivera, L.(1998). Development and initial schore validation of the teacher multicultural attitude survey. *Educational and Psychological Measurement, 58*(6), 1002-1016.

Randall, T. D.(1995). *Assessing Family Strengths Using the Family Profile : Study for Validate and Evaluate Constructs Across Four Models of Family Functioning*. Utah State University. M. S.

Ryff, C. D. & Keyes, C. L. M.(1995). The structure of psychological well-being revised. *Journal of Personality and Social Psychology, 69,* 719-727.

Ryff, C. D. & Singer, B.(1996). Psychological well-being : Meaning, measurement, and implications for psychotherapy research. *Psychotherapy and Psychosomatics, 65,* 14-23.

Ryff, C. D. & Singer, B.(1998). The contours of positive human health. *Psychological Inquiry, 9*(1), 1-28.

Ryff, C. D. & Singer, B.(1996). Psychological well-being : Meaning, measurement, and implications for psychotherapy research. *Psychotherapy and Psychosomatics, 65,* 14-23.

Ryff, C. D.(1989). Happiness is everything, or is it? Explanations on the meaning of psychological well-being. *Journal of Personality and Social Psychology, 57*(6), 1069-1081.

Smith(2009). *Exploring family theory,* Oxford.

Sokol-Katz, J., Dunham, R., & Zimmerman, R.(1997). Family structure versus parental attachment in controlling adolescent deviant behavior : A social control model. *Adolescence, 32*(125), 199-215.

Sprinthall, N. A., & Collins, W. A.(1995). *Adolescent Psychology : A developmental view(third ed.)*. New York : McGraw-Hill, Inc.

Strauss, A., & Corbin, J.(1998). *Basics of qualitative research : technique and procedures for developing ground.*

Yoshikawa H.(1999). Welfare Dynamics, Support Service, Mothers' Earning, and Child Cognitive Development. *Child Development. 70*(3), 779-801.

저 / 자 / 소 / 개

■ 곽미정

상명대학교에서 2013년 행정학 박사학위를 취득한 이후, 경기대학교에서 2015년 사회복지학 박사학위를 취득하였다. 그 밖에 단국대학교 행정학 학사, 한양대학교 사회학 석사, 성신여자대학교에서 사회복지학 석사학위를 취득하였다. 사회복지개발원의 수석연구원으로 활동하였으며, 현재 김포대학교 보건복지과 교수로 재직 중이다. 주요 관심 분야는 사회복지실천, 행정 및 정책 분야이다. 주요 저서로는 노인복지론(2016)과 주요 논문으로는 "청소년 임파워먼트 프로그램의 효과성 분석"(2014) 외 다수가 있다.

■ 황현주

연세대학교에서 사회복지학 박사학위를 취득하였다. 그 밖에 경희대학교 아동주거학 학사, 연세대학교 언론홍보학 석사와 사회복지학 석사학위를 취득하였다. 연세대학교 사회복지연구소와 TSL가족복지연구소에서 전문연구원으로 용인대학교에서 초빙교수로 활동하였으며, 현재 한국열린사이버대학교 특임교수와 한국열린신학연구원 교수로 재직 중이며, 연세대학교와 서경대학교에서 강의 중이다. 주요 관심 분야는 사회복지실천 가족복지 및 청소년복지, 근로자복지, 가족상담치료, 청소년상담, 암환자 및 치매환자 가족상담, 군가족, 연예인 상담이다. 주요 논문으로는 '연예인 정신건강 증진을 위한 TSL – CEL 프로그램 개발 및 효과성 검증 – 의생명 사회과학적 관점을 중심으로' 외 다수가 있다.

■ 박지윤

가톨릭관동대학교에서 상담심리석사와 교육학박사를 취득하고, 이후 사회복지박사과정을 전공하였다. 해봄청소년교육연구소 대표, 건강가정지원센터 위촉상담가와 교육성과관리센터의 선임연구원으로 재직하였으며, 현재 가톨릭관동대학교 및 대원대학교에 출강중이다. 관심분야는 교육학, 가족상담및 치료, 정신건강 분야이며, 주요 연구물로 '청소년의 회복탄력성과 사회적지지가 진로결정자기효능감 및 진로태도성숙에 미치는 영향'과 '학습역량진단도구개발보고서'외 다수가 있다.

■ 전대성

서울대학교 대학원 도시 및 지역계획 석사, 명지대학교에서 사회복지학 석사를 취득하고 단국대학교에서 행정학 박사를 취득하였다. 현재 경북전문대학교 사회복지학과장으로 재직 중이며, 관심 분야로는 정신건강, 사회복지실천, 인간행동과 사회환경, 노인복지 분야이다. 주요 저서로는 사회복지법제론, 정신건강론, 아동생활지도 등 다수의 저서가 있다.

■ 한신애

연세대학교 연합신학대학원에서 목회상담을, 명신대학교 대학원에서 사회복지학 석사와 온석대학원대학교에서 사회복지학 박사학위를 취득하였다. 그 밖에 서울문화예술대학교에서 상담코칭심리 및 사회복지학을 전공하였다, 현재는 온석대학원 사회복지학과 조교수, 세한대학교 사회복지상담학과 겸임교수, 새소망복지센터 대표로 재직 중이다. 주요 저서로는 인간행동과 사회환경, 사회복지행정론, 인간행동을 위한 심리학 외 다수가 있다.

■ 현영렬

연세대학교 사회사업과 졸업 후, 동경도립대학교 사회복지과 석사를 거쳐 서울시립대학교 대학원에서 사회복지학 박사를 취득하고, 현재 서정대학교 평생직업교육처장과 성인학습지원센터장을 맡고 있고 사회복지 행정과 교수로 재직 중이다. 저서로는 아동복지론, 사회복지개론, 사회복지실천론, 사회복지실천기술론 외 다수가 있다.

가족정책론

1판 1쇄 인쇄 — 2021년 2월 15일
1판 1쇄 발행 — 2021년 2월 19일

저　　자 - 곽미정 황현주 박지윤 전대성 한신애 현영렬
발 행 인 - 강철원
발 행 처 - 양성원
주　　소 - 경기도 파주시 검산로 173번길 29-20
전　　화 - 031-946-3861(代)
팩　　스 - 031-946-3864
이 메 일 - tnwpub@naver.com
홈페이지 - tnwpub.co.kr
출판등록 - 2015년 8월 31일 제 2015-000211 호

ISBN 979-11-6126-149-2

정가 19,000원